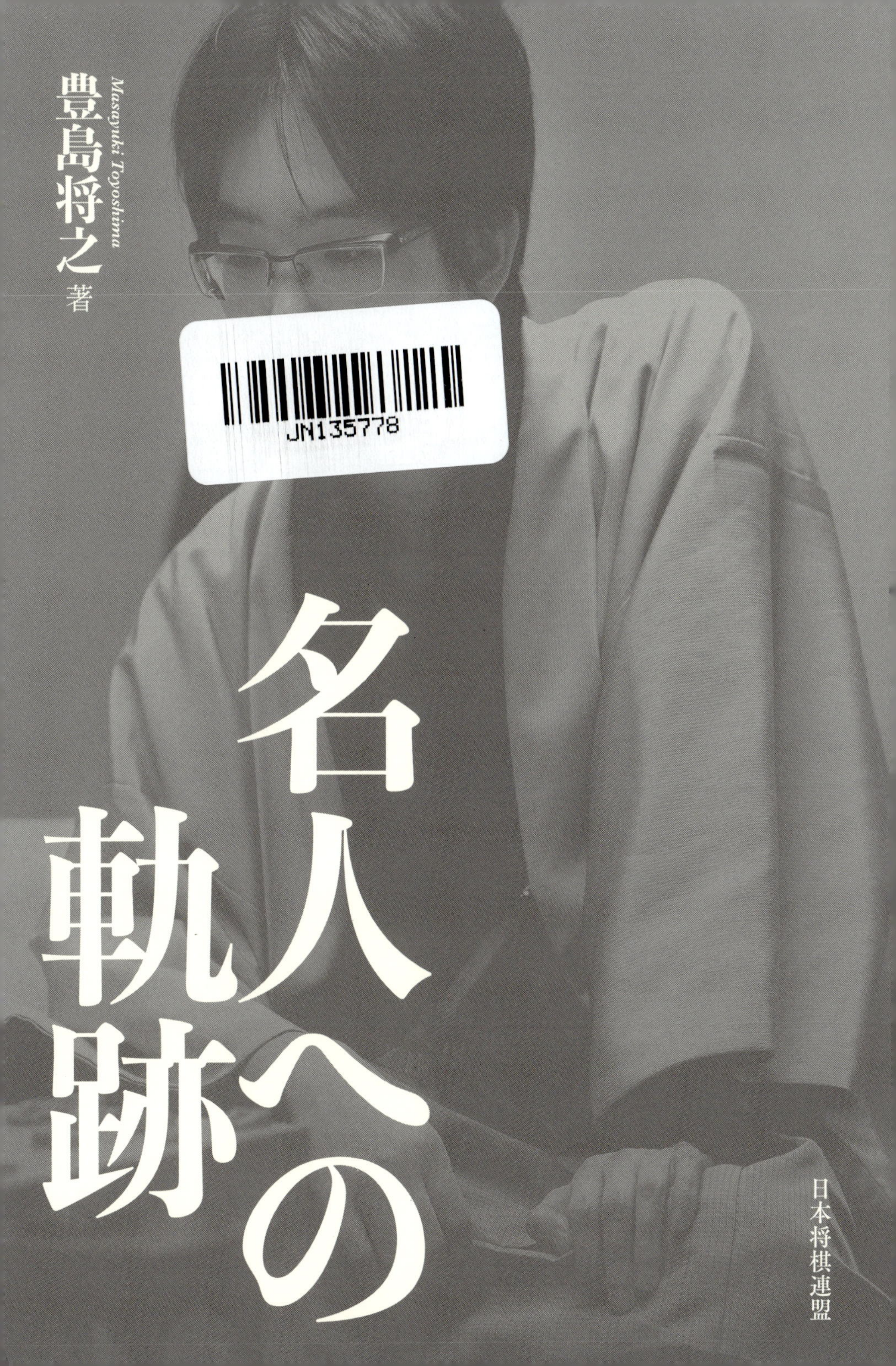

名人への軌跡

豊島将之 著
Masayuki Toyoshima

日本将棋連盟

まえがき

自戦記集が出せることは非常に名誉なことですし、一生懸命指してきた将棋を再び皆様に観ていただけることはとてもうれしいです。

これまでタイトルを目標に前だけを見て進んできましたが、今回昔の将棋を振り返りながら棋譜を選ぶのは楽しい時間でした。

初期のころの将棋は丁寧に指そうという意識が強すぎたり、力が入りすぎたりしていて、魅力ある将棋が少ないですが、それでもところどころ面白い将棋がありました。

ここ数年はアクセルとブレーキ、緊張と弛緩のバランスがよくなって、よい将棋が増えてきた気がします。

第2部の棋譜解説編も含めて、じっくりと楽しんでいただけますと幸いです。

最後になりましたが、出版にあたり、ご協力いただいた皆様に御礼申し上げます。

令和元年7月　豊島将之

名人への軌跡　目次

第1部　自戦記編……9

第1局　第77期名人戦七番勝負第4局　令和元年5月16、17日
念願の名人獲得　対 佐藤天彦名人……11

第2局　第89期ヒューリック杯棋聖戦五番勝負第1局　平成30年6月6日
棋聖戦五番勝負、淡路島で開幕　対 羽生善治棋聖……27

第3局　第89期ヒューリック杯棋聖戦五番勝負第3局　平成30年6月30日
終盤の大激戦を抜け出す　対 羽生善治棋聖……39

第4局　第89期ヒューリック杯棋聖戦五番勝負第5局　平成30年7月17日
万感の初タイトル　対 羽生善治棋聖……55

第5局　第59期王位戦挑戦者決定戦　平成30年6月4日
王位戦で挑戦権を獲得　対 羽生善治竜王……67

第6局　第59期王位戦七番勝負第6局　平成30年9月10、11日
追いついてフルセットに　対 菅井竜也王位……83

第7局　第59期王位戦七番勝負第7局　平成30年9月26、27日
棋聖に続いて王位を奪取　対 菅井竜也王位……103

第8局　第75期順位戦B級1組　平成29年3月9日
A級昇級を決めた一局　対 糸谷哲郎八段……123

第9局　第76期順位戦A級　平成29年7月21日　対 羽生善治三冠……133
手応えをつかんだ一局

第10局　第37回将棋日本シリーズJTプロ公式戦決勝　平成28年10月23日　対 佐藤天彦名人……145
棋戦初優勝を飾る

第11局　第86期棋聖戦挑戦者決定戦　平成27年4月30日　対 佐藤天彦八段……157
棋聖挑戦を懸けた同世代対決

第12局　第60期王将戦挑戦者決定リーグ戦　平成22年11月29日　対 佐藤康光九段……169
タイトル初挑戦を決めた一局

第13局　第22期竜王戦ランキング戦5組決勝　平成21年6月1日　対 佐藤天彦五段……181
竜王戦ランキング戦の決勝戦

第2部　棋譜解説編

第2部　棋譜解説編……195

第14局　第66期順位戦C級2組　平成19年6月19日　対 松本佳介五段……196
順位戦のデビュー局

第15局　第59期王将戦2次予選　平成21年9月17日　対 藤井　猛九段……198
初の王将リーグ入り

第16局　第68期順位戦C級2組　平成22年1月12日　対 室岡克彦七段……200
順位戦の初昇級

第17局　第60期王将戦七番勝負第2局　平成23年1月21、22日　対 久保利明王将……202
タイトル戦の初勝利

第18局　第60期王将戦七番勝負第6局　平成23年3月14、15日　対 久保利明王将……204
捲土重来を胸に

第19局　第42期新人王戦本戦　平成23年9月2日　対 永瀬拓矢四段……206
超速の研究が生きる

第20局　第59期王座戦2次予選　平成23年2月14日　対 桐山清澄九段……208
師匠への恩返し

第21局　第71期順位戦B級2組　平成25年3月7日　対 杉本昌隆七段……210
B級1組への昇級

第22局　第63期王将戦挑戦者決定リーグ戦　平成25年11月21日　対 久保利明九段 …… 212
四枚銀の珍形で勝つ
第23局　第62期王座戦五番勝負第3局　平成26年9月30日　対 羽生善治王座 …… 214
王座戦で1勝を返す
第24局　第64期王将戦2次予選　平成26年10月2日　対 久保利明九段 …… 216
王将リーグ復帰を懸けて
第25局　第62期王座戦五番勝負第4局　平成26年10月7日　対 羽生善治王座 …… 218
フルセットに持ち込む
第26局　第73期順位戦B級1組　平成26年10月9日　対 藤井　猛九段 …… 220
と金を頼りに粘り勝ち
第27局　第62期王座戦五番勝負第5局　平成26年10月23日　対 羽生善治王座 …… 222
羽生王座の底力に屈す
第28局　第28期竜王戦ランキング戦1組　平成27年1月22日　対 森内俊之九段 …… 224
難解な詰みを読み切る
第29局　第86期棋聖戦五番勝負第2局　平成27年6月16日　対 羽生善治棋聖 …… 226
1勝を返してタイに
第30局　第86期棋聖戦五番勝負第4局　平成27年7月15日　対 羽生善治棋聖 …… 228
3度目の挑戦も敗退
第31局　第41期棋王戦本戦　平成27年9月3日　対 郷田真隆王将 …… 230
居飛車党本格派との争い
第32局　第57期王位戦挑戦者決定リーグ紅組　平成28年3月15日　対 行方尚史八段 …… 232
詰将棋のような収束
第33局　第29期竜王戦出場者決定戦1組　平成28年4月22日　対 糸谷哲郎八段 …… 234
アクロバティックな応酬
第34局　第57期王位戦挑戦者決定リーグ紅組　平成28年4月28日　対 広瀬章人八段 …… 236
王位リーグの紅組優勝
第35局　第37回将棋日本シリーズＪＴプロ公式戦　平成28年7月24日　対 広瀬章人八段 …… 238
白熱した公開対局
第36局　第67回ＮＨＫ杯テレビ将棋トーナメント本戦　平成29年9月17日　対 木村一基八段 …… 240
読み切れた即詰み
第37局　第43期棋王戦本戦千日手指し直し局　平成29年8月24日　対 藤井聡太四段 …… 242
藤井聡太七段との初対局
第38局　第76期順位戦Ａ級　平成29年8月30日　対 佐藤康光九段 …… 244
急戦でＡ級順位戦3連勝
第39局　第76期順位戦Ａ級　平成29年9月22日　対 稲葉　陽八段 …… 246
関西のライバル対決
第40局　第38回将棋日本シリーズＪＴプロ公式戦準決勝　平成29年10月1日　対 深浦康市九段 …… 248
ＪＴ杯で決勝へ
第41局　第67期王将戦挑戦者決定リーグ戦　平成29年11月7日　対 渡辺　明竜王 …… 250
強敵に競り勝つ
第42局　第76期順位戦Ａ級　平成29年11月16日　対 深浦康市九段 …… 252
Ａ級順位戦で全勝ターン

第43局　第67期王将戦挑戦者決定リーグ戦　平成29年11月21日　対 深浦康市九段……254
王将挑戦を懸けた直接対決
第44局　第76期順位戦A級プレーオフ　平成30年3月4日　対 久保利明王将……256
パラマス方式のプレーオフ
第45局　第67期王将戦七番勝負第5局　平成30年3月6、7日　対 久保利明王将……258
土俵際で2勝目を返す
第46局　第76期順位戦A級プレーオフ　平成30年3月10日　対 佐藤康光九段……260
プレーオフ2回戦を突破
第47局　第76期順位戦A級プレーオフ　平成30年3月12日　対 広瀬章人八段……262
プレーオフで3連勝
第48局　第67期王将戦七番勝負第6局　平成30年3月14、15日　対 久保利明王将……264
4度目の挑戦も実らず
第49局　第76期順位戦A級プレーオフ　平成30年3月18日　対 羽生善治竜王……266
プレーオフ4戦目で力尽く
第50局　第89期棋聖戦挑戦者決定戦　平成30年5月1日　対 三浦弘行九段……268
再び、棋聖戦の舞台へ
第51局　第89期棋聖戦五番勝負第4局　平成30年7月10日　対 羽生善治棋聖……270
追いつかれ、決着は最終局へ
第52局　第59期王位戦七番勝負第2局　平成30年7月24、25日　対 菅井竜也王位……272
棋聖として臨んだ第2局
第53局　第59期王位戦七番勝負第3局　平成30年8月1、2日　対 菅井竜也王位……274
振り飛車のさばきに屈する
第54局　第59期王位戦七番勝負第4局　平成30年8月22、23日　対 菅井竜也王位
先手番キープでタイに
第55局　第77期順位戦A級　平成30年11月9日　対 深浦康市九段……278
2期目のA級順位戦
第56局　第77期名人戦七番勝負第1局千日手指し直し局　平成31年4月11日　対 佐藤天彦名人……280
異例の1日制を制す
第57局　第77期名人戦七番勝負第2局　平成31年4月22、23日　対 佐藤天彦名人……282
命運を懸けた自陣角
第58局　第77期名人戦七番勝負第3局　令和元年5月7、8日　対 佐藤天彦名人……284
難戦を制し、名人に王手

構成　池田将之
表紙写真　中野伴水

第1部

自戦記編

第1局　対 佐藤天彦名人

念願の名人獲得

第77期名人戦七番勝負第4局（毎日・朝日）
令和元年5月16、17日
於・福岡県飯塚市「麻生大浦荘」
持ち時間各9時間

○○○○奪取
勝▲二冠　豊島将之
△名人　佐藤天彦
●●●●

▲2六歩
▲7六歩
▲6八銀
▲4八銀
（第1図）
△4二玉
▲1六歩
▲9六歩

△8四歩
△3二金
△7七角成
△6二銀
▲4六歩
▲3六歩
△7三桂 1

▲2五歩 1
▲7七角
▲同銀
▲7八金
△7四歩 1
（途中図）
▲6八玉

△8五歩 1
△3四歩 1
△2二銀
△3三銀
▲4七銀 1
△1四歩 3
△6四歩
（第2図）

【第1図は△3三銀まで】

望外の3連勝

3連勝で名人獲得まであと1勝とし、第4局を迎えた。佐藤さんが過去3期の名人戦で第4、5、6局を全勝していることを考えれば、先攻したスコアで後半戦にならなければ、厳しい戦いになるとは思っていた。なので、開幕からの3連勝は望外とも言える出だしだった。特に直近の第3局は負けの局面もあったのでツキがあったと思う。

あと1勝という勝負なのでもちろん結果を意識していたわけだが、あまりそこを考えすぎないようにとは思っていた。戦型は角換わり腰掛け銀となった。

【途中図は▲3六歩まで】

【第２図は▲９六歩まで】

第2図以下の指し手
△6三銀5　▲9五歩1　△6二金3　▲3七桂
△8一飛4　▲2九飛　△5四銀3　▲3八金1
△4四歩2　▲5六銀　△3一玉30　▲4八金1
（第３図）

角換わり

角換わりは第1局の千日手局を合わせると4度目の登場である。その千日手局と第2局では、▲9六歩に後手がすぐに受けない将棋となっていた。

△6三銀▲9五歩は第2局と同じ進行である。その将棋で私は▲5八金型（**参考図**）に構えたのだが、本局はオーソドックスな▲4八金・▲2九飛型を採用した。

▲3八金から▲4八金（**第３図**）は見慣れない手損だが、▲6八玉型をキープしたままで、相手の最善形を崩そうという狙いである。

【参考図は▲５八金まで】

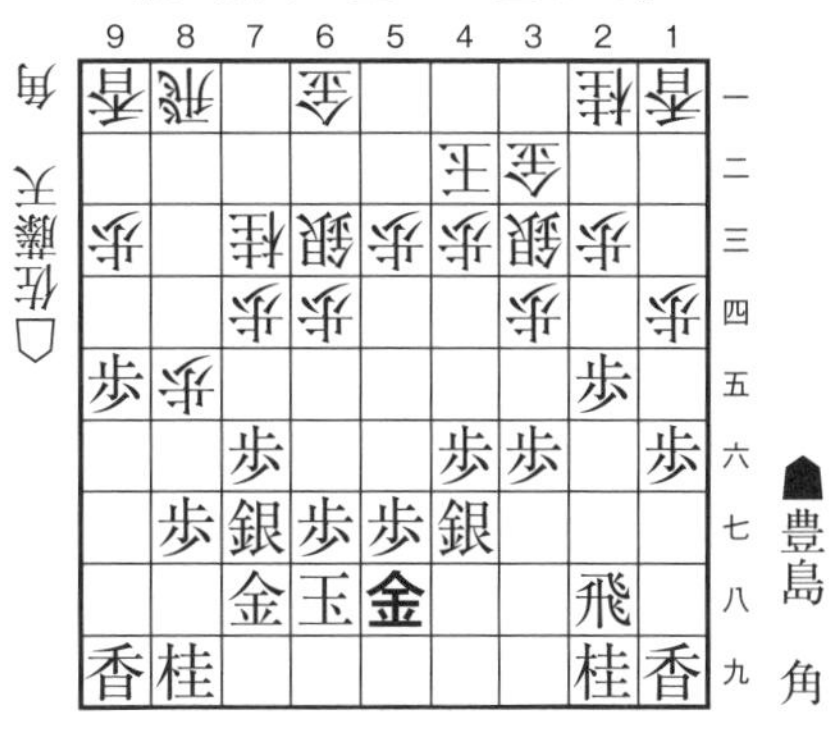

【第3図は▲4八金まで】

第3図以下の指し手
△2二玉3　▲4五歩13　△同　歩21　▲同　桂2
△4四銀　▲4六歩　△6五歩　**（第4図）**

先手番の苦労

△2二玉と入城したところで▲4五歩と仕掛けた。対して△4一飛は有力だった。以下▲4四歩△同銀に①▲4五歩は△同銀右▲同桂△同銀▲同銀△同飛▲4六銀△4一飛▲3五歩△5五銀（**参考図**）で、以下▲4七銀△4六銀▲同銀△5五銀からの千日手模様となってしまう。これは先手が面白くない。

▲4五歩とは打ちづらいということで、先手は②▲7九玉と引くことになる。これも難解な将棋である。

　本譜、佐藤さんは穏やかに△4五同歩を選ばれた。

△6五歩（**第4図**）は△6四角を見た位取りである。

【参考図は△5五銀まで】

【第4図は△6五歩まで】

▲豊島　角

△佐藤天　歩角

第4図以下の指し手
▲2四歩80　△同　歩10　▲同　飛　△2三歩
▲2七飛　△6四角3　▲3七金　△3一玉36
（第5図）

互いの視点

△6五歩（**第4図**）に▲4七銀と引けば無難で、先後逆の類似形からそう指した将棋もある。本局は先手番なので積極性を重視して▲2四歩と突いた。

▲2七飛から▲3七金は珍しい形だが、後手の角筋を警戒したもの。後手は以下①△4三銀もあるが、▲1五歩△同歩▲1四歩△5四歩▲1五香△1二歩▲7九玉（**参考図**）のときの指し手が難しい。△5五歩▲4七銀は角筋が止まるので得とは言えない。

また②△8六歩▲同歩△5五銀左もあるが、▲4七銀で無理筋だと佐藤さんは判断されたと語っている。

【参考図は▲7九玉まで】

▲先手　角歩

△後手　歩

【第5図は△3一玉まで】

▲豊島　角歩

△佐藤天　歩

第5図以下の指し手
▲7九玉(7) △4二玉(9) ▲1五歩(4) △同　歩(5)
▲1四歩 △5二玉(31) ▲1五香(9) △1二歩(10)
▲4七金(12) △4二玉(14) ▲2九飛(55) △5二玉(3)
▲2四歩 △同　歩 ▲同　飛 △2三歩
▲2九飛 △4二玉(2) ▲1六角(46)
（第6図）

間合いを計る

先手は▲7九玉と引いてから▲1五歩と端に手を掛けた。以下△同歩▲1四歩に△同香なら▲2五角と打って香を取ることができる。

▲2四歩ではすぐに▲1六角と打ったほうが後手玉をにらんで効果的に見えるが、以下△4三銀▲6六歩△5四歩（**参考図**）となったときに、次の△4二角が香取りになるので、うまくいかないような気がした。

▲1六角（**第6図**）は午後6時半の封じ手時刻が迫っていたので着手するか迷ったが、決断して打った。次の一手を佐藤さんが封じ、1日目が終了した。

【参考図は△5四歩まで】

▲先手　歩

△後手　歩

【第6図は▲1六角まで】

第6図以下の指し手
△8六歩30（封じ手）▲同　歩3△4三銀1
▲6六歩4△同　歩12▲6五歩2△8六角1
▲同　銀△同　飛▲8七歩△8五飛33
▲3五歩26△同　銀15▲5五角1△4四歩
▲6六角（第7図）

1日目終了

1日目の夜はしっかり眠ることができた。残り時間がまだ5時間以上あるのは大きい。これなら2日目にしっかり考えることができる。

2日目が始まり、佐藤さんの封じ手は△8六歩だった。以下の手順は読み通りだったが、▲6五歩のところで後日、観戦記者の方から▲3五歩を指摘された。以下△同銀なら▲2七角が飛車をにらんで次に▲3三桂成を狙っている。確かにこれも有力だった。

本譜は▲8七歩に対してどこに飛車を逃げるかを夜に考えていた。△7六飛なら▲4九角（参考図）の活用が幸便だ。

【参考図は▲4九角まで】

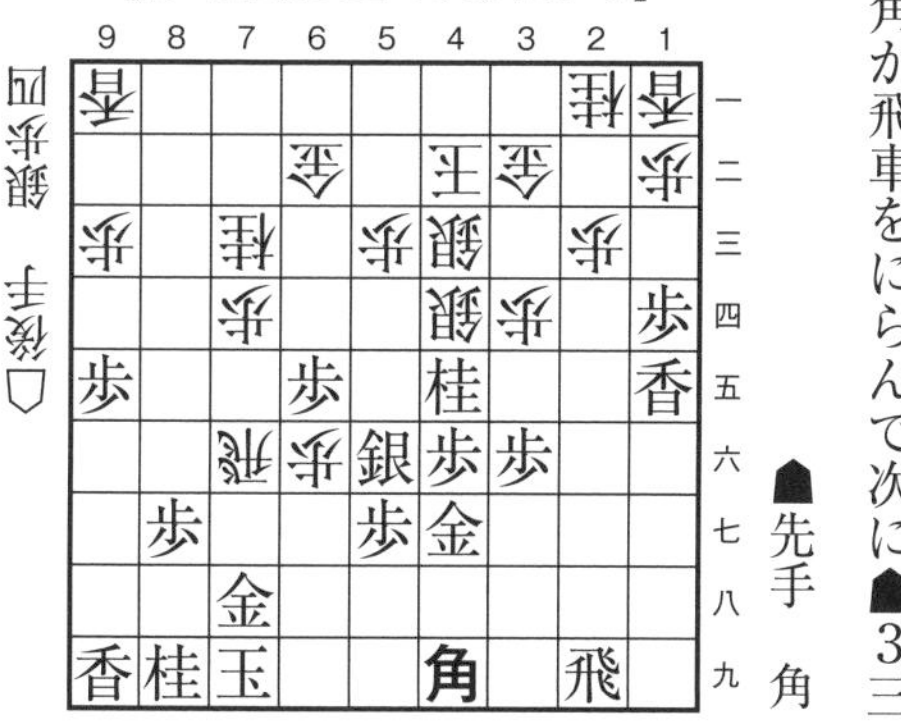

【第7図は▲6六角まで】

第7図以下の指し手
△2四銀28　▲5五銀91
（第8図）

手広い局面

▲1六角から▲6六角（**第7図**）までは自然な流れだと思ったが、ここで後手の手が広く、どう指されるのか分かっていなかった。

佐藤さんの手厚いイメージから自分は△5四銀打を予想していたが、狙いがないので打ちにくいところかもしれない。ほかには△6七歩や△8一飛といった手も有力だった。

実戦は△2四銀に長考で▲5五銀（**第8図**）と出た。

代えて▲2二歩は△1五銀（**参考図**）、▲3三歩も△2二金でいずれもハッキリしなかった。

【参考図は△1五銀まで】

【第8図は▲5五銀まで】

第8図以下の指し手
△4五歩35
（第9図）

怖い変化

実戦の▲5五銀（**第8図**）が本命だったわけだが、ここで△1五銀と来られたときの変化を長考中は主に読んでいた。

これには▲4四銀△同銀▲同角△1六銀までは一直線。そこで（A）▲3三歩△2二金▲3一銀△同玉▲5三桂成として、①△5五銀なら▲4三成桂△4四銀▲2三飛成△3三桂▲3二歩△2一玉▲4二成桂△8一飛▲3四竜でやれそうと見ていた。

しかし、②△4一香▲6二成桂△4四香▲2三飛成△3三金▲4一金△同玉▲2一竜△4二玉（**参考図**）でマズい。

【参考図は△4二玉まで】

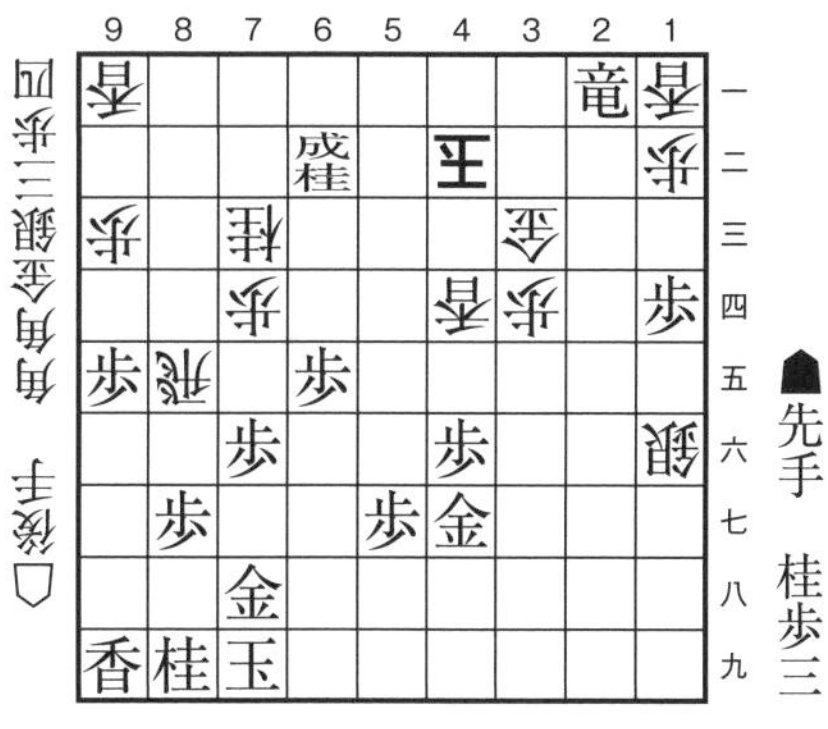

【第9図は△4五歩まで】

▲豊島　歩

△佐藤天　銀桂歩三

第9図以下の指し手

▲4五同歩

(第10図)

怖い変化2

前ページの続きだが、(A)の▲3三歩では(B)▲1一角成が正しい。以下△3八角▲2一馬△2九角成に▲5四桂△同歩と捨ててから▲3二馬が手筋だ。①△同玉なら▲3三銀で詰む。

なので②△5一玉と逃げるが、▲8六香(参考図)で相当難しいというか、どうなっているのか分からない勝負だった。▲3三馬の味があるので後手の攻めにも制約がある。佐藤さんは本譜、△4五歩(第9図)と桂を外された。△1五銀は危険すぎると、将棋世界の記事で話されている。こちらは▲4五同歩と応じて歩を伸ばす。

【参考図は▲8六香まで】

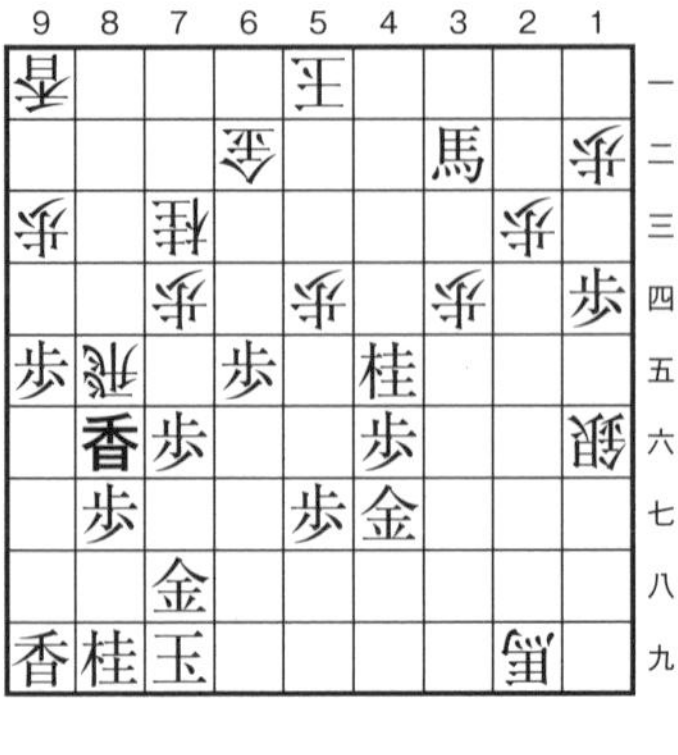

▲先手　金銀歩二

△後手　飛銀銀桂香歩三

【第10図は▲4五同歩まで】

▲豊島　歩二

△佐藤天彦　銀桂歩三

第10図以下の指し手
△1五銀36　▲4四歩　△5二銀　▲3四角1
△3八銀8
（第11図）

両取りが掛かる

▲4五同歩（第10図）には△8六歩▲同歩△同飛から7六の歩を取っておくような手もあったそうだが、対局中は両者考えていなかった。実戦の▲4四歩に△1六銀と角を取ってくれれば、以下▲4三歩成△同玉▲4一銀（参考図）で後手は受けにくいと思っていた。

単純な攻めのようだが、①△3三金なら▲4四銀△同金▲2三飛成、②△2二金には▲4四銀△4二玉▲4三銀成の押し売りで、いずれの変化も攻めが続く。

実戦は△3八銀（第11図）で両取りが掛かったが、用意の切り返しがある。

【参考図は▲4一銀まで】

▲先手　歩二

△後手　角銀桂香歩四

【第11図は△3八銀まで】

佐藤天彦△　桂香歩三

▲豊島　歩三

第11図以下の指し手

▲1九飛38　△1六香　▲同　角1　△同　銀
▲5六金　△2五銀31　▲8六香　△6五飛1
▲同　金　△同　桂　▲8八玉5　△7五歩18
▲3三歩15
（第12図）

絶品の▲8八玉

△3八銀（第11図）に▲1九飛と寄り、続く△1六香に▲同角から5六に金を上がった。▲5六金では▲3三歩（参考図）とたたいて、後手の応手によっては4六に使う手もあったが、本譜はある狙いがあった。

それが▲8六香の飛車取りからの▲8八玉である。5六金が6五の地点に利いているのである。序盤からこちらは千日手模様の打開、そして9筋の位を生かすことができるかが、テーマとなっていた。▲8八玉でようやく、感触のよい手が指せたという手応えがあった。

△7五歩はプレッシャーをかけたものだが、▲3三歩と決めにいく。

【参考図は▲3三歩まで】

後手△　角桂歩三

▲先手　香歩二

【第12図は▲3三歩まで】

▲豊島　飛歩二

△佐藤天　角金桂歩四

第12図以下の指し手
△3三同金8　▲1五飛36　△6九角20　▲6三歩29
△同　金8　▲6八金9　△3六角成11　▲2二飛
（第13図）

決断の▲1五飛

本譜、▲3三歩（第12図）に△同玉なら▲4六銀で、後手は角筋が受けにくい。本譜は△3三同金で夕食休憩に入った。以下▲2二歩でよければ話は早いのだが、△7四桂▲2一歩成△6六桂▲同銀△3七角のときにパッとした攻めがない。

何かよくなる順があるはずだと考え、再開後に指したのが▲1五飛だった。以下△3四銀なら▲4六銀が桂取りと▲3五歩の両狙いで好調。次いで△7四桂には▲6五飛△6六桂▲6二飛成（**参考図**）と踏み込めば先手玉が広いので勝てる。

【参考図は▲6二飛成まで】

▲先手　飛金桂歩二

△後手　角角金歩五

【第13図は▲2二飛まで】

第13図以下の指し手

△3二歩30 ▲2一飛成 △2四金1

（第14図）

勝利に近づく

▲2二飛（**第13図**）で佐藤さんが考えられていたので、ハッキリよくなったという手応えがあった。

ただし以下、△3二金▲2一飛成△3三玉のときの明快な寄せが見えていなかった。私は一気にいく①▲4六銀を考えていたが、△3一歩ではっきりしない。佐藤さんにも指摘された②▲1三歩成△同歩▲1一竜（**参考図**）が冷静で、先手優勢で間違いない。香を取ることで▲1三飛成が可能となり、2筋や3筋に香を使う寄せが可能になっている。

△2四金（**第14図**）に先手は決めにいく。

【参考図は▲1一竜まで】

【第14図は△2四金まで】

第14図以下の指し手
▲2五飛6　△同　金　▲3四歩5　△4一歩5
▲4三銀2　△同　銀　▲同歩成　△同　玉
▲2三竜　△5二玉　▲6四桂2　△――6
（投了図）まで、133手で豊島の勝ち
（消費時間＝▲8時間29分、△8時間59分）

名人獲得

▲2五飛と切ったのが決め手となった。①△同馬なら▲3三歩として△同玉▲4五桂からの詰み筋があり、後手は受けに窮している。実戦の②△2五同金には▲3四歩と逃げ道を封鎖し、寄り形となった。

▲6四桂（投了図）で佐藤さんが駒を投じられた。以下△6二玉に▲3二竜△4二金▲同竜△同歩▲7二金からの詰みとなる。勝ちになってからはバタバタと指し手が進んだこともあり、名人を意識したのはずっとあとだった。

翌朝、師匠の桐山先生が喜ぶ声を聞き、とてもうれしかったことを覚えている。

【投了図は▲6四桂まで】

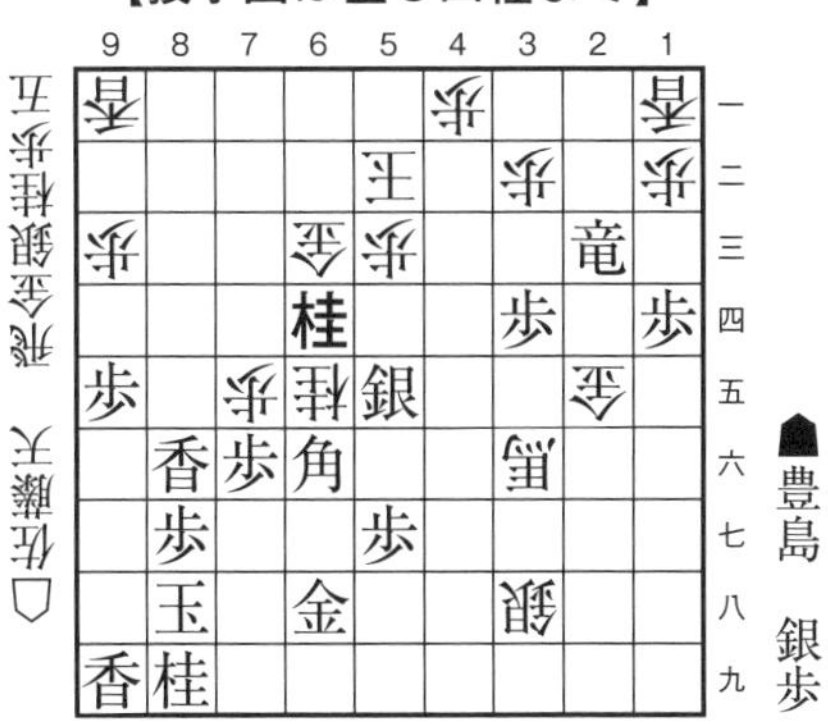

第77期順位戦Ａ級

挑戦者１名　降級２名

肩書、年齢は開幕当時

降	9	8	降	**挑**	5	4	3	2	1	順位
八段	八段	九段	九段	**八段**	王将	九段	八段	八段	竜王	段位
阿久津主税	糸谷哲郎	三浦弘行	深浦康市	**豊島将之**	久保利明	佐藤康光	広瀬章人	稲葉陽	羽生善治	氏名
滝	森信	西村	花村	桐山	淡路	田中魁	勝浦	井上	二上	師匠
36	29	44	46	28	42	48	31	29	47	年齢
兵庫	広島	群馬	長崎	愛知	兵庫	京都	東京	兵庫	埼玉	出身
●三浦	○羽生	○阿久津	●佐藤康	○稲葉	○広瀬	○深浦	●久保	●豊島	●糸谷	1
●豊島	●三浦	○糸谷	●羽生	○阿久津	●稲葉	●広瀬	○佐藤康	○久保	○深浦	2
●広瀬	○稲葉	○深浦	●三浦	○佐藤康	●羽生	●豊島	○阿久津	●糸谷	○久保	3
●深浦	●豊島	●広瀬	○阿久津	○糸谷	●佐藤康	○久保	○三浦	●羽生	○稲葉	4
●羽生	○久保	●佐藤康	●豊島	○深浦	●糸谷	○三浦	○稲葉	●広瀬	○阿久津	5
●久保	●広瀬	●豊島	●稲葉	○三浦	○阿久津	●羽生	○糸谷	○深浦	○佐藤康	6
●糸谷	○阿久津	●羽生	●久保	●広瀬	○深浦	○稲葉	○豊島	●佐藤康	○三浦	7
●稲葉	○佐藤康	●久保	○広瀬	○羽生	○三浦	●糸谷	●深浦	○阿久津	●豊島	8
○佐藤康	○深浦	○稲葉	●糸谷	○久保	●豊島	●阿久津	●羽生	●三浦	○広瀬	9

第2局　対 羽生善治棋聖

棋聖戦五番勝負、淡路島で開幕

第89期ヒューリック杯棋聖戦
五番勝負第1局（産経）
平成30年6月6日
於・兵庫県洲本市「ホテルニューアワジ」
持ち時間各4時間

○
勝☗八段　豊島将之
●
☖棋聖　羽生善治

▲7六歩
▲2五歩
▲6八銀
（第1図）
△6二銀1
▲4七銀

△8四歩
△8五歩2
△7七角成
▲7八金1
▲4六歩
△7四歩2

▲2六歩
▲7七角
▲同　銀
△3三銀1
（途中図）
▲3六歩3

△3二金1
△3四歩
△2二銀
▲4八銀
△4二玉2
△6四歩5
（第2図）

【第1図は△2二銀まで】

2日後の開幕戦

本局は羽生棋聖との棋聖戦第1局。年始に王将戦で敗れ、それからこんなに早く再びタイトル戦の舞台に戻ってこられたのは、とても幸運だった。

本局の2日前には王位戦の挑戦者決定戦を東京で戦った。相手は羽生棋聖である。王位戦の挑戦権を獲得した翌日、淡路島に移動して本局を迎えた。

中1日での対局なので多少の疲れはあったが、前の対局で勝てていたので、気分よく盤の前に座ることができていた。振り駒の結果、先手となり、角換わりを志向した。早々と▲2五歩を決めたのは、後手の雁木を警戒したものだ。

【途中図は▲4六歩まで】

【第2図は△6四歩まで】

第2図以下の指し手

▲3七桂 △7三桂1 ▲6八玉 △6三銀
▲9六歩 △1四歩1 ▲1六歩 △9四歩2
▲2九飛 △8一飛1 ▲4八金 △6二金
（途中図）
▲6六歩 △5四銀14 ▲5六銀
△6五歩 ▲同　歩1
（第3図）

後手、仕掛ける

淡路島での棋聖戦対局は、毎年の恒例となっている。平成7年の阪神・淡路大震災の翌年、復興を目指す地元の誘致で始まったという。来年で震災から25年になる。時の早さを感じずにはいられない。

前夜祭ではファンと棋士の記念撮影があったのだが、立会人を務められる谷川浩司九段が対局者の疲労を考慮してくださり、一人ずつではなく、何人かの団体で撮影する形にしていただいた。

盤上は相腰掛け銀に進む。▲5六銀に△4四歩も後手としては有力だが、実戦は△6五歩と仕掛けて戦いが始まった。

【途中図は△6二金まで】

【第3図は▲6五同歩まで】

▲豊島　角歩

△羽生　角

第3図以下の指し手

△6五同銀

（第4図）

分岐点

▲6五同歩（第3図）には本譜の△同銀と△同桂に分かれる。△6五同桂なら以下、▲6六銀△6四歩▲4五歩△3一玉▲4六角となって一局の将棋だろう。

この進行は本譜に比べれば穏やかと言える。羽生先生は公式戦で指されていたと思うので考えてはいたが、難しいながら若干先手が押している印象もある。実戦は激しく△6五同銀（第4図）と来られた。

これに対して例えば▲7九玉と引くのは、△5六銀▲同歩△6五桂▲6六銀△4七銀（参考図）が、▲同金に△3八角の飛車金両取りを見て厳しい。

【参考図は△4七銀まで】

▲先手　角銀歩

△後手　角歩

【第4図は△6五同銀まで】

▲豊島 角歩

△羽生 角歩

第4図以下の指し手
▲5八玉6 △3五歩20 ▲同 歩16 △4四銀10
（第5図）

中住まいに構える

△6五同銀（第4図）に▲5五銀とかわす手もあるが、△7五歩▲同歩△7六歩▲8八銀△4四銀▲同銀△同歩（参考図）となり、後手の駒のほうが伸び伸びしているので先手としては選びたくない。▲5五銀は普通の対応だが、この場合は△4四銀の筋があるので成立しない。実戦は▲5八玉と寄って中住まいに構えた。これは銀交換のあと、4七に銀を打ち込まれる筋を消している。

後手はそこで△3五歩と突いて3七の桂に狙いをつけた。なお本局の後、△5六銀▲同歩△5四銀という将棋が指されている。

【参考図は△4四同歩まで】

▲先手 角銀歩二

△後手 角銀

【第5図は△4四銀まで】

▲豊島　角歩二

△羽生　角歩

第5図以下の指し手

▲4五桂62

（第6図）

大長考

▲5八玉までは考えていたが、△3五歩から△4四銀（**第5図**）の組み合わせは読みになかった。ここで昼食休憩を挟んでの大長考となった。

第5図では①▲6四歩という手が筋にも見えた。そこでどう指されるのか分からなかったが、なかなか▲6三歩成が間に合う展開にはならないような気がした。

②▲6九飛は有力で、これなら穏やかな展開になる。

以下△6四歩▲4七銀△3五銀▲3六歩△4四銀▲4五歩△3三銀（**参考図**）が一例。自分は△3三銀で△5五銀を気にしていたが、やや無理筋だろう。

【参考図は△3三銀まで】

▲先手　角歩

△後手　角歩

【第6図は▲4五桂まで】

☖羽生 角歩

▲豊島 角歩二

第6図以下の指し手

☖8六歩41 ▲同 歩 ☖5六銀 ▲同 歩
☖6五桂 ▲6六銀45 ☖4五銀1 ▲同 歩
☖3六桂 ▲6三歩12
（第7図）

攻め合いになる

本譜の▲4五桂（**第6図**）は☖3六歩を緩和しつつ、持ち駒に桂が入りそうなので、▲3四桂を含みにして後手玉を狭くしている。

薄い後手玉は既に、自陣に手を入れるような展開ではない。以下8筋を突き捨てると5六の銀を取り、6五に桂を跳ねて総攻撃を開始した。

☖3六桂に▲3八金と逃げるのは☖3七歩（**参考図**）が▲同金に☖2八銀を見て厳しい。先手は金を逃げている場合ではない。なので実戦は▲6三歩（**第7図**）と打って攻め合いに出た。

【参考図は☖3七歩まで】

☖後手 角銀

▲先手 角銀銀歩三

【第7図は▲6三歩まで】

▲豊島　角銀銀歩二

△羽生　角銀歩

第7図以下の指し手

△5二金40　▲7三角1　△4八桂成15　▲同　玉

△3六歩　▲3四桂41

（**第8図**）

僅差の勝負

▲6三歩（**第7図**）に△4六銀は詰めろになっていないので、後手の一手勝ちとなる。以下△3一玉に▲6二歩成が、▲2二銀からの詰めろとなる。

本譜は△5二金と寄ったが、▲7三角が攻防手なので感触がよかった。△4八桂成から△3六歩はさすがの手順。仕掛けからはやや先手ペースで移行してきたが、後手の重圧を与える指し回しで差は広がっていない。

先手は待望の▲3四桂（**第8図**）が入った。△3三玉は▲5五角成が厳しい。

【参考図は▲3四桂まで】

▲先手　角銀銀歩二

△後手　角金歩

【第8図は▲3四桂まで】

▲豊島　銀銀歩二

△羽生　角金銀

第8図以下の指し手

△4一玉11　▲4六銀2　△6三金8　▲5五角成1

（第9図）

終盤戦

▲3四桂（第8図）に△3一玉なら、以下▲6二歩成△3七角▲5八玉（参考図）で先手勝ち。次いで△7三角成は詰めろになっていないので▲5二とでよい。なので本譜の△4一玉が絶対手となる。

そこで①▲6二歩成は△3七角と打たれて今度は5二の金にヒモがついているのでうまくいかない。②▲6五銀はあったかもしれない。以下（A）△3七角▲同角成△同歩成▲同玉△5七角で粘ってくるだろうが、選ぶ価値は十分あった。対局中は（B）△9三角を気にしたが▲4七玉で大したことがなかった。

【参考図は▲5八玉まで】

▲先手　銀銀歩二

△後手　金銀

【第9図は▲5五角成まで】

▲豊島　銀歩二

△羽生　角金銀歩

第9図以下の指し手

△5四金　▲同　馬4　△同　歩　▲5三銀

（第10図）

先手が抜け出す

▲5五角成（**第9図**）には△3七銀が最善だった。3七の地点を清算してしまうと味消しのようだが、以下▲同銀△同歩成▲同馬△3三桂（**参考図**）として、先手の受けは▲4六銀か▲3六銀だが悩ましい。どちらに銀を打っても、そこで△5四金と上がれば、先手持ちではあるがまだまだ難しい将棋だった。

実戦は含みを残して△5四金と上がったが、強く▲同馬から▲5三銀（**第10図**）と踏み込んだのが好判断だった。

僅差が続いていたが、ここで先手が一歩抜け出すことに成功した。

【参考図は△3三桂まで】

▲先手　銀銀歩三

△後手　角金銀歩

第10図以下の指し手
☖5一銀23 ▲6五銀10
☖5八角1 ▲4七桂10
☖5三飛 ▲5八金
☖3八銀 ▲2八飛3
☖同銀不成 ▲同玉
☖5八角成2

☖3七歩成7 ▲同玉4
☖8三飛8 ▲6八金
☖3六歩 ▲同玉
☖2七金 ▲同飛
☖4九角8 ▲3八銀1
（第11図）

【第10図は▲5三銀まで】

後手の追い込み

▲5三銀（第10図）に☖5二金なら、以下▲同銀成☖同玉▲6五銀（参考図）とすれば、次の▲5四銀かが詰めろになるので先手がよい。

後手は☖5一銀と受けたが、次の▲6三桂を見ている。☖3七歩成から☖5八角、☖8三飛はさすがの勝負手だが、▲6八金から5八の角を取り除いたのが冷静な順だった。後手は☖3六歩から☖3八銀と、強烈な追い込みで先手玉に迫ってくるが、☖5八角成（第11図）はまだ詰めろになっていない。

勝利までもう少しである。

【参考図は▲6五銀まで】

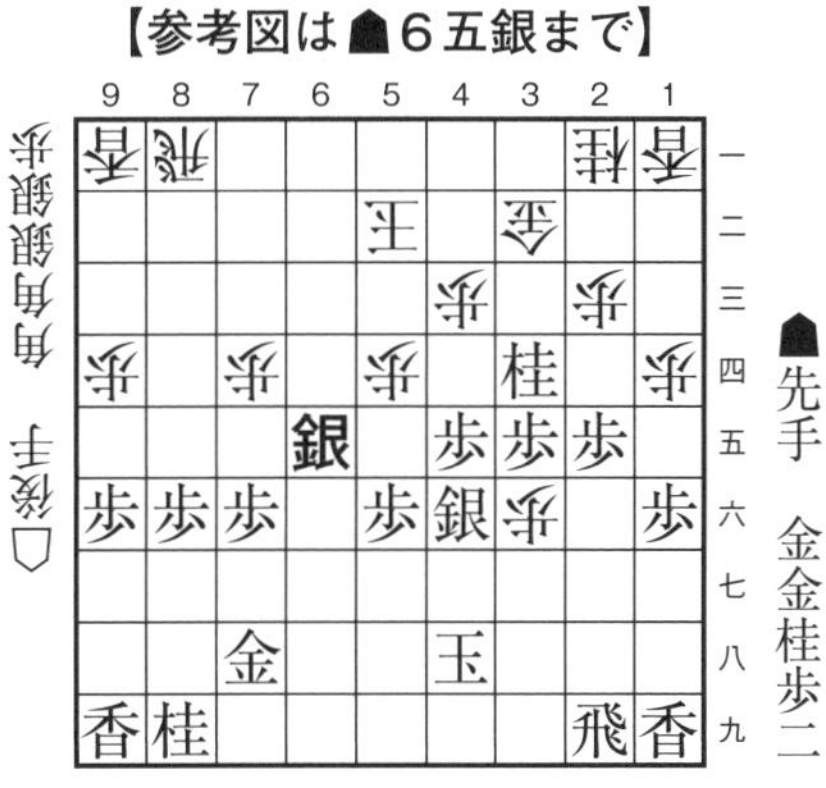

【第11図は△5八角成まで】

△羽生 飛金

▲豊島 角金金歩四

第11図以下の指し手

▲6四銀12 △5二飛4 ▲6三角 △3九飛3

▲5三金4 △6二金1 ▲4二金打 △同 銀1

▲6二金 △――2 （投了図）

まで、99手で豊島の勝ち

（消費時間＝▲3時間59分、△3時間59分）

激戦を制す

▲5三金に4分使って、一分将棋に突入した。対して△3六金なら▲1七玉△1九飛成▲1八金で先手が勝つ。この変化を読んでいたので実戦の△6二金には意表を突かれたが、①▲4二金打として△同銀に▲6二金（**投了図**）までとなった。後手玉は受けが難しい。実は代えて②▲5二金として以下△同金に▲6一飛と打てば詰んでいたが、対局中は気づかなかった。

第1局を勝たないと、番勝負の勝ち目がないと思っていた。途中で差がついたようだが、やはり最後まで際どい大変な勝負だった。

【投了図は▲6二金まで】

△羽生 金

▲豊島 金歩四

第3局　対 羽生善治棋聖

終盤の大激戦を抜け出す

第89期ヒューリック杯棋聖戦
　五番勝負第3局（産経）
平成30年6月30日
於・静岡県「沼津倶楽部」
持ち時間各4時間

勝☗八段　豊島将之　○●○
☖棋聖　羽生善治　●○●

【第1図は△7二飛まで】

△羽生　なし

▲豊島　なし

▲2六歩　△3二金　▲2五歩　△7二飛
（第1図）　▲7八金3　△7四歩1　▲2四歩
△同　歩　▲同　飛　△2三歩　▲2八飛
（途中図）　△7五歩2　▲6八銀1　△3四歩1
▲3八銀
（第2図）

1勝1敗で迎えた第3局

本局は改めて三番勝負となって迎えた第3局。第2局は終盤の入り口でミスが出て負けてしまった。本局は静岡県の「沼津倶楽部」で行われた。3年前の第3局でも訪れた場所なのだが、前夜祭には500人近い方が来られる盛況ぶりで、対局室も非常に落ち着いた感じの雰囲気である。

本局で驚いたのは羽生棋聖の作戦である。2手目の△3二金だけでなく、△7二飛（**第1図**）は全く考えていなかった。先手は飛車先の歩を交換する。対する後手は△7五歩と突いて角の活用を抑えた。

【途中図は▲2八飛まで】

△羽生　なし

▲豊島　歩

【第2図は▲3八銀まで】

△羽生　なし

▲豊島　歩

第2図以下の指し手

△7四飛11　▲2七銀7
△7三桂6　▲6九玉4
△8四歩1　▲5六歩9
△3三桂17　▲3六銀
△7二銀8　▲3六銀
△9四歩9　▲9六歩
△1四歩4　▲2五銀8
（第3図）

▲3六銀型に構える

先手の駒組みはいろいろあるところ。本譜の▲3八銀（**第2図**）は、このあと相掛かりでよく指されている▲3六銀型（**参考図**）にすれば、多少は見慣れた形になるかと思って選んだ。ただ、よく考えれば羽生棋聖も経験のある形になっているので善悪は難しいところではある。

後手は7筋の位を保ったまま先手の角を使わせない方針だ。▲5六歩は▲5七銀からの活用を見ている。

▲2五銀から▲3六銀（**第3図**）は純粋な手損だが、△3三桂型を強要して後手の角を使いにくくしている。

【参考図は▲3六銀まで】

△後手　なし

▲先手　歩

【第3図は▲3六銀まで】

第3図以下の指し手

△1三角1　▲1六歩7　△5二玉10　▲5八金28
△7六歩27　▲同　歩23　△同　飛　▲1五歩4
（第4図）

波紋を呼んだ△1三角

後手の△1三角は端歩を生かしつつ、△3五歩を見た自然な一手に見えたが、盤上に波紋を呼んだ。

ここはじっと△8五歩（参考図）と伸ばして、△2二角型のまま駒組みを進める手もあったかもしれない。▲5八金で▲1五歩は、以下△同歩▲同香△6八角成▲同玉△1五香で失敗する。

△7六歩は危険な一着だった。ここでも△8五歩として圧力を掛けられるほうがこちらとしては気になっていた。実戦は以下、▲7六同歩△同飛に▲1五歩（第4図）が機敏な仕掛けだった。

【参考図は△8五歩まで】

【第4図は▲1五歩まで】

▲豊島　歩二

△羽生　歩

第4図以下の指し手
△1五同歩12　▲7七銀14　△5六飛15　▲1五香
△3五歩　▲5七歩19　△5四飛2　▲1三香成
△3六歩35　▲2三成香
（第5図）

先手優勢

図からの△1五同歩に▲同香は△6八角成でやはり失敗する。しかし▲7七銀と上がってから▲1五香があった。角を切らさないのが▲7七銀の狙いである。

本譜、▲1五香に△5七角成と突っ込んでくるのが気になるが、それは▲同金△同飛成▲6八銀△5四竜▲1一香成（参考図）で先手がよい。▲6八銀が角筋を通しつつ、5筋の守りを強化して幸便だ。

本譜の△3五歩には一度▲5七歩でキズを消してから▲1三香成と角を取る。▲2三成香（第5図）で、中盤戦を通り越して終盤戦の入り口である。

【参考図は▲1一香成まで】

▲先手　角香歩三

△後手　金歩三

【第5図は▲2三成香まで】

▲豊島　角歩三

△羽生　銀歩三

第5図以下の指し手

△3七歩成　▲同　桂　△1七香成　▲2六飛1
△2五歩　▲同　桂　△2三金　▲3三桂成
△同　金　▲6八銀　△3四飛10
（第6図）

感触のよい一手

▲2三成香（第5図）に対して△2七歩▲同飛△2六歩▲同飛△2五歩と連打をされると飛車先を止められてしまうが、以下▲3六飛△2三金▲6八銀（参考図）は先手がよい。成香を取られても最後の銀引きが角筋を通して味がよく、歩をたくさんもらっているので差し引きは先手が得をしている。

本譜、後手は3筋の歩を成り捨ててから△1七香成で飛車を攻めてきた。これには▲2六飛と浮いておく。後の▲6八銀で▲2一飛成を急ぐと△3二銀と当てられて後手を引いてしまうので得策ではない。

【参考図は▲6八銀まで】

▲先手　角歩六

△後手　銀香

【第6図は△3四飛まで】

第6図以下の指し手

▲3五歩14 △同 飛 ▲3六歩 △3四飛

▲4六桂17 △2四飛 ▲同 飛 △同 金

▲2一飛

（第7図）

手応えあり、だが……

△3四飛（第6図）の局面は持ち時間を十分残しており、直前の▲6八銀の味もよかったので、スッキリ決めたい将棋ではあった。ところが、ここからかなり紛れてしまった。

まずは3筋に歩を連打して後手の飛車成りを防いだ。▲4六桂のところでは、平凡に▲2一飛成（参考図）など、手段は多かったと思う。

実戦の▲4六桂に後手は飛車をぶつける一手だ。▲2一飛（第7図）まではもちろん一連の読み筋だったが、羽生棋聖の次の一手は好手だった。

【参考図は▲2一飛成まで】

【第7図は▲2一飛まで】

第7図以下の指し手

△7七歩9　▲同　角　△4二銀打　▲2四飛成3
△7五香　▲3四桂1　△3九飛　▲5九銀5
△7七香成3　▲同　金2　△6五桂打11　▲7六金39
（第8図）

大変な事態に気づく

図は金銀の両取りだ。2四の金を助けるのなら△2九飛が最も自然だろう。これが自分の読み筋で、以下▲5九銀△4二銀打▲3四桂（**参考図**）と活用する予定だった。この順に期待して、前譜の▲4六桂を選んだという背景がある。

実戦の△7七歩はさすがの一着だった。以下▲同角に△4二銀打として2四の金を見捨て、△7五香と打ってきた。△6五桂打の局面で大変な形勢だということに気づいた。△4二銀打が粘り強い一手で、先手が優勢ながらもハッキリしない局面を作っている。

【参考図は▲3四桂まで】

【第8図は▲7六金まで】

▲豊島　角金香歩四

羽生△　角歩三

第8図以下の指し手
△7八歩9　▲6六角9　△3七角9　▲4二桂成3
△同　銀　▲6八銀打　△5一金11　▲2二竜6
△2一歩4　▲3二竜1　△3一歩4　▲1二竜
△4五桂
（第9図）

混沌

▲7六金（**第8図**）には△7七歩も気にしていた。以下▲7九歩に△3七角（**参考図**）と打たれると先手玉が狭い。実戦の△7八歩は羽生棋聖が苦しい形勢と見て、ひねってこられたのかなと思った。

ここで▲4二桂成△同銀▲3三銀と踏み込む手もあったようだが、△3一銀と引かれたときなど、不安が残っていたので選びきれなかった。実戦は▲6六角と攻防に打ち、以下は互いに自陣を補強するという、中盤に戻ったような応酬が続いた。△4五桂（**第9図**）で先手玉に火の手が回り始めた。

【参考図は△3七角まで】

▲先手　角金香歩三

後手△　歩一

【第９図は△４五桂まで】

第9図以下の指し手
▲4八香6　△5七桂左成3　▲同　銀　△同桂成
▲同　角　△5五角成　▲3四桂　△2二歩
▲6六金打1　△4四馬1　▲4二桂成　△同　金
（第10図）

間違えやすい局面

ここで▲7八玉と歩を払っていれば、方針が分かりやすかった。以下△5七桂左成に▲5四歩（参考図）が急所を突いた一着。そこで△7七歩が気持ち悪かったのだが、強く▲同桂と応じていれば大丈夫だった。

本譜の▲4八香は働きのない、受けただけの一手。大事に指しすぎてしまい、疑問だった。以下もねじり合いが続き、△4二同金（第10図）の局面は先手の金得なので、先手が優勢であることは間違いない。ただし残り時間が5分と切迫し、ハッキリした方針が見えない状況なので、相当逆転しやすい形になっている。

【参考図は▲５四歩まで】

【第10図は△4二同金まで】

▲豊島　銀桂歩四

羽生△　銀桂歩

第10図以下の指し手

▲5五銀3　△4五馬1　▲1五竜　（第11図）

危険な▲5五銀

ここで本譜は▲5五銀と打って馬を攻めた。だが同じ馬取りなら▲5六桂と打って△4五馬に▲2二竜（参考図）とするべきだった。

実戦は▲5五銀△4五馬に▲1五竜（第11図）と引いて馬に当てた。手の調子としては普通なのだが、ここで後手に勝負手が生じていた。その一手は次のページで解説する。自分は▲1五竜に羽生棋聖が考えている最中に、その一手が見えてしまった。少ない残り時間から1分使われたので、その手を指されると思い、相当イヤなことになってしまったなと覚悟していた。

【参考図は▲2二竜まで】

▲先手　銀歩五

後手△　銀桂歩

【第11図は▲1五竜まで】

▲豊島　桂歩四

△羽生　銀桂歩

第11図以下の指し手
△3六馬1　▲7八玉　△6五桂打1　▲2四角
△7七歩　▲同　桂　△同桂成　▲同　玉
△2九飛成
（第12図）

覚悟していた桂打ち

ここで△6五桂打なら、勝負はどう転んでいたか分からない。以下▲1三角成△5七銀（参考図）となり、また▲4五竜は△5八銀成で生きた心地がしないし、▲5七同金は△7九歩成が利いてしまう。5五には銀が落ちているし、△2三馬のぶつけもある。後手は4五の馬が典型的な、「取られる寸前に働く」格好だ。

実戦は△3六馬に▲7八玉で窮地を脱することができた。後手は苦しい時間が長く、神経を使って勝負形にした。実はこの後も形勢の針が揺れ動いた。ここまで互いに相当な時間、パワーを使っていたのだと思う。

【参考図は△5七銀まで】

▲先手　桂歩四

△後手　歩

【第12図は△2九飛成まで】

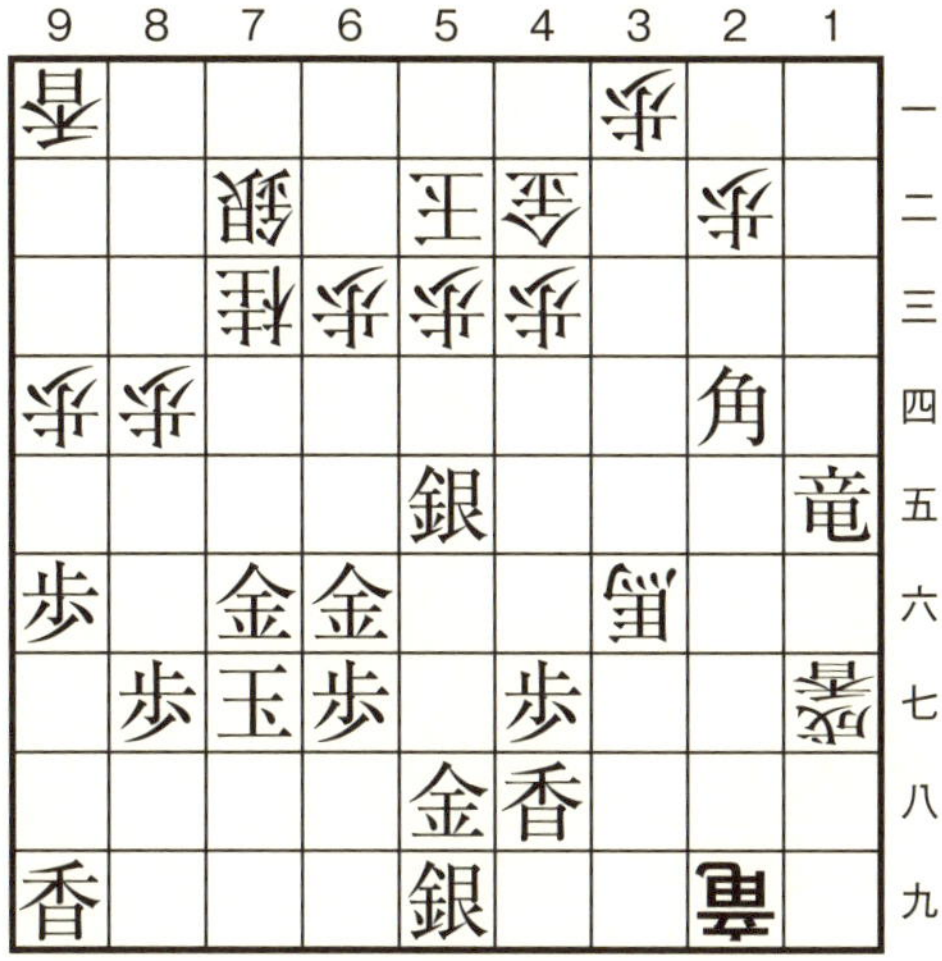

▲豊島　桂桂歩六

△羽生　銀桂歩

第12図以下の指し手
▲7四桂　△6五桂打　▲8八玉　△8三銀
▲8二桂成1
（第13図）

再び混戦に

ここで▲2六歩や▲8八玉なら間違えにくい局面だっただろう。本譜の▲7四桂は焦りすぎた。

△6五桂打から△8三銀の催促で大きな誤算があった。当然▲6二桂成と行けなければおかしいが、以下△同玉▲4二角成△7七銀▲同金△同桂成▲同玉△6五桂打（**参考図**）となり、これは5九に銀が落ちているので先手の負け筋となる。

実戦は予定変更で▲8二桂成（**第13図**）としたが、敵玉と反対方向に行っているわけなので、明らかに変調である。ここが最後の勝負どころだった。

【参考図は△6五桂打まで】

▲先手　金銀桂桂歩六

△後手　金歩

【第13図は☗8二桂成まで】

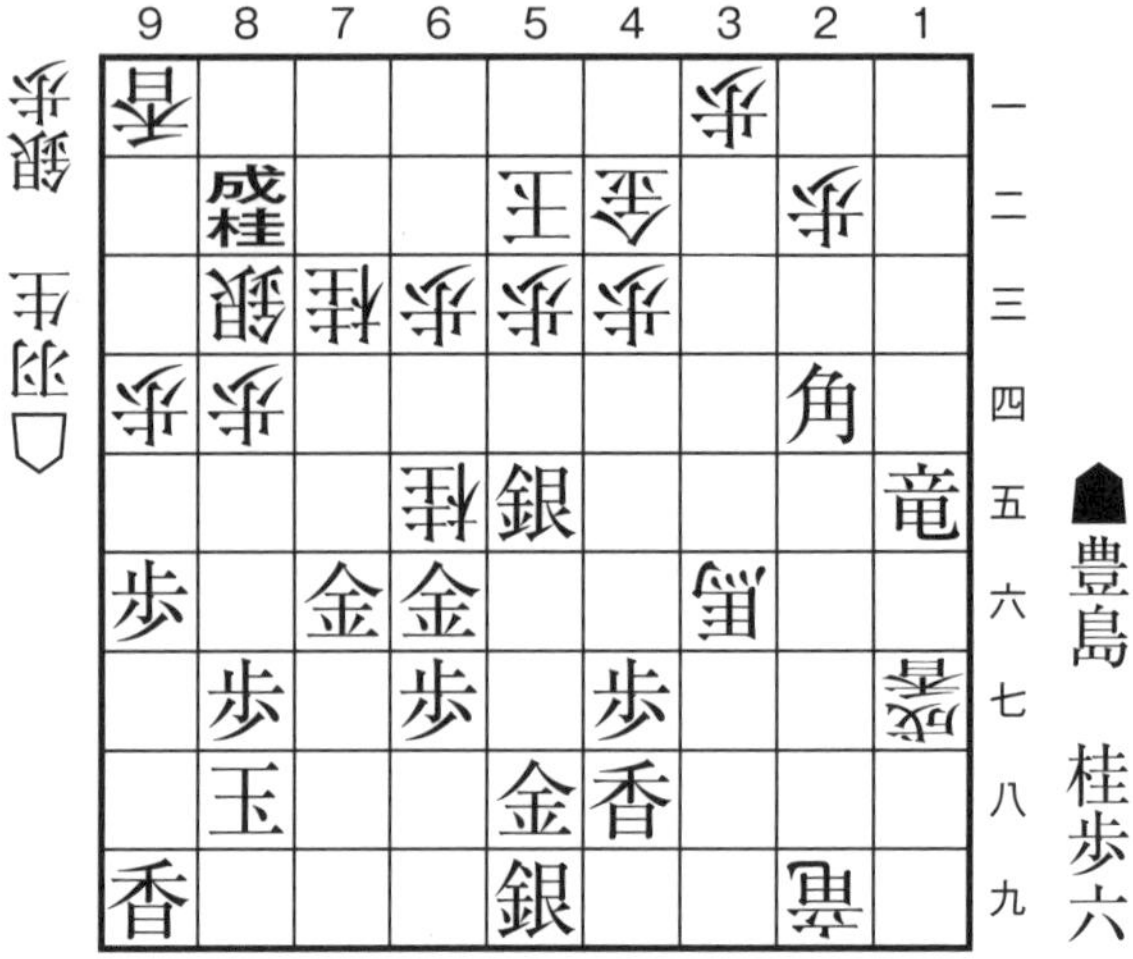

第13図以下の指し手
☖7四銀　☗7八歩　☖7五歩　☗同金右
☖同　銀　☗同　金　☖2五馬　☗同　竜
☖同　竜　☗6一角　☖同　玉　☗4二角成
☖7七銀
（第14図）

先手勝勢に

図で☖2五馬（参考図）なら、どちらに勝ちが転ぶか分からない感じだった。調べれば先手に勝ちが出そうだが、実戦は互いに一分将棋だったので、何が起きても不思議ではなかった。

実戦は☖7四銀に☗7八歩と打つことができ、先手玉がしっかりしたのが大きい。これで強く寄せに出ることができた。本譜☗6一角に☖4一玉なら☗5二銀として、①☖3二玉は☗4二角成。☖5二同金は☗同角成から寄る。実戦は☖6一同玉☗4二角成で後手玉は受けなし。☖7七銀（第14図）に逃げ切れるかどうかだ。

【参考図は☖2五馬まで】

【第14図は△7七銀まで】

第14図以下の指し手
▲7七同歩　△同桂成　▲同　玉　△8五桂
▲8六玉　△7七角　▲7六玉　△6六角成
▲同　玉　△5五竜　▲同　玉　（投了図）
まで、145手で豊島の勝ち
（消費時間＝▲3時間59分、△3時間59分）

逃げ切る

後手は7七の地点で清算してから△8五桂と跳ねてきた。▲同金でも詰みはないが△7六歩で王手がたくさん掛かるので怖い。本譜、▲8六玉に△7七角と打たせてから▲7六玉が正しい逃げ方である。△6六角成はハッとする捨て駒。▲同銀は△7八飛と打たれて頓死してしまう。▲6六同玉で逃げ切りが確定した。

自分が後手を持っていれば簡単に負けていたと思う。羽生棋聖の難しい局面を作る勝負手、離されずに耐える技術に苦しめられたが、なんとか勝つことができ、初タイトルにあと1勝とすることができた。

【投了図は▲5五同玉まで】

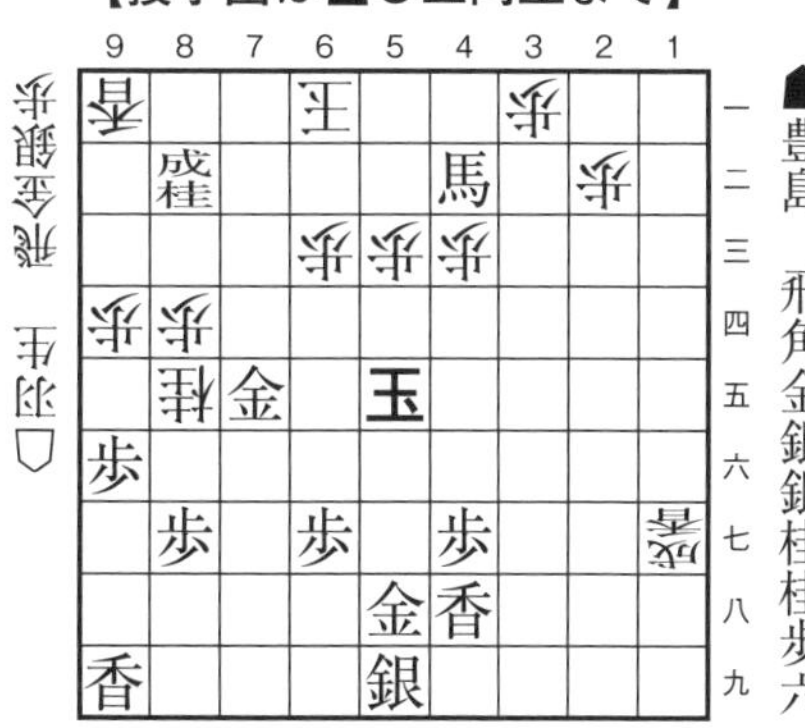

豊島将之　年度別成績

年度	対局数	勝数	負数	勝率
2007	42	30	12	0.714
2008	40	29	11	0.725
2009	59	45	14	0.763
2010	52	35	17	0.673
2011	60	44	16	0.733
2012	48	35	13	0.729
2013	49	35	14	0.714
2014	56	35	21	0.625
2015	57	35	22	0.614
2016	56	39	17	0.696
2017	62	44	18	0.710
2018	55	35	20	0.636
2019	13	9	1	0.900
				（※2019年６月20日まで）
通算	646	450	196	0.697

第4局　対　羽生善治棋聖

万感の初タイトル

第89期ヒューリック杯棋聖戦
五番勝負第5局（産経）
平成30年7月17日
於・東京都千代田区「都市センターホテル」
持ち時間各4時間

☗棋聖　羽生善治　●○●○●
勝☖八段　豊島将之　○●○●○奪取

▲2六歩 ▲7六歩 ▲6八銀 ▲7八金3 ▲4六歩 ▲6八玉 ▲3七桂1 △9四歩 △8一飛

△8四歩 △3二金 △7七角成 △3三銀 △6四歩2 △4二玉1 （第1図） ▲1六歩 ▲4八金2

▲2五歩1 ▲7七角 ▲同銀 ▲3八銀 ▲4七銀1 ▲3六歩1 △7三桂 △1四歩 △6二金

△8五歩 △3四歩 △2二銀 △6二銀 △6三銀 △7四歩 ▲9六歩 ▲2九飛1 （第2図）

【第1図は▲3七桂まで】

フルセット

2勝1敗で迎えた第4局に敗れて、棋聖戦五番勝負はフルセットにもつれこんだ。

最終局は改めて振り駒が行われて後手番になったが、実を言うと先後はそれほど気にしていなかった。この五番勝負では先手と後手、どちらにもチャンスのある将棋が多かったからである。

先手になった羽生棋聖は角換わりを志向された。途中までは第4局と同じような進行で、先に工夫をしたのは私のほうだった。△6二金（**第2図**）としたところで第4局は△5二金（**参考図**）と一度上がってから△6二金としていた。

【参考図は△5二金まで】

【第２図は△６二金まで】

▲羽生　角

△豊島

第２図以下の指し手
▲６六歩1　△５四銀2　▲５六銀1　△４一飛1
▲７九玉2　△４四歩
（第３図）

実のところ……

第４局で負けた将棋から私が変化したわけである。

正直に言うと、第４局の作戦（前項参考図）のほうが自信があった。しかし同じ作戦は当然、相手も研究しているはずである。同じことをやるより、新しい手をやったほうが勝つ可能性が高いと思い、本譜を選んだ。

△４一飛は一つの岐路。代えて△４四歩は以下▲４五歩で一局の将棋だが少し気になる。

実戦の△４一飛にも▲４五桂（**参考図**）と仕掛ける手があり、リスクがないわけではない。ただし▲６八玉型での戦いは先手としても怖く、実戦は穏やかに▲７九玉と引いた。

【参考図は▲４五桂まで】

▲先手　角

△後手

【第3図は△4四歩まで】

第3図以下の指し手
▲4五歩4　△5二玉　▲4四歩5　△同　飛1
▲4七角3
（第4図）

中住まいに構える

ここで▲8八玉なら△3一玉と引いて膠着状態となる。4一の飛車が4筋を守っているのがポイントだ。

なので先手は▲4五歩と仕掛けた。対して△4五同歩▲同桂は先手の調子がよい。△5二玉と寄って飛車先を通すのが一つの受けの形で、今度△3一玉は既に4五の地点で駒がぶつかっているのでバランスが悪い。

▲4七角（**第4図**）は見慣れない一着だ。

代えて▲4五歩が普通に見えるが、△4一飛▲4六角△6三金▲8八玉△6二玉（**参考図**）で打開点が見えにくい将棋となる。こちらは後手番なので、千日手模様は歓迎だ。

【参考図は△6二玉まで】

【第4図は▲4七角まで】

第4図以下の指し手
△4一飛17 ▲7五歩7 △6三金1
（**第5図**）

命運を懸けた自陣角

この▲4七角（**第4図**）はソフトが示していたので知ってはいたが、自分が先手を持っても指しこなせる気があまりせず、それほど研究はしていなかった。

▲4七角を公式戦で試すことは考えられるが、羽生棋聖がこの大一番で指されたことには、驚きを隠せなかった。この角打ちは遠く7四の地点を狙っている。

本譜の▲7五歩に対して△6三金（**第5図**）と上がって受けたが、その前に△4六歩▲3八角（**参考図**）の利かしを入れるかどうかは非常に迷った。**参考図**は▲4五桂のあと、▲4六歩で桂を支える手を防いだ意味がある。

【参考図は▲3八角まで】

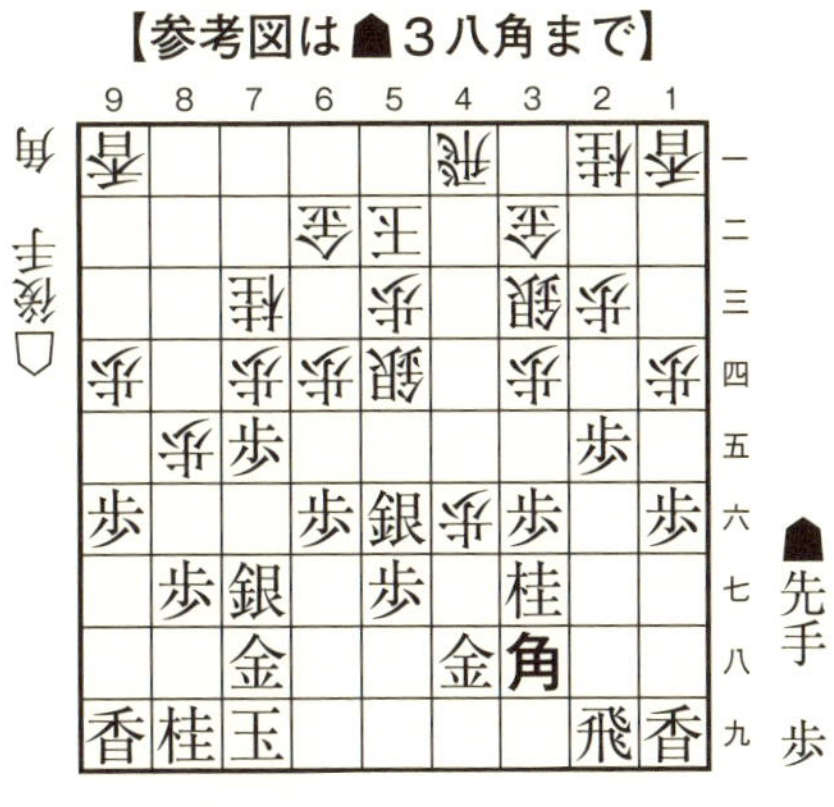

【第5図は△6三金まで】

▲羽生　歩

△豊島　角歩

第5図以下の指し手
▲7四歩46　△同　金　▲4五桂1　△4四銀33
▲2四歩30　△同　歩　▲5五銀　（第6図）

アクシデント

前項の参考図の続き。△4六歩は相手の狙いを消しただけなので、できれば打ちたくはなかった。自分のタイプ的にいろいろ気にしすぎてしまい、損をしてしまうことがある。それが大きい将棋になればなるほどそういうことになってしまうことが多々ある。

△6三金（**第5図**）の局面でアクシデントが起きた。避難訓練のベルが鳴ったのだ。記録の奨励会員にも声をかけて廊下には出たけれど、幸い何ごともなかった。

本譜、先手は7四の地点を狙う。▲5五銀（**第6図**）に対して△同銀左（直）と取るのは▲7四角（**参考図**）でまずい。

【参考図は▲7四角まで】

▲先手　金歩二

△後手　角銀歩三

【第6図は▲5五銀まで】

▲羽生 歩二

△島 朗 角歩三

第6図以下の指し手

△6五歩15 ▲4四銀1 △同 飛 ▲4六歩
△8六歩24 ▲同 歩2 △8七歩5 ▲3五歩31
△同 歩9 ▲3四歩3
（第7図）

4七の角を抑える

後手は△6五歩と突いて4七の角をさばかせない方針だ。先手はそこで▲5四銀△同歩▲4六歩として、玉頭に空間を作ったほうがよかったが、以下△5五銀打（**参考図**）が手厚いので攻め切るのは大変である。

実戦は4四の銀を取ってから▲4六歩。そこでも△5五銀打は有力だった。以下▲3五歩と突かれるのがイヤに見えて読みを打ち切ったが、堂々と△同歩で大丈夫だったようだ。

とはいえ、失敗したときのリスクが高いので本譜も実戦的だろう。

△8七歩に対して先手は3筋を突き捨ててから、▲3四歩（**第7図**）と垂らしてきた。

【参考図は△5五銀打まで】

▲先手 銀歩

△後手 角歩三

【第7図は▲3四歩まで】

第7図以下の指し手
△5五銀 21　▲3三銀 4　△同　桂 21　▲同歩成 2
△8八銀 24　▲同　銀 17　△同歩成　▲同　玉
△7七歩　▲同　金　△7六歩 1　▲同　金 5
（第8図）

勝ちにいく

3四の歩を取ると、▲5六角や▲2五銀という手段を与えるので少し怖い。実戦は強く△5五銀と立った。これで少し勝っていそうな感覚もあったが、実戦的にはまだまだ大変なのだろうなとは思っていた。

忙しい先手は▲3三銀と打ち込んだ。後手陣にも火の手が上がり、スプリント勝負である。△8八銀には本譜の▲同銀と▲6八玉、両方あると思ったので相手の態度を見てから改めて読むつもりだった。

▲6八玉には手が広いところだが、以下△7七銀成▲同金△6六歩▲3二と△6五桂（**参考図**）が一例の手順となる。

【参考図は△6五桂まで】

【第8図は▲7六同金まで】

△藤井　角銀銀歩

▲羽生　銀桂歩四

第8図以下の指し手
△6七銀23　▲8七銀　△7六銀成　▲同銀
△7五銀　▲5八角14　△7六銀9　▲同角
△7五金　▲8七銀
（第9図）

もう一歩

第8図で△8七歩も考えた。これは本譜の△6七銀に▲8七銀と受ける手を消す狙い。けれど歩の王手に▲7八玉と寄られたときがよく分からなかった。

実戦は△6七銀▲8七銀のあと、△7六銀成から△7五銀と被せていく。対して▲8七銀打と支えるのなら、△8五歩（**参考図**）が調子のよい一着になる。以下▲同歩△同桂▲8六歩△6六銀左として、①▲8五歩には△8六歩。②▲7八歩には△7六銀▲同銀△5五角で押し切れる。

実戦は▲5八角と引いて銀にヒモをつけた。形勢は後手勝勢に近い。勝利までもう一押しである。

【参考図は△8五歩まで】

△後手　角金

▲先手　桂歩四

【第9図は▲8七銀まで】

▲羽生　銀桂歩四

△豊島　角金銀歩

第9図以下の指し手
△7六金1　▲同　銀　△7五歩　▲同　銀23
△6七角1
（第10図）

筋に入る

▲8七銀（**第9図**）に今度△8五歩は、▲6七桂のカウンターがあって、これは一気に後手がマズくなる。

実戦はアッサリ角を取ってから△7五歩と打った。そこで▲6七桂と切り返してくるなら、以下△6六銀▲6三歩△同玉▲7五桂△同銀▲同銀△5五角（**参考図**）と進めるつもりだった。これで勝てそうな気はしたが、ハッキリ読み切れていたわけではなく、△7五歩と打った段階では全く分かっていなかった。

実戦は▲7五同銀と取ってきたので△6七角（**第10図**）と好位置に打って、ようやく勝ち筋に入ったような気がした。

【参考図は△5五角まで】

▲先手　金銀銀歩四

△後手　角金銀桂歩二

【第10図は△6七角まで】

▲羽生　金銀桂歩五

△豊島　角金銀

第10図以下の指し手
▲7八銀　△7六銀1　▲7九桂2　△6六歩4
▲6八歩3　△8七歩4　▲同　銀　△同銀成1
▲同　桂　△7八金3　▲9八玉　△8八銀
▲6七歩　△9九銀成　▲同　玉　△9七香
（投了図）まで、108手で豊島の勝ち
（消費時間＝▲3時間37分、△3時間45分）

初タイトル獲得

本譜は▲7八銀に△7六銀から着実に寄せることができた。△9七香（**投了図**）以下は▲同桂に、△7七角と離して打てば即詰みだ。最後のほうは、詰み手順を何度も確認した。

長い五番勝負が終わり、終局後はそこまでタイトル獲得の実感が湧かなかった。感想戦が終わると記者会見があり、自分の部屋に戻って師匠の桐山清澄九段や土井春左右先生に電話で連絡したときにようやく、うれしさがこみ上げてきたことをよく覚えている。

それから1日明けて、心地よい疲れの中、朝から取材を受けていた。

【投了図は△9七香まで】

▲羽生　角金銀銀歩五

△豊島　角

第89期ヒューリック杯棋聖戦

〈決勝トーナメント〉

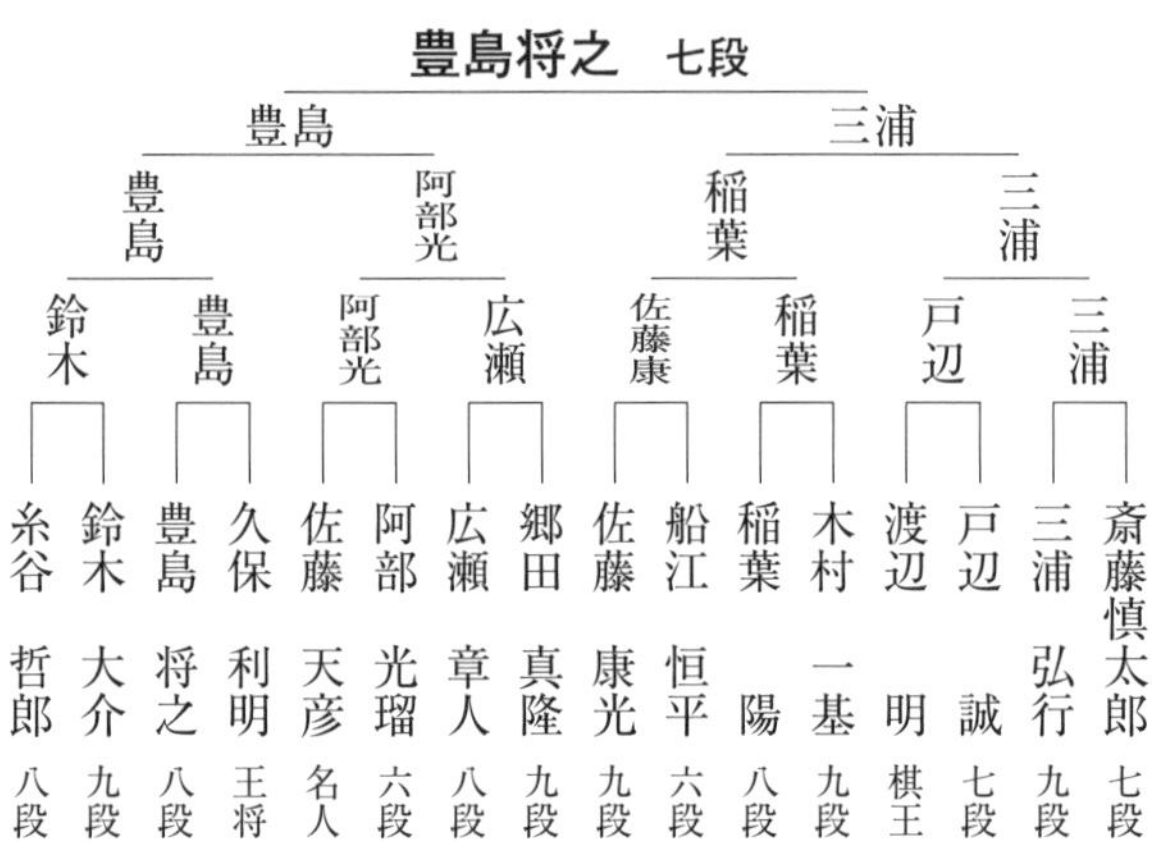

※段位・肩書は当時

〈二次予選〉

第5局　対 羽生善治竜王（棋聖）

王位戦で挑戦権を獲得

第59期王位戦挑戦者決定戦（三社連合）
平成30年6月4日
於・東京都渋谷区「将棋会館」
持ち時間各4時間

▲竜王　羽生善治
勝△八段　豊島将之

▲7六歩　△8四歩　▲2六歩(1)　△3二金　▲2五歩　△8五歩　▲7七角　△3四歩　▲6八銀　△7七角成　（第1図）　▲同銀　△2二銀　▲7八金　△3三銀　▲3八銀　△6二銀　▲4六歩　△6四歩　▲4七銀(1)　△6三銀　▲6八玉　（途中図）　△4二玉　▲3六歩　△7四歩　▲3七桂　△7三桂　▲4八金　△8一飛　▲2九飛　△6二金　（第2図）

【第1図は△7七角成まで】

プレーオフからの挑戦権獲得

本局は羽生竜王との王位戦挑戦者決定戦である。共に紅白リーグを制してきたわけだが、私は開幕から3連勝するも4回戦で澤田真吾六段との直接対決に敗れてしまい、最終戦は他力という状況だった。結果、私が勝って澤田六段が敗れた。澤田六段とのプレーオフは負けの局面もあったが、何とか勝ち、本局に駒を進めることができた。一度は諦めかけていた状況だっただけに、このチャンスをものにしたいという気持ちが強かった。振り駒で私が後手になり、羽生竜王の角換わりに応じた。早いテンポで相腰掛け銀に進んでいく。

【途中図は▲6八玉まで】

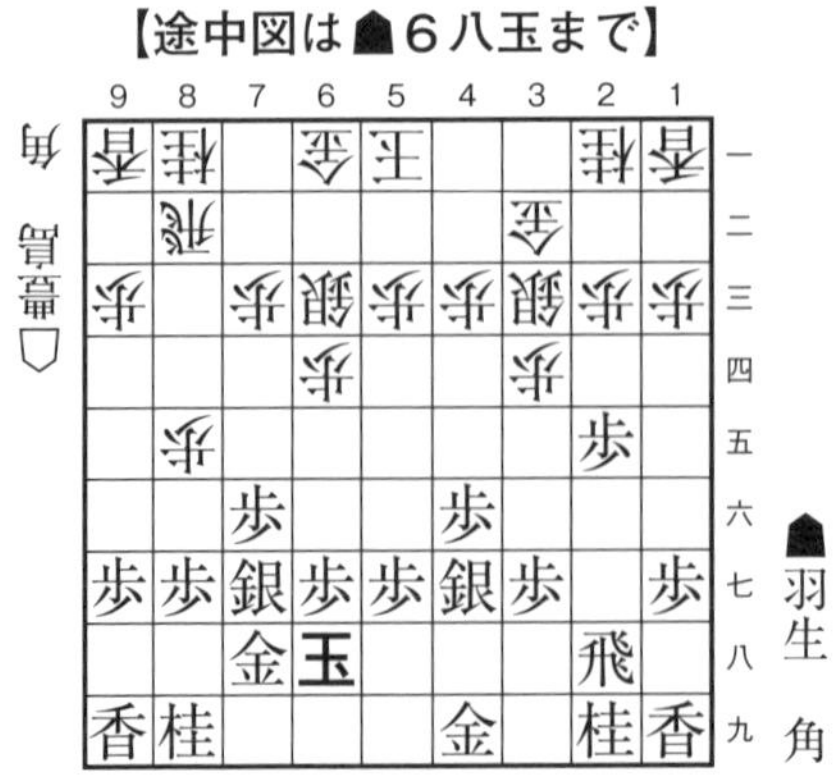

【第2図は△6二金まで】

第2図以下の指し手
▲9六歩　△1四歩1　▲1六歩　△5四銀4
▲5六銀2　△3一玉
（第3図）

端歩の駆け引き1

盤上は流行の▲4八金、▲2九飛型となった。後手も同じ布陣である。先手が9筋の歩を突くと、後手は1筋を突き返した。ここから細かい駆け引きが始まる。

次の▲1六歩に△5四銀と出たのが後手の趣向だった。そこで▲9五歩と端の位を取ってくれれば、後手が先攻する将棋が予想される。一例としては以下、△4四歩▲5六銀△3一玉▲7九玉△7五歩（参考図）が考えられる。先手は端の位を生かして受けに回ることになるが、先手番だけに、守勢になるのをどう見るかは難しいところだ。

本譜、羽生竜王は▲9五歩を保留した。

【参考図は△7五歩まで】

【第3図は△3一玉まで】

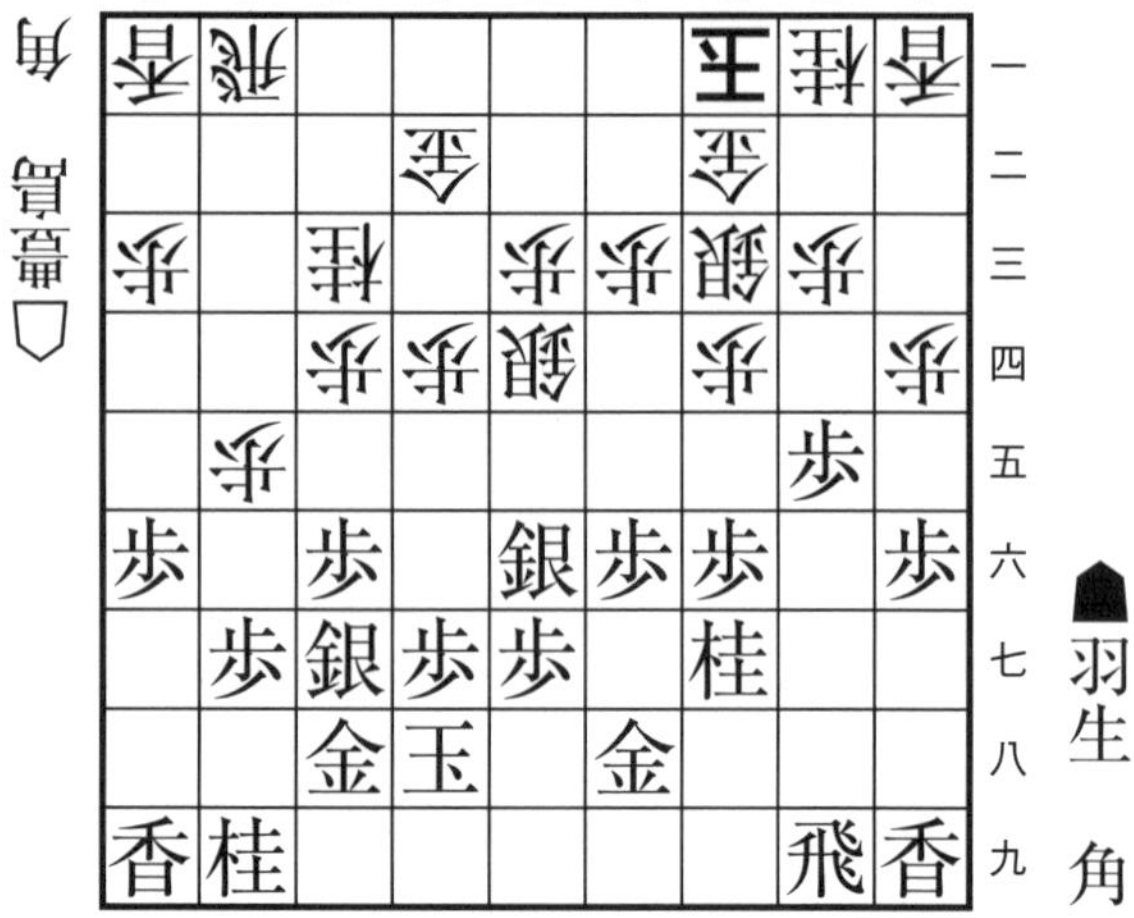

第3図以下の指し手
▲7九玉1　△9四歩　▲6六歩3　（第4図）

端歩の駆け引き2

△3一玉（第3図）と引いて、後手はまだ9筋を受けない。先手がここでどう指すかによって、後の指し手を決めようとしているのだ。

①▲9五歩なら△4四歩▲7九玉△7五歩で前項の参考図となる。②▲6六歩（参考図）ならどうか。例えば△9四歩は▲3五歩の仕掛けがうるさい。▲6六歩と突いたことで▲7五歩からの桂頭攻めを決行しやすくなっている。

なので別の手段を考えるつもりだった。実戦は③▲7九玉だったので△9四歩と受けた。今度は△6五桂があるので▲7五歩の桂頭攻めは怖くない。

【参考図は▲6六歩まで】

【第4図は▲6六歩まで】

第4図以下の指し手
△6五歩 ▲3五歩 9 △同 歩 10 ▲4五桂 4
△3四銀 ▲2四歩 1 △同 歩 ▲同 飛
△2三金 ▲2九飛 △2四歩
（第5図）

戦いが始まる

後手が△6五歩と仕掛けて戦いが始まった。以下▲同歩なら△7五歩で調子がよい。なので、先手は6筋の相手をせず、▲3五歩と突いて攻め合いにした。▲4五桂に△4二銀と引くのは、▲6五歩（**参考図**）と手を戻されて、これは▲6六角が好点の角打ちになるので後手が面白くない。

本譜は△3四銀と立った。以下、2筋の歩交換には△2三金から△2四歩が力強い受け。上部を手厚くして△4四歩の桂取りを楽しみにしている。先手がどうやって攻めをつなげるかである。

【参考図は▲6五歩まで】

【第5図は△2四歩まで】

▲羽生　角歩

△豊島　角歩

第5図以下の指し手

▲7五歩4　△6六歩7

▲同　銀1　△4四角59

（第6図）

中盤のねじり合い

△2四歩（第5図）には▲6五歩も有力だった。それには△4四角と打って一局の将棋となる。

実戦はさらに厳しく、▲7五歩で桂頭を攻めてきた。以下△6六歩▲同銀に、△8六歩▲同歩△同飛は調子がよさそうだが、実は以下▲7七銀△8一飛▲8二歩△同飛▲7一角（参考図）となって、逆に技を決められてしまう。以下△7二飛に▲6二角成△同飛▲5三桂成が厳しい。

実戦は△4四角（第6図）と銀取りに打った。△4四歩の桂取りはなくなるが急務の一手で、角換わりはこのラインが急所になりやすい。

【参考図は▲7一角まで】

▲先手　歩二

△後手　角歩四

【第6図は△4四角まで】

▲羽生　角歩二

△豊島　歩二

第6図以下の指し手
▲8八角14　△8六歩20　▲同　歩　△同　飛1
（第7図）

悪くない展開

△4四角（第6図）には▲6七歩もあるところ。これには以下①△6五歩▲7七銀△6三銀。または②△6四歩▲7四歩△6五桂（参考図）があって、いずれも有力だろう。自分は対局中、②の順を本線として考えていた。

本譜、羽生竜王は▲8八角と打って銀取りを受けた。これに△6五歩は▲5五銀左とぶつけられてまずい。なので、実戦は△8六歩▲同歩△同飛（第7図）で飛車先の歩を交換した。対局中は、悪くない展開だと思い、それなりの手応えを感じていた。

【参考図は△6五桂まで】

▲先手　角歩二

△後手　歩

【第7図は△8六同飛まで】

▲羽生　歩三

△豊島　歩三

第7図以下の指し手
▲2二歩22　△同　角21
（第8図）

際どい利かし

第7図から▲8七歩なら△6六飛▲同角△同角と激しくいってよい。次いで▲6四飛の両取りがあって失敗のようだが、△6三金▲6六飛△4四角（**参考図**）で実は後手がうまくいっている。

本譜、羽生竜王は▲2二歩と打った。際どい利かしである。これを△同玉と取ると、今度は▲8七歩と受ける手が成立してしまう。同じように△6六飛と行くと、▲同角△同角に今度は▲6四飛ではなく、▲4二飛の王手金取りがあって後手がマズい。なので、本譜は△2二同角（**第8図**）と応じた。

【参考図は△4四角まで】

▲先手　角歩二

△後手　銀歩三

【第8図は△2二同角まで】

第8図以下の指し手
▲7四歩18 △8五桂11
▲8七歩14 △7六飛16
▲6九飛39 △6四歩21
▲5八金28 （第9図）

後手ややよしだが…

後手陣を壁角にした先手は▲7四歩と取り込んできた。これには△8五桂と逃げておく。続く▲8七歩に△6六飛と行くのは、▲3二歩（参考図）が軽手になる。以下①△同玉は▲3三歩で角道が止まり、▲6六角と飛車を取られてしまう。しかし②△4二玉とかわしても▲6六角△同角に▲7三歩成が△同金に▲6二飛の王手角取りを見て厳しい。

本譜はじっと△7六飛。次は△6六角がある。先手は6筋に飛車を転回して受けてきた。

以下、▲5八金（第9図）は後手がやや指せる局面だが……。

【参考図は▲3二歩まで】

【第9図は▲5八金まで】

第9図以下の指し手
△4四歩9 ▲7七桂1 △4五歩 ▲8五桂
△7四飛 ▲7六歩2 △同　飛10 ▲7七銀6
△7四飛14 ▲6六桂8 △8四飛3 ▲5四桂2
△同　歩 （第10図）

方針を誤る

本譜はここで△4四歩と突いて桂を取りに入ったが、甘かったように思う。4五の桂には触らず、△9五歩や△8六歩と攻めていったほうがよかっただろう。

先手は▲7七桂とぶつけてきた。以下△同桂成は▲同銀△7四飛▲6六桂があるので4五の桂を取った。▲7六歩は羽生竜王らしい柔らかい一着。そこで方針を誤った。以下、△8四飛▲8六歩△4六歩（参考図）として局面を落ち着けるべきだった。

実戦は強く△7六同飛だが、▲7七銀から▲6六桂で先手の駒にも活が入ってきた。

【参考図は△4六歩まで】

【第10図は△5四同歩まで】

第10図以下の指し手
▲4五歩3　△4二歩2
▲同　玉1　△7四桂
▲7四銀2　△7五飛
▲8六銀12　△8八角成4
▲7五銀14　△8五飛
▲6四飛3　△7七歩5
（第11図）

急激な流れに

ここで▲4五銀なら△4三銀（参考図）と辛抱するつもりだった。本譜は3分でじっと▲4五歩。格調が高いだけでなく、自分なら回り回って▲4五歩ということはあるだろうが、わずか3分というのが驚きだ。

残り時間は羽生竜王が1時間弱、こちらは間もなく30分を切ろうとしていた。この手渡しはあまり考えていなかった。以下、△4二歩とこちらも手渡しで返した。狙いとしてはどこかで▲9七角のようなラインを消している。この2手の交換があった後、次の▲8六銀から盤上は一気に激しくなった。

【参考図は△4三銀まで】

第11図以下の指し手

▲7七同金 △7六歩 ▲同　金3 △同　飛
▲7七歩 △7九角7 ▲7八玉2 △6六桂
▲6七玉 △7四飛 ▲同　飛 △5八桂成
▲同　玉2 △6八金4 ▲4八玉1 △3六歩
▲3八歩 △4六桂4 ▲4七銀4 （第12図）

【第11図は△7七歩まで】

▲羽生　角銀桂歩三

△豊島　角桂桂歩三

勝ち筋に入る

△7七歩（第11図）にどう指されるかは分かっていなかった。精査したところ▲7九金（参考図）なら難しい戦いが続いていた。先手が大きな利かされだが、後手の持ち駒は頭が丸い駒なので成立している。

実戦の▲7七同金からは、厳密には後手の勝ち筋に入っているようだ。とはいえ、後手玉はすぐに王手が掛かる形なのでギリギリであることには変わりない。

△6八金は筋が悪いようだが、上部への脱出を防いで△3六歩から△4六桂に期待している。▲4七銀（第12図）にどう決めるかだ。

【参考図は▲7九金まで】

▲先手　角銀桂歩三

△後手　角桂桂歩三

【第12図は▲4七銀まで】

第12図以下の指し手
△3五銀 ▲5一飛8 △2二玉 （第13図）

決め手とリスク

第12図での残り時間は先手12分、後手7分。ここから△5八金▲同銀と捨て、△3八桂成▲4七玉（▲3八同玉は△3七金▲2九玉△3八銀からの詰み）△4五銀**（参考図）**なら、後手が明快に勝っていた。仮に本譜の△3五銀が負けと思っていれば、こちらを選んでいただろう。しかし、金を1枚渡したうえに、△4五銀の局面は後手玉に相当王手が掛かるので危険極まりない。

本譜の△3五銀は次に△3七銀▲同歩△3八金▲同銀△5八金▲3九玉△5七角成から長手数の詰めろになっているが、**第13図**で先手に勝負手が生じていた。

【参考図は△4五銀まで】

【第13図は△2二玉まで】

▲羽生　角銀桂桂歩三

△豊島　金銀歩二

第13図以下の指し手
▲5四飛寄　△5八金4　▲3九玉　△4八金打
▲2九玉　△4七金　▲3四桂3　△1三玉
▲3一角　△2二銀　▲同桂成　（第14図）

先手に逸機

ここで▲6六角△1三玉▲2一飛成△5八金▲3九玉△5七角成▲同角△3八桂成▲同銀△5七金なら、際どい勝負だった。▲6六角として5七の地点に角を利かせることで、前項で述べた詰み筋が消えている。

なお△1三玉に代えて△3三桂は以下▲7一飛上成△6一歩に、▲6二竜△同歩▲3四桂△1三玉▲1一飛成△1二金▲同竜△同玉▲1一金（参考図）が妙着。以下△1一同玉に▲3三角成から詰む。対局中、▲1一金が見えて青ざめたことを覚えている。

実戦の▲5四飛寄も詰めろ逃れだが、詰めろになっていなかった。

【参考図は▲1一金まで】

▲先手　金銀桂香歩三

△後手　飛飛銀歩

【第14図は▲2二同桂成まで】

第14図以下の指し手
△3八桂成
まで、126手で豊島の勝ち
（投了図）
（消費時間＝▲3時間59分、△3時間57分）

作ったような詰み筋

▲2二同桂成（**第14図**）に△3八桂成（**投了図**）で羽生竜王は投了された。以下は▲1八玉に△2八成桂▲同玉△3七歩成▲1八玉△2七銀▲1七玉△2六銀▲同玉△3六銀成▲1七玉△2七とまで。

△2八成桂や△2六銀という詰将棋らしい捨て駒が出現する。棋譜には現れないが、こういった美しい順が隠されているところが将棋の奥深さでもある。

後手ペースで移行していたが、こちらが誤ってからは最後まで形勢の針が揺れ動く激戦だった。王位挑戦を決め、翌日、棋聖戦の対局場となる淡路島に向かった。

【投了図は△3八桂成まで】

第59期王位戦

挑戦者決定リーグ

〈紅　組〉

氏名／順番	1	2	3	4	5	
羽生　善治　竜王	○近藤	○谷川	○村山	●木村	○松尾	
木村　一基　九段	●松尾	○近藤	●谷川	○羽生	○村山	
谷川　浩司　九段	●村山	●羽生	○木村	●松尾	○近藤	降
松尾　歩　八段	○木村	●村山	●近藤	○谷川	●羽生	降
近藤　誠也　五段	●羽生	●木村	○松尾	●村山	●谷川	降
村山　慈明　七段	○谷川	○松尾	●羽生	○近藤	●木村	降

〈白　組〉

氏名／順番	1	2	3	4	5	
澤田　真吾　六段	○佐々木	○野月	○千田	○豊島	●阿久津	
豊島　将之　八段	○野月	○千田	○阿久津	●澤田	○佐々木	
阿久津主税　八段	●千田	○佐々木	●豊島	○野月	○澤田	降
野月　浩貴　八段	●豊島	●澤田	●佐々木	●阿久津	●千田	降
千田　翔太　六段	○阿久津	●豊島	●澤田	○佐々木	○野月	降
佐々木大地　四段	●澤田	●阿久津	○野月	●千田	●豊島	降

挑戦者決定戦

豊島

豊島

羽生　善治　竜王

澤田　真吾　六段

豊島　将之　八段

白　組
プレーオフ

第6局　対 菅井竜也王位

追いついてフルセットに

第59期王位戦七番勝負第6局（三社連合）
平成30年9月10、11日
神奈川県鶴巻温泉「陣屋」
持ち時間各8時間

●○●○●○
勝▲棋聖　豊島将之
○●○●○●
△王位　菅井竜也

▲2六歩　△3四歩　▲2五歩　△3三角2
▲7六歩　△3二銀1　▲4八銀　△4二飛1
（第1図）　▲6八玉1　△6二玉　▲7八玉1
△7二玉1　▲5六歩1　△8二玉　▲5七銀1
△9二香4　▲9八香3　（途中図）　△9一玉4
▲6六角1　（第2図）

【第1図は△4二飛まで】

2勝3敗での第6局

本局は2勝3敗のスコアで迎えた第6局。敗れれば、七番勝負敗退という危機の中での一戦だった。対局場は数多くの名勝負が繰り広げられてきた「陣屋」。自分がここで対局をするのは2度目である。平成23年の王将戦七番勝負第6局で、実はその将棋を落として2勝4敗でシリーズの負けが決まった一局でもあった。

　シチュエーションだけで見ると少しイヤな予感がしないでもない。陣屋に着くと驚いた。私が来ていなかった期間で館内がリニューアルされていたのだ。

　温泉に浸かってリラックスし、1日目を迎えることができた。

【途中図は▲9八香まで】

【第2図は▲6六角まで】

第2図以下の指し手
△8二銀3 ▲8八玉 △5二金左8 ▲9九玉1
△4四歩1 ▲5八金右13 △4三銀2 ▲6八金寄1
△7一金22 ▲3六歩27 △3二飛8 ▲8八銀25
△5四銀8
（第3図）

用意の作戦

3手目の▲2五歩はゴキゲン中飛車を封じている。菅井王位は四間飛車から穴熊に潜った。▲6六角（第2図）は珍しい趣向。変わった指し方だが同年の久保王将との王将戦七番勝負でも、少し形は違うが同様の指し方をしている。先手は8八角をどかして穴熊に潜りたい。▲3三角成△同銀と先に換えるのはややシャクだ。▲6六角に△同角と来てくれれば、▲同銀（参考図）で手得というわけ。本譜、後手は△4四歩と角道を止めてきた。△5四銀（第3図）は6六の角、そして7六の歩を狙ったものだ。両方を助けようとはしないほうがよい。

【参考図は▲6六同銀まで】

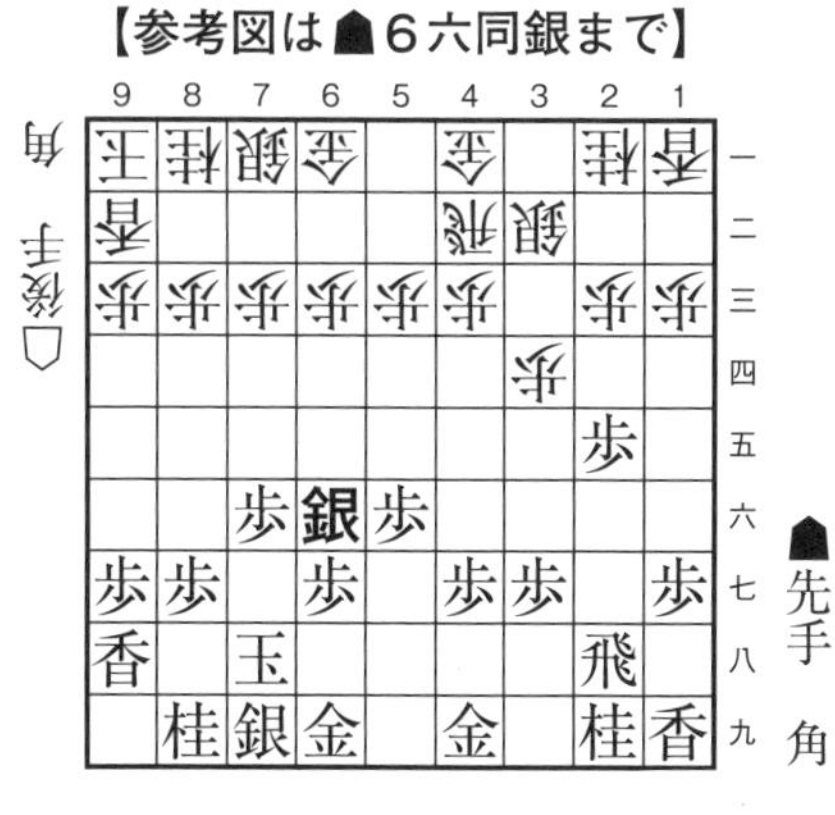

【第3図は△5四銀まで】

第3図以下の指し手
▲7八金寄17　△6五銀3　▲7七角1　△7六銀30
▲6八角　（第4図）

7六の歩を受けない

冒頭で話した平成23年の王将戦、陣屋対局について振り返りたい。甚大な被害をもたらした東日本大震災の直後ということもあり、対局中に計画停電の可能性があった。前日の検討では、ろうそくの灯りの中で対局する予行演習も行われた。

△5四銀（**第3図**）で後手は次に△6五銀を狙っている。▲7五歩と突けば一応、7六の歩を取られることはないのだが、以下△6五銀▲7七角△7四歩▲同歩△同銀（**参考図**）とさばかれて、後手の駒が軽い印象だ。

実戦は7六の歩を受けず、平然と囲いを作った。

【参考図は△7四同銀まで】

【第4図は▲6八角まで】

△菅井 歩

▲豊島 なし

第4図以下の指し手
△4五歩 ▲7九金寄6 △6二金寄2 ▲6六銀15
△6四歩3 ▲2四歩13 △同　歩 ▲3七桂
△4二飛15 ▲7七銀引1
（第5図）

四枚穴熊に囲う

実は2日目が終わるとその翌々日、東京で棋聖戦の就位式だった。晴れの舞台を気持ちよく迎えるためにも本局は当然、どうしても勝ちたい一局だった。

さて、先手は1歩損の代償として四枚穴熊に囲ったことを主張している。

△4五歩に代えて後手も△6二金寄と固める手もあるが、それには▲5五歩（参考図）と突いて押さえ込めるような気がしていた。以下△4五歩なら▲5六銀と立った形がよい。

実戦は4五の歩を目標に攻撃陣を構築する。▲7七銀引（第5図）は、狙いのぶつけである。

【参考図は▲5五歩まで】

△後手 歩

▲先手 なし

【第5図は▲7七銀引まで】

▲豊島　なし

△菅井　歩二

第5図以下の指し手
△6五銀1　▲2六飛41　△4六歩8
（第6図）

戦いが始まる

▲7七銀引（第5図）は後手陣のスキを突いている。以下△同銀成なら▲同角△同角成▲同銀△4六歩に▲5一銀（参考図）の割り打ちが利くので先手がよい。

実戦の△6五銀は仕方のないところ。そこで▲2四角は有力だった。

以下△2二飛に①▲3三角成は△2八飛成▲1一馬△3八飛で、二枚飛車の攻めが厳しく無理筋。じっと②▲2五歩と打てば居飛車もまずまずだった。対局中は以下△4四角▲5一角成で、馬がどれほど働くのかがよく分からなかった。

実戦は▲2六飛で力をためた。

【参考図は▲5一銀まで】

▲先手　角

△後手　角銀歩二

【第6図は△4六歩まで】

▲豊島　なし

△菅井　歩二

第6図以下の指し手

▲4六同角　△5六銀6

（第7図）

難解な中盤戦

実は1日目、朝は和服だった菅井王位が途中からスーツに着替えていた。事前に棋戦担当者の方から、袴に不都合があるので着替えると知らせてもらっていたので動揺することもなかった。

△4六歩（**第6図**）は振り飛車らしい軽い突き捨てだ。ここは▲4六同歩も有力だった。

以下△4七歩▲4五桂△4四角▲2四飛△4八歩成▲2一飛成△5八と（**参考図**）は難解な形勢だろう。

これもあったと思う。しかし、と金で角を取られてしまう形である。駒損ということもあって実戦では選べなかった。

【参考図は△5八とまで】

▲先手　桂歩二

△後手　歩

【第7図は△5六銀まで】

第7図以下の指し手

▲5七歩6　△6五銀16　▲2四角　△4七飛成2
▲3三角成　△同　桂　▲2二飛成　△5五角4
▲5一角3　△7二金寄1　▲3三角成1　△同　角
▲同　竜　△1五角
（**第8図**）

さばき合いになる

△5六銀（**第7図**）に▲2四角と飛び出すのは以下、△4七飛成▲3三角成△同桂▲2二飛成△5五角（**参考図**）となって、△6七銀成が残るので先手からすればイヤな形に見える。

実戦の▲5七歩はあまり見ない一手なので、感触がよいわけではなかった。

以下△6五銀▲2四角に△2二飛なら、▲3三角成△2六飛▲1一馬で先手の堅さが生きる展開になる。

なので後手は△4七飛成と侵入してきた。こうなると、▲3三角成から△1五角（**第8図**）までは必然の進行である。

【参考図は△5五角まで】

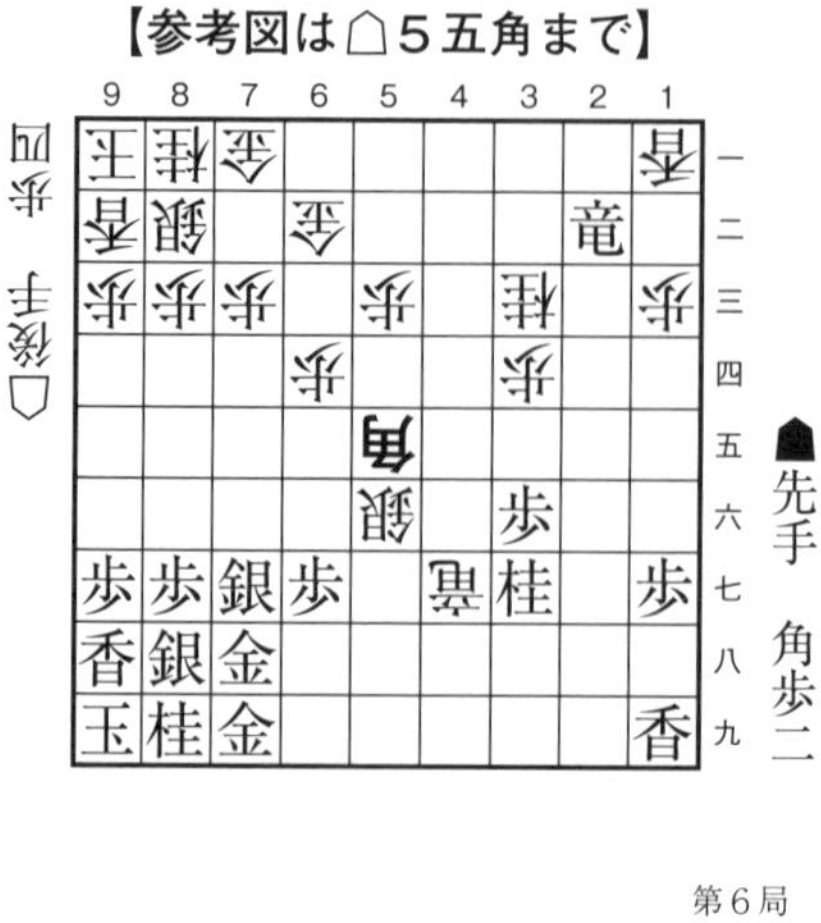

【第8図は△1五角まで】

▲豊島　角桂歩

△菅井　歩四

第8図以下の指し手

▲2五桂45　△3三角2

▲同桂成　△4九飛1

（第9図）

1日目終了

△1五角（**第8図**）では△5五角と打つ手もあるが、これには竜と角の利きの焦点に打つ▲4四歩が手筋の切り返しとなる。

本譜はここで▲5三竜もあった。以下△3七角成に▲4四歩（**参考図**）と垂らしてどうか。先手はと金を作って金駒と交換すればよいので、方針が分かりやすい。実戦の▲2五桂は大長考で指した。取られそうな桂を逃げつつ、桂得を主張する一着である。

△3三角から飛車角交換になり、△4九飛（**第9図**）と打った局面で私が次の一手を封じて、1日目が終了した。

【参考図は▲4四歩まで】

▲先手　角桂歩

△後手　桂歩四

【第9図は△4九飛まで】

△菅井 歩

▲豊島 角角桂歩

第9図以下の指し手
▲6六歩59（封じ手）△7四銀4 ▲5六桂
△6三銀8
（第10図）

2日目

1日目でかなり消費時間に差がついてしまい、局面もハッキリしないのでイヤな感じがしていた。

封じ手の▲6六歩に後手は△7四銀と引く一手だ。そこで、▲1八香とじっと逃げておくような手も考えており、1日目の夜に掘り下げていたのだが、これもハッキリしなかった。本譜は▲5六桂としたのだが、そこで△1九飛成が本線だった。以下▲6四桂△6三銀▲7二桂成△同銀▲6四角△7九竜▲同金△6三金（**参考図**）でどうか。先手は角の処置が難しい。自信はないが、駒得を主張して勝負してみようとは思っていた。

【参考図は△6三金まで】

▲先手 飛角金歩二

△後手 桂香歩四

【第10図は△6三銀まで】

△菅井 歩

▲豊島 角角歩

第10図以下の指し手

▲3四成桂42 △5七竜9

▲4四成桂6 △5六竜7

▲3八角

（第11図）

中盤のねじり合い

後手は本譜、△6三銀（第10図）で桂跳ねを防いだ。そこで▲4四歩と垂らせればよいのだが、以下△1九飛成▲4三歩成に△7四香が歩切れを突いた厳しい一着になる。

次いで▲5三と△7七香成▲同金△5七竜▲6三と△7七竜（参考図）となって、これは以下▲同桂には△7八銀があるし、後手玉は▲7二とが詰めろにならない形なので、見るからに先手の一手負けである。

実戦は▲3四成桂と引いた。後手は△5七竜から5六の桂を除去したが、▲3八角（第11図）が狙いの両取りである。

【参考図は△7七竜まで】

△後手 金銀歩五

▲先手 角角銀香歩

【第11図は▲3八角まで】

第11図以下の指し手
△7九飛成　▲5六角　△5九竜　▲2三角打26
△6五歩4
（第12図）

駒の働きを重視

▲3八角（第11図）に△5九竜なら▲4九角△同竜▲5三成桂で先手がよい。実戦は△7九飛成と切って穴熊を薄くした。そこで▲同金と取ってしまうと△5九竜で3八の角が受けに働かないので先手がマズい。

実戦の▲5六角に以下△1九竜なら▲5三成桂が速い攻めになる。後手は△5九竜と角取りに竜を回ってきた。そこで▲5七歩のような手を考えた。

対して△5七同竜なら竜の働きが悪くなるので▲2三角成だが、△6二金打（参考図）でよく分からなかった。実戦の▲2三角打にも△6二金打を警戒していたのだが……。

【参考図は△6二金打まで】

【第12図は△6五歩まで】

第12図以下の指し手
▲3一飛23 △6六歩1 ▲5三成桂19 （第13図）

センスを感じる一手

実戦の△6五歩（第12図）は、指されるまで気づかなかった。菅井王位のセンスを感じさせる一着で、6筋の歩が切れれば大きな利かしだし、▲5三成桂のときの△6四銀を用意している。

封じ手の辺りから本命ではない手を指され、こちらが考える展開が続き、残り時間にドンドン差がついていくという苦しい時間だった。

先手は▲3一飛から攻め合いを目指した。△6六歩に対する▲5三成桂（第13図）はこの一手。▲6八歩と怯んでは今度こそ△6二金打（参考図）で相手玉が見えなくなる。

【参考図は△6二金打まで】

【第13図は▲5三成桂まで】

▲豊島　歩三

△菅井　金桂歩六

第13図以下の指し手
△6七歩成4　▲同　金　△6四銀　▲6二歩
△7五桂2　▲7九歩20　△5一歩23　▲6六金1
△5三銀1　▲7五金
（第14図）

苦しい形勢

後手はアッサリ△6七歩成と成り捨てた。▲同角は△5三竜がある。よって▲6七同金とするよりないが、先手陣が歪んでしまった。△7五桂で先手陣にも火の手が上がり始めた。対して▲6六金と逃げると△6七歩（参考図）と垂らされて、以下①▲6一歩成は△7八金で先手玉が受けなしになる（▲7九歩は△同竜▲同銀△8七桂不成まで）。先に②▲7九歩とすれば難しいところもあったが、やはり先手が自信のない展開だろう。

△5一歩では先に△6七桂成と金を取ってから打つ手もあった。本譜でもやはり自信がない。

【参考図は△6七歩まで】

▲先手　歩三

△後手　金歩五

【第14図は▲7五金まで】

△菅井　金桂歩五

▲豊島　桂歩二

第14図以下の指し手

△6七歩5　▲8四桂3　△同　歩27　▲5一飛成
△6八歩成3　▲6一歩成　△7九と1　▲7一と2
△同　金2　▲7九銀7　△同　竜1　▲7八金4
△1九竜4　▲5三竜1　△7二金打　（第15図）

好転……

第14図は局後、菅井王位が最も悔やんだ局面だった。△7四歩と突かれていたら、こちらが依然として苦しかった。後手は7筋の歩を切るメリットが多い。以下▲同金は△7六歩や△8五桂の攻めが生じる。また▲同角なら△6二銀としておいて、7筋に歩が立つようになり、7三の地点に駒を受ける楽しみがある。

実戦は△6七歩に▲8四桂の感触がよく、好転を感じた。以下△同歩に▲5一飛成としたのが狙いの手順だ。以下△6二銀なら▲9二角成△同玉▲5九竜（**参考図**）で先手よし。後手は△9二同玉とつり上げられた形が薄い。

【参考図は▲5九竜まで】

△後手　角金桂桂歩五

▲先手　飛香歩三

【第15図は△7二金打まで】

▲豊島 銀歩四

△菅井 銀桂桂香歩六

第15図以下の指し手

▲5九歩5 △7四香1 ▲同 金8 △同 歩
▲7三歩 △同 銀2 ▲7五歩 △8二銀
（第16図）

再逆転

△7二金打（第15図）は後手が粘りに出た一着だ。先手が指せるような感じがしていたが、時間切迫が心配だった。特に菅井王位は相手に残り時間がない展開が強い。時間を残すように第6局まで気をつけていたが、本局は途中で本命ではない手がいくつもあり、それが自分の予想よりもよい手だったことで、時間を使わざるをえない展開になってしまった。

図では▲4五角引成（参考図）と、働きの薄い角を使うべきだった。しばらく手つきに元気がなかった菅井王位だが、△7四香で復活されてきたので相当イヤな雰囲気に……。

【参考図は▲4五角引成まで】

▲先手 銀歩四

△後手 銀桂桂香歩六

【第16図は☖8二銀まで】

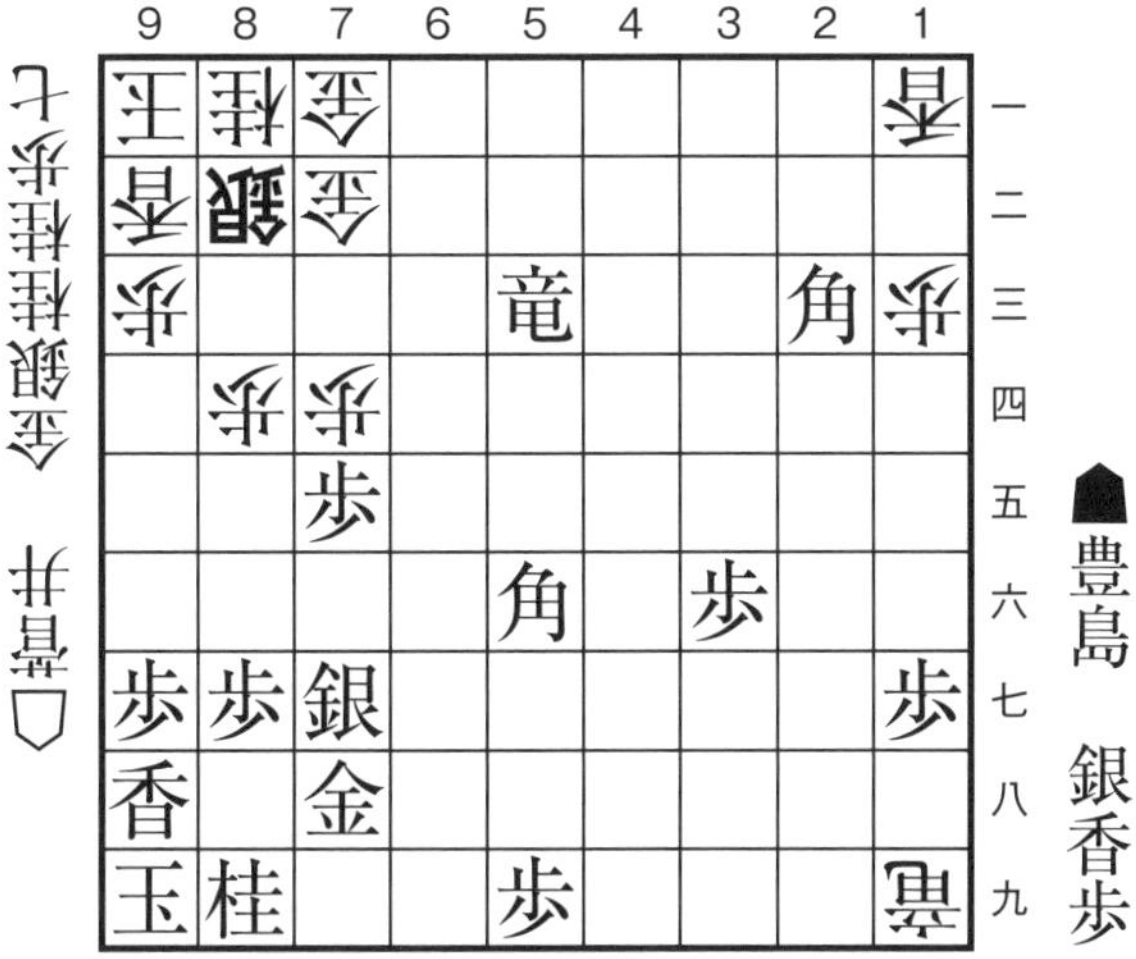

第16図以下の指し手

▲7三香2　☖同　桂　▲7四歩1　☖8五桂
▲7三歩成3　☖同　銀1　▲8三銀　☖8一銀3
▲7二銀成2　☖同　金4　▲8三金　（第17図）

勝負どころ

第16図では▲6三銀☖同金▲同竜☖7二金打▲同竜☖同金▲4五角引成（**参考図**）として、やはり2三の角を使える形にしてから食らいついていったほうが、まだしもだったと思う。実戦の▲7三香はスピードアップの捨て駒だが、☖8五桂で先手陣も危なくなってしまうので、非常手段とも言える順である。

▲8三金（**第17図**）に☖8二金打なら、▲7二金☖同金▲8三金で千日手だった。

指し直しになれば後手番のうえに残り時間が少なく、かなりキツい状況だっただろう。

▲8三金に対して、後手には妙手順があった。

【参考図は▲4五角引成まで】

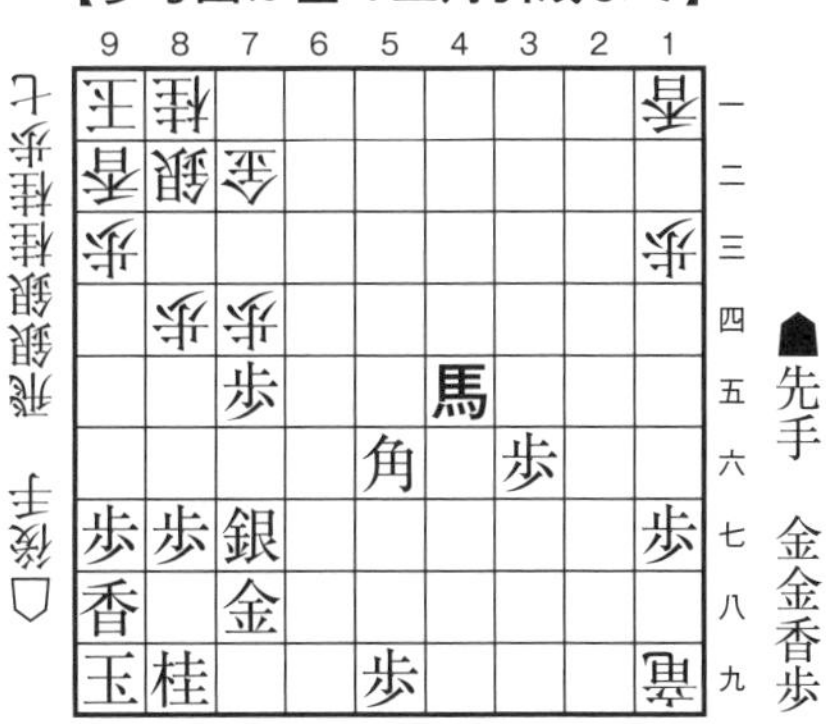

【第17図は▲8三金まで】

第17図以下の指し手
△8二銀打13　▲7二金
△同　銀　▲7四歩
△7七桂不成1
（第18図）

幻の妙手

ここで△7七桂不成▲7三竜△8九桂成▲同玉△5九竜▲7九歩△7四香（**参考図**）なら負け筋だった。竜と角の利きの焦点に打つ、この香捨てが妙手である。

以下（A）▲7四同竜は△8三金▲同竜△7七桂▲8八玉△8二銀打で先手が勝てない。（B）▲8二銀△同銀▲9二金△同玉▲7四竜△8三銀打▲7二竜△7四歩もマズい。（C）▲7四同角も△7七桂▲8八玉△7六桂▲7七玉△5七竜▲6七玉△6六銀▲8六玉△8五銀▲同角△同歩▲9六玉△7三金で、これも負けだった。

実戦は△7七桂不成（**第18図**）に好手があった。

【参考図は△7四香まで】

【第18図は△7七桂不成まで】

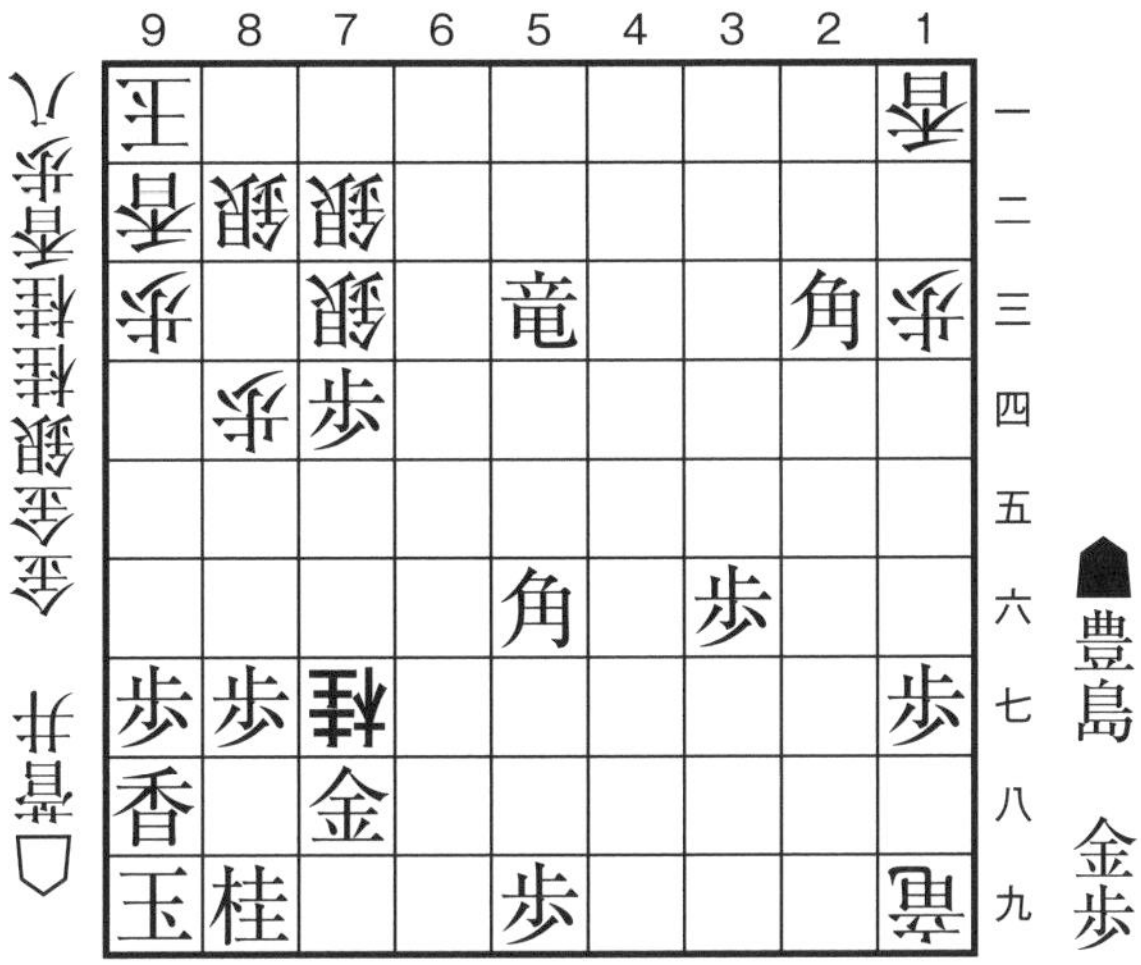

第18図以下の指し手
▲7九金打1 △8九桂成1 ▲同 金 △7七桂3
▲同 金 △8八香 ▲同 金 △5九竜
▲8九香 △7四銀 ▲6四桂 △8三銀左上1
▲5一竜6 （第19図）

先手の勝ち筋に

△7七桂不成（**第18図**）に▲同金は△5九竜が詰めろで先手が負ける。また、▲7三歩成は△8九桂成▲同玉△5九竜▲7九金打△7七桂（**参考図**）で、これは先手玉が詰まされてもおかしくないと思った。

実戦の▲7九金打が強固な一着だった。銀をぼろっと取られて受けに回る手順には驚かれるかもしれないが、以下△8九桂成▲同金で先手玉にうまい詰めろが続かない。7三の銀取りが確実なので、先手に形勢の針が揺れた。

△7四銀と手が戻ることとなったが、▲6四桂で完全に攻守が入れ替わり、先手の勝ち筋に入った。

【参考図は△7七桂まで】

【第19図は☗5一竜まで】

☖菅井　金金銀銀桂桂歩十

☗豊島　桂歩

第19図以下の指し手
☖6一歩 1　☗7四角 1
☖同銀　☗7五桂 1
☖同角成　☗7二銀
☖同竜　☗7二銀 1
☖5一竜　☗8三角成
☖4七角 6　☗8三桂成
☖5三竜 9　☗8三銀成
☖2三竜　☗4五角
☖——1　**（投了図）**
まで、165手で豊島の勝ち
（消費時間＝☗7時間48分、☖5時間12分）

最終局に持ち込む

☗5一竜（**第19図**）に☖8一桂なら、☗4五角引成☖6三歩☗7三歩☖7一歩☗7四角☖5一竜☗6三角成で後手玉は受けが難しく、先手勝ちとなる。

実戦の☖6一歩にも、やはりバサッと☗7四角が決め手となった。☖5一竜で竜を取られても、先手玉は鉄壁なので後手の囲いを1枚ずつはがしていけばよい。☗4五角（**投了図**）が詰めろ竜取りとなって後手の投了となった。これで七番勝負を3勝3敗の五分に持ち込むことができた。

翌朝、陣屋を発った。気分が晴れた気持ちで東京に向かい、棋聖戦の就位式に出ることができた。

【投了図は☗4五角まで】

☖菅井　飛角金金銀銀桂三歩九

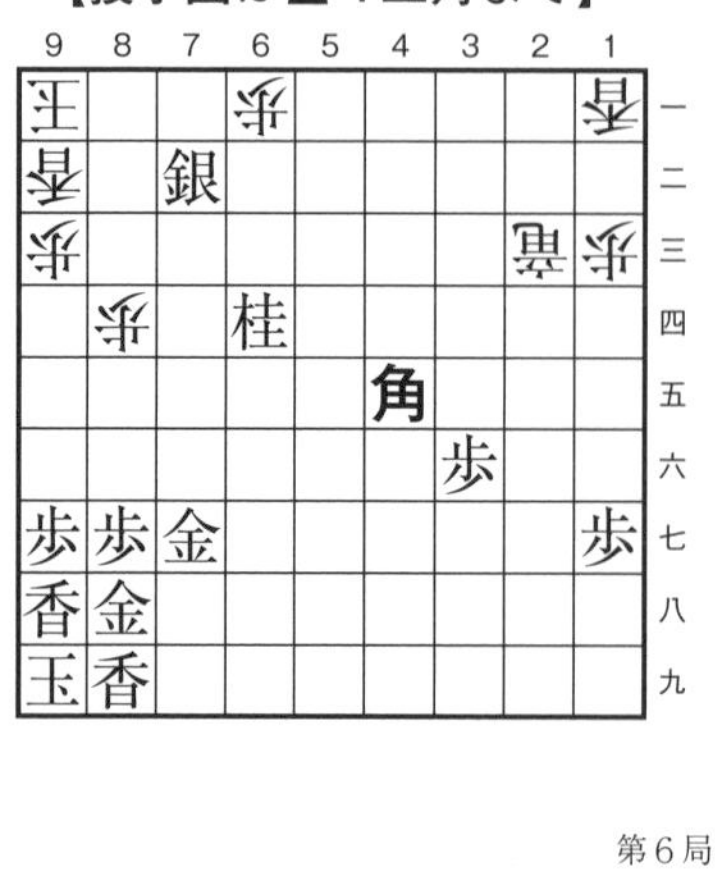

☗豊島　銀歩

第7局　対　菅井竜也王位

棋聖に続いて王位を奪取

第59期王位戦七番勝負第7局（三社連合）
平成30年9月26、27日
於・東京都千代田区「都市センターホテル」
持ち時間各8時間

●○●○●○○奪取
勝▲棋聖　豊島将之
○●○●○●●
△王位　菅井竜也

▲2六歩　△3四歩　▲2五歩　△3三角2
▲7六歩　△3二銀　▲4八銀　△4二飛1
（第1図）　▲6八玉1　△6二玉　▲7八玉1
△7二玉1　▲5六歩　△8二玉　▲5七銀
△9二香4　▲6六銀2　（第2図）

【第1図は△4二飛まで】

最終局

二転三転で負け筋もあった第6局を制して、フルセットに持ち込むことができた。最終局は改めて振り駒を行い、先後を決める。ずっと先手番が勝っていたシリーズだったので、先手番に決まったときはやはり、ホッとしたものがあった。後手番になると正直、相当厳しい戦いになると思っていた。

▲2六歩から▲2五歩の突き越しは第2局、第4局、第6局と同じ出だしで、本シリーズ4度目の採用である。菅井王位は前局で採用した四間飛車に構えた。▲6六銀で第6局は代えて、▲9八香（参考図）と上がっていた。

【参考図は▲9八香まで】

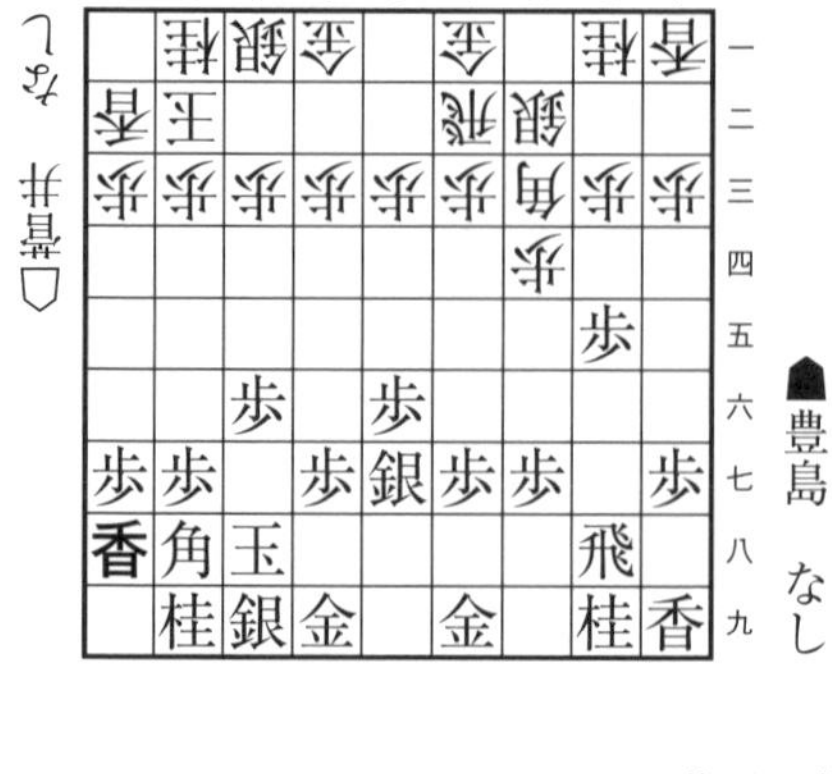

【第2図は▲6六銀まで】

第2図以下の指し手
△9一玉2 ▲7七角 △4四歩1 ▲8八玉
△8二銀4 ▲5八金右2 △5二金左5 ▲9八香3
△4五歩5 ▲6八角1 （第3図）

先手の趣向

対局が行われた都市センターホテルは、初タイトルを獲得した棋聖戦第5局と同じ対局場。私にとっては、縁起のよい場所とも言えるだろう。将棋会館が耐震工事で使えなかった間、ここで対局が行われていた。

▲6六銀（**第2図**）で第6局に別れを告げた。前例でも先手が悪いわけではないが、同じ指し方だと相手も当然準備してきているはずなので、この形で来られたら▲6六銀で行こうと思っていた。

▲6八角（**第3図**）は趣向の一手。代えて▲5七銀（**参考図**）もあるが、△7七角成と角交換されたときの取り方が悩ましい。

【参考図は▲5七銀まで】

【第3図は▲6八角まで】

第3図以下の指し手

△4三銀5 ▲9九玉 △5四銀8 ▲8八銀
△6四歩1 ▲5七銀8 △7四歩11 ▲7七角11
（第4図）

狙いの▲5七銀

▲6八角（第3図）で4筋を受けることができたが、気になるのは5八の金をどう寄せていくかだろう。6八角が邪魔駒になっている。

△4三銀は△5四銀から△6五銀を狙っているが、▲9九玉から▲8八銀で間に合っている。

▲5七銀と引いたのが狙いの一着だった。△6五銀なら▲7七角（参考図）とぶつければよい。以下①△7六銀なら▲3三角成から▲2四歩、②△7七同角成なら▲同銀で7六の歩を受けることができる。本譜の△7四歩にも先手は▲7七角（第4図）と上がって交換を迫る。

【参考図は▲7七角まで】

【第4図は▲7七角まで】

第4図以下の指し手

△7七同角成2 ▲同　銀 △2二飛 ▲6六角17
△3三角3 ▲同角成 △同　桂 ▲6八金寄
△7一金5 ▲7八金上1 △6五歩8 ▲8八銀7
△6三銀5 ▲9六歩18 △9四歩3 **（第5図）**

手損は気にしない

▲7七角（**第4図**）で角交換が必至となった。先手は右銀の動きと角の動きで手損を重ねているが、このまま手が進むと後手は手詰まりになって手待ちを余儀なくされるので、ここでの先手の手損はあまり関係ないのではと見ていた。

▲6六角はさらに手損を重ねることになるが、△3三桂型を強要して後手の駒組みに制約を与えている。

代えて▲6八金寄もあるが、△3三角（**参考図**）と打たれる手を少し気にした。

△9四歩（**第5図**）と端歩を突き合い、後手は徐々に動かす駒が難しくなってきた。

【参考図は△3三角まで】

【第5図は△9四歩まで】

△菅井 角

▲豊島 角

第5図以下の指し手
▲8六歩1 △5四銀44 ▲8七銀9 △6三銀4
▲8八金6 △4二金8 ▲1六歩59 △1四歩6
（第6図）

ハプニング発生

先手は▲8六歩から銀冠穴熊に組み替える。後手は左金が離れているので△8四歩とは突きにくい。実戦は銀の上下運動となった。△4二金に▲7八金右は、以下△3九角▲5八飛△2四歩（**参考図**）が気になる。△5七角成▲同金△2六歩で後手の攻めが速い。

考慮中、おやつに持ってきてもらったコーヒーを、従業員の方がこぼしてしまうハプニングが起きた。盤にもこぼれたので拭くために、対局が一時中断となった。再開後、初手から記録係の読み上げで棋譜を再現した。

【参考図は△2四歩まで】

△後手 なし

▲先手 角

【第6図は△1四歩まで】

第6図以下の指し手
▲3六歩 6
（第7図）

誘いのスキ

2日目の朝なら普通だが、1日目での棋譜再現は不思議な感じだった。後手の△4二金―△2二飛型にピンと来られた方は鋭い。**第6図**から①▲2四歩△同歩▲3一角△3二飛▲4二角成△同飛▲2四飛とすれば、角金交換の駒損だが2筋を突破することができる。しかし△1三角▲2一飛成△2二飛（**参考図**）が用意の切り返しで、これは後手がさばけている。

先手も徐々にプラスの手が限られてきた。**第6図**では②▲8五歩△2一飛も自然だと思った。

実戦は③▲3六歩（**第7図**）で桂頭にプレッシャーをかけた。

【参考図は△2二飛まで】

【第7図は▲3六歩まで】

第7図以下の指し手
▽4三金11　▲7八金右25　▽8四角7　▲6六歩47
（第8図）

1日目終了

▲3六歩（第7図）は▽7三角が生じるので、突くかは迷った。▽4三金は直前の▲3六歩に応答したもの。▲3六歩以外の手だったら▽2一飛だったと思う。

▲7八金右に今度▽3九角は▲5八飛▽2四歩に▲3七角▽2五歩▲5九飛（参考図）で形よく角を捕獲できる。3七角が直通なので、これは後手が選べない変化だろう。本譜の▽8四角は機敏な一着。

以下▲6八金なら、そこで▽7三角と引けば先手の形が悪い。

実戦は▲6六歩（第8図）と反発した。この局面で後手は次の手を封じ、1日目が終了した。

【参考図は▲5九飛まで】

【第8図は▲6六歩まで】

△菅井 なし

▲豊島 角

第8図以下の指し手

△6六同歩51（封じ手）　▲3七角

（第9図）

1日目の夜

ここから相当長い戦いが予想されるので、関係者との夕食会が終了すると、あまり局面のことを考えずに早めに寝た。いまは1日目で形勢に差がつくことも珍しくなくなったが、本局はほぼ互角で持ち時間にも差がついていなかったので、2日目が勝負だと思っていた。封じ手は本命と思っていた△6六同歩だった。

代えて△7三角なら、以下▲1八飛△2四歩▲6五歩△2五歩▲6六銀△2六歩▲6四歩△同角▲6五銀**（参考図）**で先手よし。これは攻めている場所が違いすぎる。本譜は以下▲3七角**（第9図）**と自陣角を打った。

【参考図は▲6五銀まで】

△後手 歩二

▲先手 角歩

【第9図は▲3七角まで】

△菅井 歩

9	8	7	6	5	4	3	2	1	
v王	v桂	v金						v香	一
v香	v銀						v飛		二
	v歩		v銀	v歩	v金	v桂	v歩		三
v歩	v角	v歩				v歩		v歩	四
					v歩		歩		五
歩	歩	歩	v歩	歩		歩		歩	六
	銀			銀	歩	角			七
香	金	金					飛		八
玉	桂						桂	香	九

▲豊島 なし

第9図以下の指し手
△6七歩成4　▲同　金　△7二銀　▲6六銀17
（第10図）

実戦的な手順

▲3七角（**第9図**）は△7三角を消したもの。代えて▲8五歩△7三角▲1八飛という順も有力だったが、対局中はあまり考えていなかった。

第9図から△7二銀なら、▲8五歩△7三角▲同角成△同銀直▲6六銀△4六歩▲同歩△4七角▲7五歩△5六角成▲6五角（**参考図**）で先手がやれる。最後の角打ちがピッタリの一手である。

▲6五角が見えたのでやれるのではないかと思ったが、そうは進まないだろうなと思っていた。本譜は歩を成り捨ててから△7二銀。菅井王位らしい実戦的な手順だった。

【参考図は▲6五角まで】

△後手 歩二

9	8	7	6	5	4	3	2	1	
v王	v桂	v金						v香	一
v香	v銀						v飛		二
	v歩	v銀		v歩	v金	v桂	v歩		三
v歩		v歩				v歩		v歩	四
	歩	歩	角				歩		五
歩			銀	v馬	歩	歩		歩	六
	銀								七
香	金	金					飛		八
玉	桂						桂	香	九

▲先手 歩二

【第10図は▲6六銀まで】

△菅井 歩

▲豊島 歩

第10図以下の指し手

△6二飛25 ▲6五歩16 △5四金1

（第11図）

勝負どころ

先手は▲6六銀（第10図）と上がって厚みを築く。そこで△6五歩という手もあった。以下①▲6五同銀△3九角成▲7四銀（参考図）で形勢は難しいが、先手の駒が伸び伸びとしている印象だ。ほかには②▲5七銀と辛抱しても一局なので、△6五歩と打たれたら改めて考えるつもりだった。

ただ①の変化のように先手の攻めを呼び込む可能性があり、後手としては非常に打ちにくいところだろう。実戦の△6二飛は最も自然な一着。続く▲6五歩に△5四金（第11図）と活用して、6五の位を目標にしてきた。

【参考図は▲7四銀まで】

△後手 なし

▲先手 歩三

【第11図は△5四金まで】

▲豊島　なし

△菅井　歩

第11図以下の指し手

▲7七桂12

（第12図）

思い切った一着

△5四金（第11図）にまず指してみたいのが▲8五歩である。初めはこの手を読んでいたが、以下△7三角▲同角成△同銀直▲5一角△4四角（参考図）で、先手がうまくいかないことに気づいた。

次は△5二飛があるので先手は▲6二角成△同銀と飛車を取るくらいだが、△3九角の反撃があって大変な形勢である。

実戦は思い切って▲7七桂（第12図）と跳ねた。

6五の位を支えたとはいえ、穴熊が急激に薄くなるのでリスクが高い。勝着にも敗着にもなる決断の一手だった。

【参考図は△4四角まで】

▲先手　なし

△後手　歩

【第12図は▲7七桂まで】

▲豊島 なし

△菅井 歩

第12図以下の指し手
△4六歩20 ▲同 歩1 △7三角19
（第13図）

盲点の順

▲7七桂（第12図）で次に▲5五歩△4四金という形になれば、自然と先手がよくなる。後手は技をかけにいくしかない。

まずは△4六歩▲同歩と突き捨てる。そこで△3五歩を菅井王位は読んでいたという。以下▲5五歩に△同金▲同銀△3九角成（参考図）が驚きの手順。先手は金得だが金銀がバラバラなので、相当まとめにくい形。正確に指せば先手がよいと思うが、実戦的には互角の勝負だと思う。自分は全く浮かんでいない順だった。

実戦はその筋を見送り、△7三角（第13図）と引かれた。

【参考図は△3九角成まで】

▲先手 金歩

△後手 歩二

【第13図は△7三角まで】

第13図以下の指し手
▲9五歩53
（第14図）

控室の指摘

前項▲4六同歩の局面では、もうひとつ有力手があった。控室で指摘された、△6四歩▲同歩△3五歩である。ひねった感じはあるが▲5五歩に△6四金を可能にしている。よって△3五歩には▲同歩だが、以下△7三桂▲8五歩△6六角▲同金△6四飛▲6五歩△同桂▲同桂△同金▲4五歩（**参考図**）は互角の将棋だった。自分も菅井王位も浮かんでいなかった。

本譜の△7三角（**第13図**）は▲5五歩を防いだもの。以下▲7五歩は△4二飛と転回されて、まとめきるのは容易ではない。▲9五歩（**第14図**）が急所の一手だった。

【参考図は▲4五歩まで】

【第14図は▲9五歩まで】

△菅井 歩

▲豊島 歩

第14図以下の指し手
△9五同歩2 ▲7五歩 △6四歩2 ▲7四歩2
△8四角 ▲7六金1 （第15図）

後手玉を見える形にする

9筋を突き捨ててから、▲7五歩と角頭を攻める。今度△4二飛なら、▲9三歩△同香▲8五桂△4六角▲4八飛（参考図）のカウンターで先手よし。9筋の味をつけた効果で後手玉が見える形になり、先手は強く戦うことができる。

本譜、△6四歩の反発には▲7四歩から▲7六金（第15図）と力強く上がった。

最後の▲7六金では▲6四歩もあるが、△6五歩と打たれて9筋で渡した1歩を逆用されてしまう。

本譜の進行は▲9五歩と突いたときからの読み筋でもあった。

【参考図は▲4八飛まで】

△後手 歩四

▲先手 なし

【第15図は▲7六金まで】

△菅井　歩

▲豊島　歩二

第15図以下の指し手
△6五歩1　▲7五銀　△6六歩23　▲8五桂
△7五角5　▲同　金　△6七歩成　▲9三歩12
△同　香3　▲同桂成　△同　銀1　▲4五歩
（第16図）

一直線の順

本譜は△6五歩の取り込みに▲7五銀と出た。ここで昼食休憩に入った。△6六歩の突き出しには▲8五桂と跳ねてスピード勝負である。△7五角では単に△6七歩成もあるが、▲8四銀△同歩▲9三歩△同香▲同桂成△同銀▲4五歩△8二銀打（参考図）でどうか。本譜と違って7六の金が守備に効いていること、後手は8三の空間が気になる。

自分はどちらを選ばれるのか分かっていなかったが、この順は感覚的にダメだと菅井王位は判断されたそうだ。本譜の▲4五歩（第16図）までは、本線として考えていた順だった。

【参考図は△8二銀打まで】

△後手　桂歩三

▲先手　角香歩

【第16図は☗4五歩まで】

☗豊島　角香歩

☖菅井　銀桂歩三

第16図以下の指し手

☖8二銀打3

（第17図）

異筋の最善手

☗4五歩（**第16図**）に菅井王位は☖8二銀打と埋めた。端のキズもあるのでこう指されると思っていたが、ここは☖8二桂のほうが粘り強かった。先手の駒のほうが急所に利いているが、働いている駒は後手が多いので一気に行かないとキツくなってくる。

以下①☗5一角は☖7七と☗6二角成☖8八と☗同飛☖6二金☗9四歩☖同銀☗9三歩☖同桂（**参考図**）で8二の桂がよく受けに役立っている。②☗9五香☖9四歩☗同香☖同銀☗9三歩☖9二歩☗同歩成☖同玉☗9三歩もあって、実戦ならこちらを選んでいたかもしれない。

【参考図は☖9三同桂まで】

☗先手　飛香

☖後手　角金銀歩五

【第17図は△8二銀打まで】

△菅井 桂歩三

▲豊島 角香歩

第17図以下の指し手

▲5一角39 △7七と8 ▲6二角成3 △8八と1
▲同　飛 △6二金 ▲9四歩1 △同　銀2
▲9三歩 △同　桂 ▲8二角成36 △同　玉
▲7三銀 （第18図）

寄せにいく

実戦の△8二銀打（第17図）には▲5一角が厳しかった。△6一飛なら▲3三角成（参考図）が守りに利いて先手が盤石の態勢となる。

本譜、後手は△7七とと開き直ってきた。以下△9三同桂まで進んだ局面を前ページの参考図と比べてみると、桂合いがよかった理由がよく分かる。

本譜は▲8二角成と銀を取って▲7三銀（第18図）と拠点に打ち込むことができたのが大きかった。

先手玉は駒を何枚渡しても、絶対に詰まない形。

ここで一気に寄せ切れば勝利をたぐり寄せることができる。

【参考図は▲3三角成まで】

△後手 桂歩三

▲先手 桂香歩

【第18図は▲7三銀まで】

第18図以下の指し手
△7三同金2 ▲同歩成 △同銀 ▲7四香
△7二銀1 ▲7三香成3 △同銀 ▲7四銀1
△6二金19 ▲6三金1 △7七角9 ▲7三銀成4
△同金 ▲4二飛 △7二歩 ▲7三金
△同玉 （第19図）

流れるような手順

本譜は先手の攻めが筋に入っている。▲7七桂（**第12図**）と跳ねた後は、流れるようにうまく指せたという感触だった。△7三角（**第13図**）に9筋を絡めた攻めが厳しく、後手玉が見える形になったのが勝因となった。

7三の地点で清算してから▲7四香と打って金銀をはがしていく。▲7四銀に△7七角なら、以下▲4二飛△7二香▲7三銀成△同玉▲6二銀△8二玉▲7一銀不成△同玉▲6二金（**参考図**）からの即詰みとなる。

△7三同玉（**第19図**）に対する、次の一手で後手の投了となった。

【参考図は▲6二金まで】

【第19図は☖7三同玉まで】

☗豊島　金銀

☖菅井　角金銀桂香歩五

第19図以下の指し手
☗6三金
まで、127手で豊島の勝ち
（投了図）
（消費時間＝☗7時間7分、☖5時間58分）

二冠達成

図から☗7四銀☖8二玉は詰まないので事件となる。☗6三金（投了図）と打って☖同玉☗7四銀までである。☗6三金で菅井王位が投了された。

二冠達成はもちろんうれしかったが、スピード感のある攻めという、自分が指したい将棋が指せたという達成感もあった。感想戦が行われ、その後はインタビューがあって打ち上げ……。

王位戦は約3ヵ月間の七番勝負だったので、ホッとした気持ちが強かった。翌日、東京駅に向かうタクシーで運転手さんからサインを頼まれ、そこで初めて「二冠」の揮毫をした。

【投了図は☗6三金まで】

☗豊島　銀

☖菅井　角金銀桂香歩五

第8局　対 糸谷哲郎八段

A級昇級を決めた一局

第75期順位戦B級1組（毎日・朝日）
平成29年3月9日
於・大阪市福島区「関西将棋会館」
持ち時間各6時間

勝▲七段　豊島将之
△八段　糸谷哲郎

▲7六歩　△8四歩　▲6八銀　△3四歩
▲7七銀　△6二銀　▲2六歩　△3二金 9
▲2五歩　△7四歩 6　（第1図）　▲5六歩 3
△7三銀 5　▲7九角 3　△4一玉 11　▲2四歩 1
△同　歩　▲同　角　△2三歩　▲4六角
（第2図）

【第1図は△7四歩まで】

△糸谷　なし

▲豊島　なし

A級昇級の一局

本局は糸谷哲郎八段とのB級1組順位戦最終局。本局を迎えた状況を説明すると、私は3番手で、勝って2番手だった山崎隆之八段が阿久津主税八段に敗れた場合のみ、逆転昇級という状況だった。先手の私は矢倉を志向。△7四歩（**第1図**）はいまでこそよく見るが、当時は増田康宏六段が指す程度で、流行していたわけではなかった。現在は**第1図**から、▲7八金△7三銀▲2四歩△同歩▲同飛△8五歩▲3八銀（**参考図**）という将棋がよく見られる。本譜は引き角から2筋の歩を交換して、▲4六角で7三の銀をにらんだ。

【参考図は▲3八銀まで】

△後手　歩

▲先手　歩

【第2図は▲4六角まで】

△糸谷 なし
▲豊島 歩

第2図以下の指し手
△5四歩　▲3八銀6　△6四銀66　▲6六銀
△5二飛　▲2七銀42　△4二銀20　▲3六銀16
△5五歩3　（第3図）

相掛かり感覚

糸谷八段と本格的な交流を持つようになったのは、奨励会に入ってからだ。糸谷八段を含めた何人かで研究部屋を借りたこともあったし、一人暮らしをしていた家にお邪魔して将棋を指したこともある。

さて、後手は△5四歩から△6四銀で中央を狙ってきた。▲6六銀はもう矢倉というよりは相掛かりに近い感覚だろう。△4二銀で△5五歩なら、▲同歩△同銀▲同銀△同角に▲5八飛（参考図）の切り返しがある。参考図以下①△4六角には▲5三歩、②△9九角成にも▲5三歩△9二飛▲5二銀で先手がよい。

【参考図は▲5八飛まで】

△後手 銀歩
▲先手 銀歩二

【第3図は△5五歩まで】

第3図以下の指し手
▲4五銀1 △5六歩 ▲5四歩 △6六角9
▲同 歩 △5七歩成 ▲同 角7 △3三桂
▲3四銀 △5四飛 （第4図）

一気に激しくなる

この前の年の順位戦は開幕から5連敗し、そこから7連勝で終えるという、謎の展開だった。今期は出だしから5勝1敗とまずまずだったが、3連敗で絶望的な状況となり、なんとか2連勝して本局を迎えていた。

△5五歩（**第3図**）で今度は△4二銀が入っているので前ページ参考図の切り返しは利かない。▲4五銀から▲5四歩で5筋を押さえた。以下△3三銀なら▲5八金右△4四歩▲5六銀△5四飛▲6五銀右（**参考図**）で後手は右辺の壁形がヒドい。

既に△6六角と踏み込む一手となっており、一気に激しくなった。

【参考図は▲6五銀右まで】

【第4図は△5四飛まで】

第4図以下の指し手

▲3三銀成　△5七飛成 1　▲5八歩　△4七竜 15

▲3八金 63

（第5図）

成りと不成の違い

△5四飛（**第4図**）で後手の技がかかったようだが、当然こちらも読み筋である。ただ、図では▲3三銀不成としたほうがよかった。理由は後述する。

本譜の▲3三銀成に△同銀なら、以下▲5八歩△7二金（**参考図**）という進行になるのだが、後手としては駒損のうえに手を渡しているので、指しにくいかもしれない。実戦は△5七飛成と踏み込んできた。そこで先手は▲5八歩から▲3八金（**第5図**。代えて▲4八金は△3九銀が残る）として竜を追うのだが、そこで、3三の駒が成銀と銀の違いが出てくる。

【参考図は△7二金まで】

【第5図は▲3八金まで】

第5図以下の指し手
△3八同竜(38) ▲3二成銀(11) △同　玉(2) ▲2一角(8)
△4一玉 ▲3二金 △5二玉 ▲4二金
（第6図）

一路の違い

ここで後手は△4四竜が最善だった。以下は▲3二成銀△同玉▲2一角△4一玉▲2三飛成（参考図）と行くよりないのだが、そこで、△3一銀打や△5一玉の早逃げで、激戦ながら後手が少しやれていた。

もし3三の駒が銀なら、後手は4四に竜を引くことができず、4五が妥当となる。それなら難解な勝負だった。対局中には一路の違いが分かっていなかった。

本譜の△3八同竜で、後手は形勢を大きく損ねた。2八に飛車がいる間に、▲3二成銀から▲2一角を利かしておく。△同玉なら▲2三飛成からの詰みだ。

【参考図は▲2三飛成まで】

【第6図は▲4二金まで】

▲豊島　銀桂歩

△谷川　角金銀銀歩三

第6図以下の指し手
△6二玉7　▲3八飛　△5六角　▲2八飛62
△8九角成　▲4三角成1　△4七歩8　▲8二飛4
（第7図）

先手優勢

▲4二金（第6図）に△同玉なら、以下▲3八飛△3一金に▲4四歩が急所の一着。次いで△2一金▲4三歩成△同玉▲4一飛となり、バラバラの後手陣は収拾困難となる。本譜は金を取らずに△6二玉だが、悠々と▲3八飛で先手優勢である。

本譜△8九角成に代えて△3九銀は怖いが、▲4三角成△2八銀成▲8二飛△7二銀▲8三銀（参考図）で先手が勝つ。後手玉は▲6一馬からの詰めろになっている。途中▲8二飛で合駒を請求し、銀を使わせるのが大事なところ。それを怠ると△4八銀から詰まされてしまう。

【参考図は▲8三銀まで】

▲先手　桂歩二

△後手　飛金歩三

【第7図は▲8二飛まで】

第7図以下の指し手

△7二銀1　▲8三銀1　△4八銀22

（第8図）

最後の罠

▲8二飛（第7図）には△7三玉という応手もある。これには①▲6一馬で必死のようだが、△4八銀▲同飛△同歩成▲同玉△4七歩▲同玉△3五桂（参考図）から大頓死となってしまう。②▲8三飛成が正しく、△同玉▲6一馬で、▲9五桂があるので後手玉は即詰みとなっている。

本譜の△7二銀には▲8三銀が詰めろだ。△7一金打のような受けなら、▲7二銀成△同金左▲8四飛成で後手は受けが難しい。なので本譜、後手は△4八銀（第8図）と打ってきた。正確に逃げ切れば先手の勝ちだ。

【参考図は△3五桂まで】

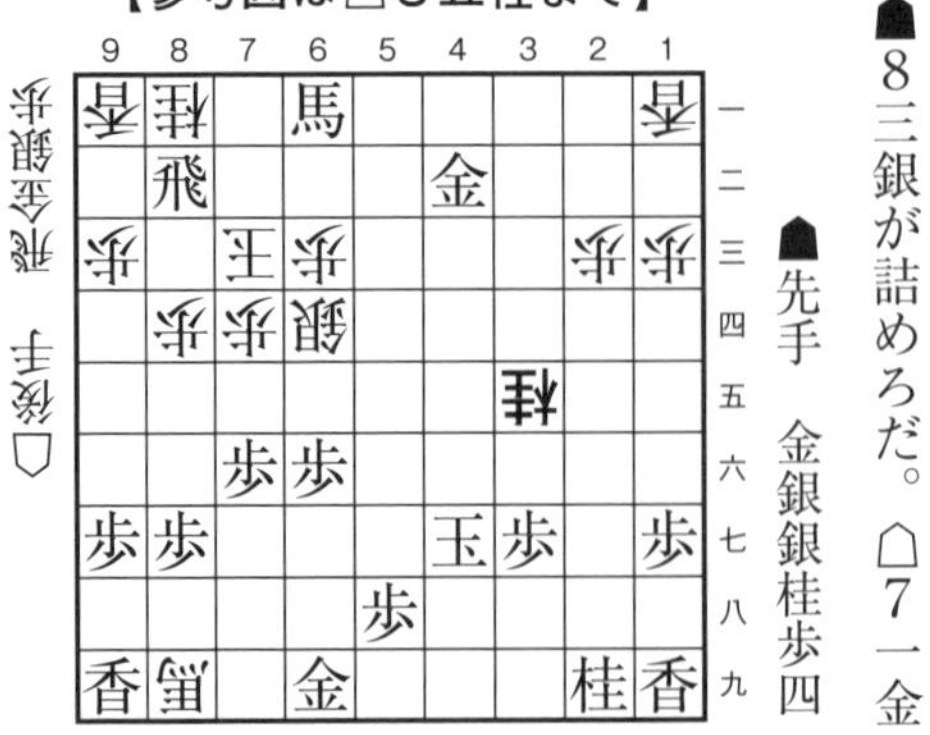

【第8図は△4八銀まで】

▲豊島　桂歩二

△永瀬　金桂歩二

第8図以下の指し手

▲4八同飛　△同歩成　▲同　玉　△4七歩

▲3八玉3　△4八飛　▲2七玉　△4五馬

▲3六銀　△3五桂2　▲1六玉　△2六金3

▲同　玉　△2八飛成　▲1六玉　**（投了図）**

まで、77手で豊島の勝ち

（消費時間＝▲3時間52分、△3時間48分）

深夜の昇級

途中の△4七歩に▲同玉と取ってしまうと、△3五桂から詰まされてしまう。最後まで気は抜けないのだ。

▲1六玉（**投了図**）で逃げ切りが確定した。

早い時間に終了したので、東京で行われていた山崎八段の対局はまだ続いていた。感想戦が終わり、棋士室に降りて途中経過を見たが、まだまだ終わりそうにはなかったので、家に帰って中継を見ていた。

深夜、私の逆転昇級が決まった。

途中で阿久津八段が優勢になったのだが、残り時間が少なかったので、ドキドキしながらパソコンの画面を見ていた。

【投了図は▲1六玉まで】

▲豊島　金桂歩三

△永瀬　歩

第75期順位戦B級1組

昇級2名　降級2名

※肩書、年齢は開幕当時

降	12	降	10	9	8	7	**昇**	5	4	3	**昇**	1	順位
七段 飯島栄治	八段 糸谷哲郎	七段 畠山鎮	八段 山崎隆之	八段 阿久津主税	九段 谷川浩司	九段 丸山忠久	**七段 豊島将之**	八段 木村一基	八段 橋本崇載	八段 松尾歩	**九段 久保利明**	王将 郷田真隆	氏名
桜井 36 東京	森信 27 広島	森安正 47 大阪	森信 35 広島	滝 33 兵庫	若松 54 兵庫	佐瀬 45 千葉	桐山 26 愛知	佐瀬 42 千葉	剱持 33 石川	所司 36 愛知	淡路 40 兵庫	大友 45 東京	師匠 年齢 出身
○木村		●山崎	○畠山	●久保	●丸山	○谷川	○松尾	●飯島	○郷田	●豊島	○阿久津	●橋本	1
	○阿久津	●久保	○丸山	●糸谷	●橋本	●山崎	○郷田	○松尾	○谷川	●木村	○畠山	●豊島	2
●豊島	●木村	○橋本	●郷田	○谷川	●阿久津		○飯島	○糸谷	●畠山	●久保	○松尾	○山崎	3
●山崎	○橋本	○丸山	○飯島	○豊島		●畠山	●阿久津	●久保	●糸谷	○郷田	○木村	●松尾	4
○松尾	○郷田	○谷川	○木村	○丸山	●畠山	●阿久津		●山崎	●久保	●飯島	○橋本	●糸谷	5
●谷川	●松尾	●郷田		○橋本	○飯島	●木村	○久保	○丸山	●阿久津	○糸谷	●豊島	○畠山	6
●久保	○畠山	●糸谷	●橋本	●木村	●松尾	●豊島	○丸山	○阿久津	○山崎	○谷川	○飯島		7
●丸山	●山崎	●阿久津	○糸谷	○畠山	○郷田	○飯島	●木村	○豊島	●松尾	○橋本		●谷川	8
○畠山	●谷川	●飯島	○久保		○糸谷	●松尾	●橋本	○郷田	○豊島	○丸山	●山崎	●木村	9
●阿久津	○久保	●木村	○松尾	○飯島	○豊島	○郷田	●谷川	○畠山		●山崎	●糸谷	●丸山	10
●橋本	●丸山		●豊島	○松尾	○木村	○糸谷	○山崎	●谷川	○飯島	●阿久津	○郷田	●久保	11
●糸谷	○飯島	●豊島	○谷川	●郷田	●山崎	●久保	○畠山	●橋本	○木村		○丸山	○阿久津	12
●郷田	●豊島	●松尾	●阿久津	○山崎	●久保	●橋本	○糸谷		○丸山	○畠山	○谷川	○飯島	13

第9局　対 羽生善治三冠（王位・王座・棋聖）

手応えをつかんだ一局

第76期順位戦A級（朝日・毎日）
平成29年7月21日
於・大阪市福島区「関西将棋会館」
持ち時間各6時間

勝☗八段　豊島将之
☖三冠　羽生善治

【第１図は△２二銀まで】

▲７六歩
▲７八金 4
▲６八銀
（第１図）
△３三銀 4
△７四歩 4
△６四歩 1

△８四歩
△８五歩 1
△７七角成 1
▲３八銀
▲４六歩 1
▲３七桂 2
▲５八金 5

▲２六歩
▲７七角
▲同銀
△６二銀 3
△４二玉 2
△７三桂 5
△６三銀 3

△３二金 3
△３四歩 1
△２二銀
▲３六歩
▲４七銀
▲６八玉 7
▲５六銀 1
（第２図）

Ａ級１期目

本局はＡ級初参加の２回戦だった。１回戦で行方尚史八段に勝つことができたが、強者がひしめくＡ級で自分はやっていけるのか、まだ不安を抱えていた時期だった。

順位戦は先後があらかじめ決まっている。羽生三冠の２手目△８四歩に、私は▲２六歩から角換わりを志向した。△２二銀（**第１図**）は慎重を期した一着だ。長年△４二銀（**参考図**）が定跡とされてきたが、先手が▲２五歩から▲４五桂という急戦を狙うようになったことで、△４二玉と中央に備えられる△２二銀型が見直されている。

【参考図は△４二銀まで】

【第2図は▲5六銀まで】

第2図以下の指し手

△9四歩5 ▲9六歩 △6二金3 ▲6六歩
△5四銀6 ▲7九玉 △8一飛5 ▲4五銀1
△6三銀1 ▲4七金1 △5二玉9
（**第3図**）

▲6三銀を狙う

先手は▲5八金型、後手は古くて新しい△6二金型に構える。△8一飛と引いたタイミングで、先手は▲4五銀とぶつけた。以下①△同銀▲同桂△4四銀なら、▲6三銀（**参考図**）が△同金に▲7二角を狙った厳しい打ち込みで先手ペースとなる。また②△5五銀とかわすのが部分的な手筋だが、以下▲4七金△6五歩に▲5六銀とぶつけて、とにかく銀交換から▲6三銀を狙ってこれも先手まずまずだろう。

本譜は▲4五銀に対して△6三銀とおとなしく引く。以下▲4七金△5二玉（**第3図**）と互いにバランスを取った。

【参考図は▲6三銀まで】

第3図以下の指し手
▲5六銀　△6一玉3　▲1六歩10　△1四歩1　▲4八金　△5四銀2　▲7九玉15　△5四銀12　▲3九飛1　△5四銀5　▲4五歩12　△9二香34
▲2五歩19　△5二玉10　▲8八玉　△4二玉1　▲2九飛9　△6三銀4　▲8八玉7　△6三銀　▲6九飛　△3一玉9　▲4六角43
（第4図）

【第3図は△5二玉まで】

打開に苦しむ

△5二玉（第3図）にこちらは▲5六銀と引いて攻撃態勢の作り直しとなった。後手はこの後、手待ちを繰り返して千日手歓迎の姿勢である。

先手なので当然打開を模索するのだが、うまい順が見つからず苦心の指し手が続いた。

▲3九飛のところで、代えて▲6七銀△5四銀▲5五歩△4四歩▲5九飛△3一玉▲5五歩△4三銀▲5六銀△2二玉▲6九飛（参考図）という形の将棋も何局か指されている。羽生三冠は後手を持って糸谷哲郎八段と指していたはずだ。

【参考図は▲6九飛まで】

【第4図は▲4六角まで】

△羽生 角

▲豊島 なし

第4図以下の指し手

△9一飛11 ▲6四角8 △9五歩 ▲同 歩
△同 香 ▲9七歩 △3五歩1 ▲同 歩4
△3六歩9 ▲2九飛5 △6三金24 ▲4六角1
△3七歩成2 ▲同 角1 △6四桂2 （**第5図**）

勢いを重視

▲4六角（**第4図**）は決断の一着である。以下△6三金なら▲4七銀△9一飛に▲5六歩（**参考図**）として、後手の腰掛け銀を圧迫するつもりだった。羽生三冠は本譜、△9一飛と寄って6四の歩を犠牲にして攻撃態勢を整えた。

△9五歩で戦いが始まった。△3五歩には▲4七銀と引いて桂頭を守ったほうが厳密にはよかった。対局中はそれだと勢いがないように思い、見送った。

本譜は桂損を甘受する代償に、3筋の位、▲9六歩からの逆襲を狙いにしている。

【参考図は▲5六歩まで】

△後手 角

▲先手 なし

【第5図は△6四桂まで】

▲豊島　歩三

△羽生　角

第5図以下の指し手
▲6四同角50
（**第6図**）

決断の角切り

△6四桂が感触のよい一手。以下①▲6七銀と引くのが自然だが、そこで△4五銀と歩切れを解消されるのが痛いところ。次いで▲9六歩が狙いの一手だが、△同香▲同香△9五歩▲3四香△9六歩▲9八歩△9七香（**参考図**）とこじ開けに来られるのが、珍しい攻めだが厳しい。以下▲同歩△同歩成▲同桂△9六歩▲9八歩が一例だが、先手は8九の桂がいなくなると7筋の守りが手薄になり、△7五歩の攻めが厳しくなる。

損した桂を急所に使われて先手がかなり苦しそうだが、▲6四同角（**第6図**）が驚きの一手だった。

【参考図は△9七香まで】

▲先手　歩二

△後手　角歩

【第6図は▲6四同角まで】

▲豊島　桂歩三

△羽生　角

第6図以下の指し手
△6四同金　▲9六歩
△7五歩40　▲9五歩
（第7図）

先手、角損

△6四桂の局面の補足だが、銀を逃げずに▲9六歩と突き出す手もあるが、以下△5六桂▲同歩△4七銀▲9五歩△4八銀不成▲同角△3八金（**参考図**）で両取りがかかって先手がまずい。

実戦の▲6四同角は瞬間的に角損となるので、かなり驚かれたという。実際、ほかの手段が思わしくないので苦し紛れに近いものがあった。

以下△6四同金に▲9六歩と突いて香を取りにいく。△同香なら▲同香△9五歩▲同香で、以下△同飛は▲9九香として歩切れの後手が困る。

【参考図は△3八金まで】

▲先手　銀桂香歩三

△後手　角

【第7図は▲9五歩まで】

▲豊島　桂香歩三

△羽生　角角

第7図以下の指し手

△6五桂1　▲同　歩2　△同　銀　▲2四歩35

（第8図）

実は難しい形勢

▲9五歩（**第7図**）で一応、角香交換になった。ここでは△8六歩も有力で、▲同銀なら△7六歩が大きい取り込みになる。よって先手は▲8六同歩だが、以下△8一飛▲7五歩△同金▲7六歩△8六金▲同銀△同飛▲8七歩△8二飛（**参考図**）がこちらの読み筋。

対局中はこれでこちらがマズいと思っていたが、後で調べてみるとそこまで明快でもなく、難しい将棋だった。ということは、苦し紛れだった▲6四角は唯一、均衡を保つ好判断だったということになる。本譜の△6五桂には、▲2四歩（**第8図**）がよいタイミングとなった。

【参考図は△8二飛まで】

▲先手　金桂香歩三

△後手　角角銀歩二

【第8図は▲2四歩まで】

▲豊島　桂桂香歩三

△羽生　角歩

第8図以下の指し手
△2四同銀14　▲6六歩22　△7六歩11　▲6五歩
△7七歩成5　▲同　金
（第9図）

大きな利かし

図では△2四同歩がまさった。以下▲3四歩△同銀▲2四飛に①△3三金は▲3四飛△同金▲6五銀△同金▲2三銀で、際どいながらも後手が相当イヤな形だろう。②△3三歩が正しく、以下▲2二歩に（A）△2三歩は▲2一歩成△同玉▲3四飛△同歩▲3三歩（参考図）で先手の攻めが刺さっている。（B）△7六歩が最善でこれなら激戦が続いていた。

本譜は△2四同銀で大きな利かしが入った。何かのときの▲3四桂がいきなり詰めろになる可能性がある。先手は強く▲6六歩と打って後手の攻めを催促した。

【参考図は▲3三歩まで】

▲先手　銀桂三香歩二

△後手　飛角歩二

【第9図は▲7七同金まで】

▲豊島　銀桂桂香歩三

△羽生　角銀歩三

第9図以下の指し手

△7六歩8　▲同　金　△3三角　▲4四銀11
△同　歩3　▲3四歩　△2二角1　▲6四歩
（第10図）

歩頭へ銀の犠打

図から△7五金と出てくれば▲7六歩で後手の攻めが止まる。本譜は△7六歩から△3三角とラインを狙ってきた。

4四の地点に犠打をするのが手番を握る手筋。しかし▲4四桂は△7五歩（参考図）とされ、後手が桂を手にしたとき、7五の歩が大きな足場となりそうだ。

本譜、▲4四銀と歩頭に打ったのが珍しい強手だった。以下△同歩で手番を得た先手は▲3四歩と突く。対して△4五歩の開き王手は▲3三歩成で根元の角を取れる。△2二角の壁形を強要できたのは大きかった。

【参考図は△7五歩まで】

▲先手　銀桂香歩四

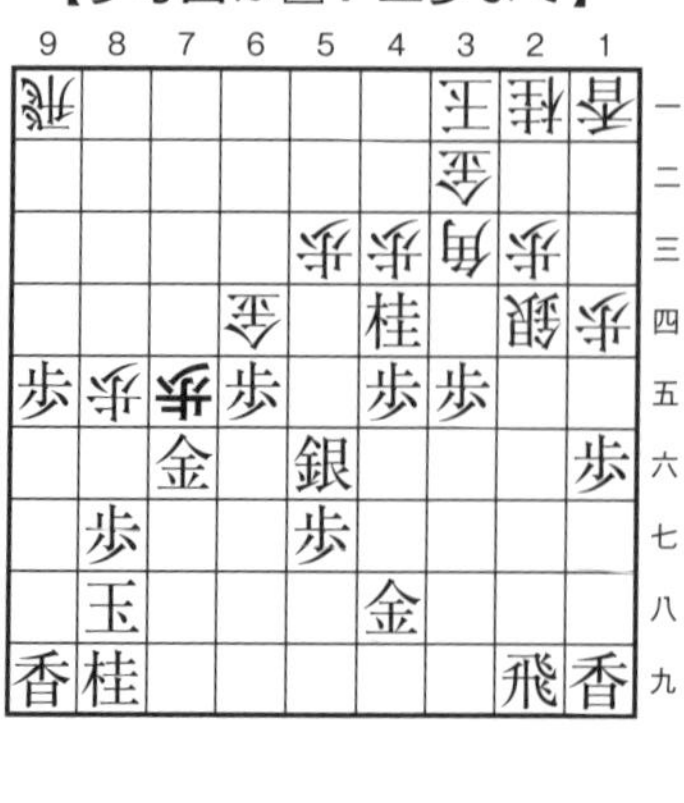

△後手　角銀歩

【第10図は▲6四歩まで】

▲豊島　金桂桂香歩四

△羽生　角銀銀歩二

第10図以下の指し手

△7五歩　▲7七金12　△7六銀11　▲3六桂1

（第11図）

反撃に転じる

第10図から△4五歩なら、今度は▲7七歩と打って先手玉がしっかりする。6四の金を外しているので上部に怖いところがない。

本譜の△7五歩を取ると△6六角があるので▲7七金と引く一手。そこで△4五歩なら、▲3三香△同桂▲4四桂（**参考図**）で先手の一手勝ちだろう。次は平凡に▲3二桂成、ほかには▲4三歩、場合によっては▲2四飛△同歩▲4三銀の大技もあるかもしれない。

実戦は△7六銀と絡んできたが、そこで先手は▲3六桂（**第11図**）と打って反撃に転じた。

【参考図は▲4四桂まで】

▲先手　金桂歩四

△後手　角銀銀香歩二

【第11図は☗3六桂まで】

☗豊島　金桂香歩四

羽生☖　角銀歩

第11図以下の指し手

☖6七歩28　☗同銀3　☖同銀成4　☗同金
☖8六歩　☗7六歩26　☖8七歩成11　☗同玉
☖8六歩　☗7八玉　☖4七銀11　☗同金5
☖3八角　☗2四桂1　☖同歩1　☗4三香
☖――2　（投了図）

まで、119手で豊島の勝ち
（消費時間＝☗5時間25分、☖5時間38分）

2連勝を飾る

先手玉は薄いようだが回りは味方の駒ばかりなので寄せられることはない。☗7六歩は☖6五角や☖7六銀を消している。☗2四桂は☗3二桂成☖同玉☗4三銀からの詰めろ。本譜は☖2四同歩に☗4三香（**投了図**）までとなった。

苦しめの中盤戦から、ねじり合って勝つことができ、自信になったというか、A級でもそれなりにやっていけそうな手応えをつかんだ一局だった。後に、藤井聡太七段が「将棋世界」の名局プレイバックで本局の☗6四同角を選んでおり、これにはビックリした。

【投了図は☗4三香まで】

☗豊島　金銀三桂歩五

羽生☖　銀桂

第10局　対 佐藤天彦名人

棋戦初優勝を飾る

第37回将棋日本シリーズ
　ＪＴプロ公式戦決勝（ＪＴ）
平成28年10月23日
於・東京「東京ビックサイト」
持ち時間各10分　考慮1分×5回
※チェスクロック使用

☗名人　佐藤天彦
勝☖七段　豊島将之

▲7六歩 △8四歩 ▲2六歩 △3二金
▲7八金 △8五歩 ▲7七角 △3四歩
▲8八銀 △7七角成 ▲同銀 △4二銀
▲3八銀 △7二銀 ▲4六歩 △6四歩
▲6八玉 △6三銀 ▲3六歩 △3三銀
▲4七銀 △4二玉 ▲5八金 （第1図）
△7四歩 ▲5六銀 △7三桂 ▲6六歩
△6二金 （第2図）

【第1図は▲5八金まで】

初優勝の一局

本局は佐藤天彦名人とのＪＴ杯将棋日本シリーズの決勝戦だった。ＪＴ杯は賞金ランキング上位のトップ棋士が出場する、公開対局の早指し棋戦である。

いまは決勝戦の前に子供大会の決勝戦が行われ、多くの入賞者がプロ棋士になっている。自分が小学生の時代にはまだなかったので、少しうらやましい気持ちもある。戦型は角換わりとなった。先手の▲5八金（**第1図**）はいまでは珍しい気すらあるが、当時は△6二金型が流行し始めた過渡期だった。序盤の▲8八銀にしても、いまは▲6八銀（**参考図**）が主流である。

【参考図は▲6八銀まで】

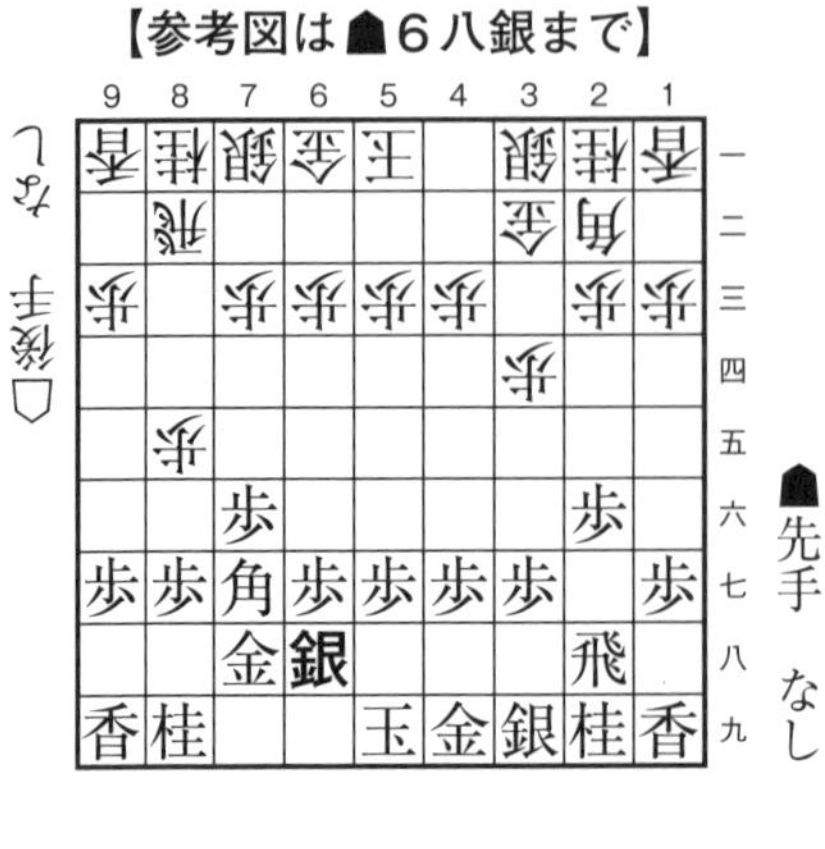

【第2図は△6二金まで】

第2図以下の指し手
▲7九玉 △8一飛 ▲9六歩 △9四歩
▲1六歩 △1四歩 ▲3七桂 △5四銀
▲2五歩 △6五歩
（第3図）

いまとの違い

佐藤名人とは昔、新人王戦の決勝三番勝負を戦った。初戦を制したのだが、第2、3局に敗れて、準優勝に終わった苦い記憶がある。

第2図でいまの角換わりと違う点は、先手が▲2六歩型で止めていることだろう。従来はそれが常識だったが、最近は後手が△4四歩（**参考図**）で角交換を拒否して雁木にする将棋の出現もあり、先手が早々と▲2五歩を決めてしまう将棋のほうが多い印象だ。

本譜の仕掛けは△6二金型対▲5八金型の戦いでよく見られたものである。

【参考図は△4四歩まで】

【第3図は△6五歩まで】

第3図以下の指し手
▲6五同歩　△同　桂　▲同　銀　△同　銀
▲6三歩　△7二金　▲6四桂　（第4図）

△4二玉型での仕掛け

後手の△6二金、△8一飛型は戦後に木村義雄名人が得意としていた陣形だが、現代流のアレンジだったのが、△4二玉型での仕掛けである。戦場から近いようだが、△3一玉と逃げ込むことができるし、場合によっては左辺に逃げることもできるので、意外とつかみどころがないのだ。

さて、本譜の△6五同桂には▲6六銀もあって、以下△6四歩（参考図）に▲4五銀や▲6八角でこれからの将棋だろう。

本譜は激しく▲6五同銀と桂を取り、先手は左辺から攻めてきた。

【参考図は△6四歩まで】

【第4図は▲6四桂まで】

▲佐藤天 角

△ 角銀歩

第4図以下の指し手
△7三金　▲6二歩成　△6四金　▲6一角
（第5図）

強く対応する

▲6三歩から▲6四桂（**第4図**）は後手の△8一飛型、そして△4二玉型に着目した攻めだ。6筋から攻め入ってしまえば後手玉はすぐ近くというわけだ。

桂打ちには△7一金もあり、以下▲4五桂△4四銀▲7三角（**参考図**）でこれはこれで難しい将棋になる。

本譜は強く、桂を取りに△7三金と立った。こちらのほうが積極的な受けだ。ただしと金を作らせることになることは覚悟しないといけない。

△6四金に▲6三となら△5四金とかわして耐えるつもりだった。佐藤名人は本譜、▲6一角（**第5図**）と打った。

【参考図は▲7三角まで】

▲先手 なし

△後手 角銀歩

【第5図は▲6一角まで】

第5図以下の指し手
△4四銀　▲5二と　△3三玉　▲7二角成
△3一飛　▲4五桂　△同　銀　▲同　馬
△4四銀　▲4一銀　△4五銀　▲同　歩
（第6図）

新手に戸惑う

▲6一角（**第5図**）は初めて見た一着だった。ここでは△8六歩として以下、▲同歩△6六桂▲7二角成△7八桂成▲同玉△7六銀▲同銀△8六飛▲8七銀打△6五金▲同銀△6九銀▲同玉△8七飛成▲7八銀△8八竜（**参考図**）が有力だった。

手順が長くなってしまったが、△7六銀や△6五金など、驚くような捨て駒が連発している。ほかにも手はあると思うが、とにかく攻めたほうがよかった。

実戦の△4四銀からは飛車が隠居して守勢になってしまい、形勢を損ねてしまったように思う。

【参考図は△8八竜まで】

【第6図は▲4五同歩まで】

▲佐藤天 銀

△豊島 角桂桂歩

第6図以下の指し手
△4六角 ▲4八飛 △5五角 ▲4六銀
△7七角成 ▲同 金 △6六桂 （第7図）

かなり苦しい……

実は図で後手玉は詰めろになっている。例えば△5五角とすると▲2四銀（参考図）と打たれて終了形となる。以下①△同歩は▲3二銀成△同玉▲2三金△同玉▲2四歩から、②△2二玉も▲3二銀成△同玉▲2三銀成△同玉▲2四歩からの詰みとなる。実戦の△4六角は2四の地点に利かせているのだ。

ただ、本譜も▲4八飛に△5五角と引くようでは、かなり苦しいと思っていた。先手は▲4六銀に代え、シンプルに▲3二銀成△同飛▲5三ともあった。しかし、実戦の進行でも苦しいことには変わりない。

【参考図は▲2四銀まで】

▲先手 なし

△後手 角桂桂歩

【第7図は△6六桂まで】

▲佐藤天　角

△豊島　角銀桂歩

第7図以下の指し手
▲6七金上　△5九角　▲2八飛　△4一飛
▲同　と　△7八銀
（第8図）

明快な負け筋

図では▲5一角なら明快に負けていた。以下△2二玉▲3二銀成△同飛▲4二と△3三飛▲3二金と平凡に王手をして、以下①△1三玉なら▲1五歩△同歩▲同香△1四歩▲6六金△同銀▲2六桂（参考図）で、△1五歩▲1四歩△1二玉▲3三金△同桂▲3二と。②△1二玉には▲6六金△同銀▲3三金△同桂▲3二と。いずれも後手の受けが難しかった。

実戦の▲6七金上から▲2八飛でも逆転には至っていないのだが、△7八銀（第8図）で後手に攻めのターンが回り、先手も気持ち悪い形になった。

【参考図は▲2六桂まで】

▲先手　歩

△後手　角金銀銀桂歩

【第8図は△7八銀まで】

第8図以下の指し手
▲7八同金 △同桂成 ▲同玉 △6六桂
▲8八玉 △8六歩 ▲7七角 △8七歩成
▲同玉 △7七角成 ▲同金 △6九角
（第9図）

まだ足りないか……

公開対局のＪＴ杯は両対局者のすぐ横で大盤解説会を行っている。当日の解説者は将棋界きっての話術士である木村一基九段だった。しかし対局が始まって集中力が高まってくると、解説の声は耳に入ってこなくなるのが不思議である。

後手はこの一瞬にかけるしかない。７八の地点で清算してから再度△６六桂と打ち、△８六歩と迫ったが▲７七角が攻防手だった。以下△７八金は▲同飛（**参考図**）と取られ、後手の玉が３三なので△同桂成と取ることができない。やはり足りないのか、と思ったが……。

【参考図は▲7八同飛まで】

【第9図は△6九角まで】

▲佐藤天　飛角銀桂歩

△羽生　金銀歩二

第9図以下の指し手

▲8六玉　△7六銀

（第10図）

2択

結論を先に書くと、△6九角（第9図）には▲9八玉で後手の負けだった。以下△7六銀▲8八歩に①△7七銀成は▲同桂△8六銀に▲4二銀（参考図）がある。以下△同金は▲2二銀から、△2二玉には▲3一角△1二玉▲2四桂△同歩▲2二飛からばらして▲2三金と打てば詰む。また②△8六歩には▲同金△7八銀に、やはり▲4二銀がある。以下△2二玉は▲3一角から前述と同じ詰み。△4二同金にはそこで▲7八飛と銀を取って、△同角成に▲2二銀からの詰みとなる。実戦は▲8六玉……。そこで絶妙手があった。

【参考図は▲4二銀まで】

▲先手　飛角銀桂

△後手　金金歩三

【第10図は△7六銀まで】

▲佐藤天　飛角銀桂歩

△名人　金銀歩三

第10図以下の指し手
▲7六同金　△7五銀
（第11図）

逆転

△7六銀（第10図）と歩を食いちぎったのが逆転の妙手。これで後手の勝ち筋に入った。以下▲同玉なら△7五金▲6七玉△5八銀（参考図）と打って詰む。実戦の▲7六同金にも△7五銀（第11図）が厳しく、急転直下で後手の勝ち筋となった。

実はこの将棋、漫画の「3月のライオン」のある対局で題材になっていた。先手を最強の宗谷名人が持っていて、「ということは名人が負けるのか！」と思いながら見ていたのだが、案の定、前ページ参考図で示した▲9八玉の変化が指されて名人が勝っていた。

【参考図は△5八銀まで】

▲佐藤天　飛角銀銀桂歩

△名人　金歩三

【第11図は☖7五銀まで】

☗佐藤天　飛角銀銀桂歩

☖豊島　金歩三

第11図以下の指し手
☗7七玉　☖7六銀　☗同　玉　☖7五金
☗6七玉　☖7六金打
（投了図）
まで、96手で豊島の勝ち
（消費時間＝☗10分・5回、☖10分・5回）

公式戦初優勝

☖7六金打（**投了図**）で佐藤名人が頭を下げ、投了の意志を示した。以下は☗6八玉に☖5八金からの詰みとなる。中盤で☗6一角（**第5図**）の新手にうまく対応できず、かなり苦しくなったが、少しずつ難しくなっていき、最後は☖7六銀（**第10図**）が見えて勝ちになった。その直前の☗8六玉はあまり考えておらず、代えて☗9八玉の変化を読んでいた。30秒将棋で☖7六銀を発見できたのは運がよかった。

棋士になってから思うような結果が出ていなかった中での棋戦初優勝だったので、とてもうれしかったことを覚えている。

【投了図は☖7六金打まで】

☗佐藤天　飛角銀三桂歩

☖豊島　金歩三

第11局　対 佐藤天彦八段

棋聖挑戦を懸けた同世代対決

第86期棋聖戦挑戦者決定戦（産経）
平成27年4月30日
於・東京都渋谷区「将棋会館」
持ち時間各4時間

勝▲七段　豊島将之
△八段　佐藤天彦

▲2六歩　△3四歩　▲2五歩　△3三角　▲7六歩　△2二銀　▲6六歩　（第1図）　△6二銀 1　▲4八銀 1　△6四歩　▲5八金右　△6三銀　▲5六歩　△3二金　▲5七銀　△4一玉　▲3六歩　△5一角　▲4六銀 15　（第2図）

【第1図は▲6六歩まで】

△佐藤天　なし

▲豊島　なし

棋聖戦挑戦者決定戦

本局は4年前に指した、佐藤天彦八段との棋聖戦挑戦者決定戦。前年の秋に王座戦五番勝負に出場したが、羽生善治王座（当時）に2勝3敗で敗れた。それから半年ほどで迎えた再挑戦のチャンスである。

本局は早めに飛車先を伸ばして、7手目に▲6六歩（**第1図**）と趣向を凝らした。代えて▲7八金なら角換わりの出だしだが、本局の指し方は当時、プロ間で時折指されていた作戦の一つだった。いまなら△2二銀のところで△4二銀（**参考図**）として、△3三角型のまま仕掛けを模索する将棋も考えられるかもしれない。

【参考図は△4二銀まで】

△後手　なし

▲先手　なし

【第2図は☗4六銀まで】

☗豊島 なし

△佐藤天 なし

第2図以下の指し手

△7四歩10 ☗6八玉 △5二金2 ☗7八銀7
△3三銀1 ☗3五歩6 △同　歩 ☗3八飛
△7三角3 ☗3五銀16 △5四銀11 ☗7九玉12
△6二飛30 ☗1八香50 （第3図）

左美濃に囲う

☗4六銀（第2図）は早いようだが、後手の△7四歩から△7三角が間に合う前に仕掛けの形を作ろうとしている。その後、先手は3筋から動いた。

△6二飛は6筋からの反撃を見ている。本譜はそこで☗1八香（第3図）と上がったのだが、緩手だった。ここは☗3四歩と打ってしまい、以下①△2二銀なら☗4六銀と引いておいて一局。②△4四銀にはこちらから☗6五歩（参考図）と突いてしまう手があり、これなら先手がまずまずの将棋だった。実戦はこの後、苦戦に陥ってしまった。

【参考図は☗6五歩まで】

☗先手 なし

△後手 歩

【第3図は▲1八香まで】

第3図以下の指し手
△6五歩15　▲同　歩　△1九角成52　▲3四銀43
△4四銀　▲3三歩1　△2二金　▲2三銀成17
△同　金5　▲3二歩成　△5一玉　▲2一と1
△3四歩　▲3九飛　△6五銀3　▲1一と6
△1八馬1
（第4図）

後手ペース

▲1八香（**第3図**）は△6五歩に備えて香を先に逃げたものだが、それでも△6五歩から△1九角成があった。次の桂取りが受けにくい。▲3七桂と跳ねても△3六歩（**参考図**）の桂取りで困る。先手はいきなり忙しくなってしまった

実戦は▲3四銀から▲3三歩として3筋を突破したのだが、後手玉を逃がしながらの攻めなので成功しているとはとても言えない。▲1一とで一時的に駒損を取り返すことができたが、△1八馬（**第4図**）で先逃げした香を取られては、後手ペースの将棋となった。

【参考図は△3六歩まで】

【第4図は△1八馬まで】

▲豊島　桂香歩二

△佐藤天　銀香歩

第4図以下の指し手

▲6八香2　△6六歩7　▲同　香　△同　銀
▲6七歩　△同銀成1　▲同　銀1　△2八歩6
▲3七桂10　△2九歩成8　▲5九飛　（**第5図**）

粘りにいく

△1八馬（**第4図**）で次に△6六歩と打たれると、攻めの拠点になるし、8八の角が使いものにならなくなる。本譜は▲6八香から強引に6五の銀を取りにいった。形勢が芳しくないと見ての粘りである。

▲6七同銀には①△2八馬▲5九飛△4八銀（**参考図**）と強引に来られたら苦しかった。ほかに②△5七香と放り込んで△4八銀を狙う手も有力だった。

本譜の△2八歩は受けの強い佐藤八段らしい、堂々とした手順だった。だが、▲5九飛（**第5図**）に対する次の手がよくなく、形勢が接近する。

【参考図は△4八銀まで】

▲先手　銀桂歩二

△後手　香香歩

【第5図は▲5九飛まで】

第5図以下の指し手

☖2八と　▲6四歩2　☖8四香16　▲7八金4

☖8五香打3　▲9六銀　☖6四飛5　▲8五銀3

☖同　香　▲7七桂　（第6図）

らしい疑問手

佐藤八段は奨励会三段になるまで、私と同じ関西奨励会に所属していた。佐藤さんの昇級、昇段ペースが速かったので後輩の私はあまり対戦した記憶がない。三段リーグでは何局か対戦している。

第5図でもやはり☖4八銀（**参考図**）と打てば後手がハッキリよかった。本譜の☖2八とは、王道を行く佐藤八段らしい格調高い一着だが、▲6四歩のあとの▲7八金が玉を固めながら飛車の可動域を広げた一手で、差が詰まった。

8筋に香を重ねる攻めには▲9六銀が強防。▲7七桂（**第6図**）が勝負手だった。

【参考図は☖4八銀まで】

【第6図は☗7七桂まで】

第6図以下の指し手
☖7三桂1 ☗6五歩 ☖6一飛2 ☗8五桂5
☖同 桂 ☗6四桂 ☖3八と16 ☗8六香
☖7三桂5 ☗8五香18 ☖6五桂 ☗5二桂成
☖同 玉 ☗8三香成 ☖4八と10 ☗同 金
☖7七銀
（第7図）

後手に迫る

☗7七桂（**第6図**）に☖6六歩なら銀の逃げ場がないが、以下☗6五香☖6七歩成☗同金右☖8七香成☗同金☖5四飛（**参考図**）の展開は、後手としては飛車が狭いうえに6筋の香が不気味で、うれしくない展開といえる。本譜の☖7三桂が自然だろう。先手は☗6五歩と足場を作って、☗6四桂と金取りに打つ。少しは後手玉が見える形になってきた。以下☖6二金と逃げれば☗6三香☖同金☗7二桂成がある。

☗8六香は際どいタイミングだが、後手玉を攻めるには桂が最も適しているのだ。

【参考図は☖5四飛まで】

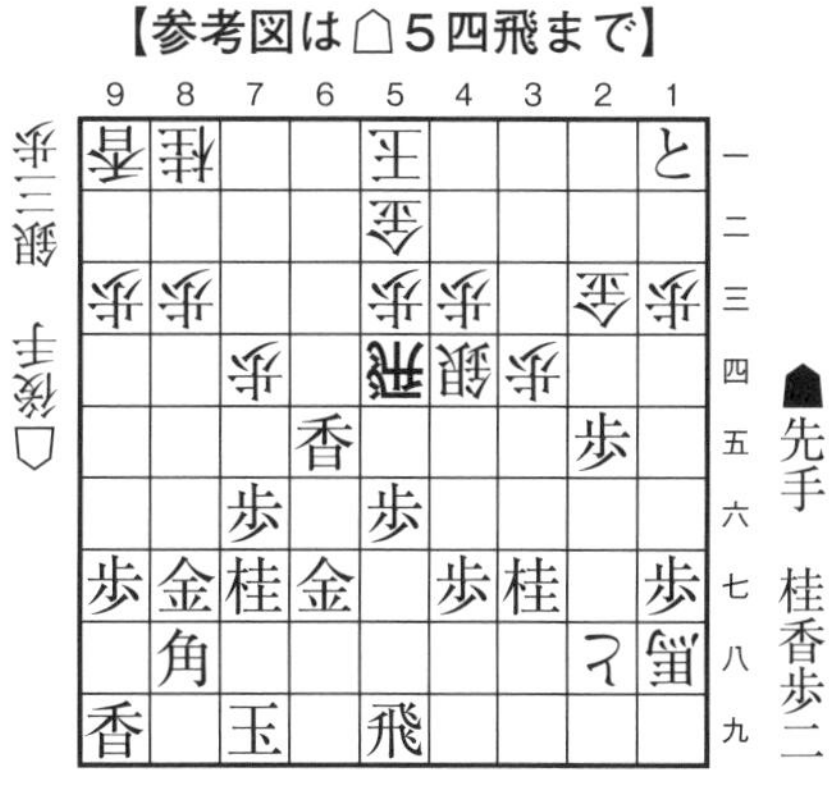

【第7図は△7七銀まで】

▲豊島 金桂香歩二

△佐藤天 銀桂歩二

第7図以下の指し手

▲6二歩 △8八銀成1 ▲同 玉1 △7七銀1

▲9八玉 △1一飛11 ▲6四桂7 （第8図）

勝っているはずだと……

△7七銀（第7図）に①▲同金△同桂成▲同角は△6七飛成で論外。②▲7七同角△同桂成▲同金としても△8五桂で攻撃のターンは回ってこなさそうだ。

本譜の▲6二歩がこの一手ともいえる利かしだった。△同玉なら飛車先が止まるので▲7七金と取ることができる。△6二同飛なら▲7三成香（参考図）が入るのが大きい。

実戦は△8八銀成から△7七銀と打ち込んできたが、▲9八玉で耐えている。▲6四桂（第8図）と打ったところは、こちらが勝っているはずだと思っていた。

【参考図は▲7三成香まで】

▲先手 金桂香歩

△後手 銀桂歩三

【第8図は☗6四桂まで】

☖佐藤天　角桂歩三

☗豊島　金銀香歩

第8図以下の指し手
☖4二玉　☗2四香　☖同　金4　☗5二金6
☖3三玉2　☗2四歩2　☖2二歩　☗1五銀
☖4一香3　☗2五桂2　☖3二玉　（第9図）

一手争い

勝ちそうとは思っていたが、ハッキリ勝ちというところまで読み切れていたわけではなかった。☗6四桂（第8図）では☗6一銀のほうがよかったのだが、対局中は考えていなかった。

☗2四香で挟撃形となって寄りが見えてきた。ただし、次の☖同金に☗同歩と取ってしまうと、☖6三馬（参考図）と引かれて次の☖6四馬が詰めろ級になるので一気におかしくなる。筋が悪いようでも☗5二金と打ってしまうのが正解。上部脱出を防ぎながら先手は寄せの綱を絞る。

だが本譜は後手に粘りを与えた。

【参考図は☖6三馬まで】

☖後手　角桂香歩三

☗先手　金金銀歩

【第9図は△3二玉まで】

▲豊島　金歩

佐藤天△　角桂歩二

第9図以下の指し手
▲3九飛　△4五馬　▲2三歩成　△同　歩
▲2四歩　△3五歩　▲2三歩成　△同　馬
▲2四歩　△3四馬　▲7七金　△2二歩1
▲7八金　△2八角　▲2九飛　△6四角成
▲2三銀
（第10図）

粘りを与える

△3二玉（第9図）にはすぐ▲2三歩成△同歩▲2四歩とすれば分かりやすかった。実戦の▲3九飛と力をためる手が味よく見えたが、△4五馬から△3五歩の粘りを与えたのでよくなかった。

だが本譜でも先手が残している。▲7七金に対して△同桂成なら、▲2三銀△同馬▲同歩成△同玉▲2四金△2二玉▲1三桂成△同飛▲同金（参考図）とし、以下△同玉なら▲3一角から、△3三玉には▲3四歩から詰む。

なので本譜、後手は△2二歩で詰めろを受けたが、▲7八金で先手玉は安泰となった。

【参考図は▲1三同金まで】

▲先手　飛角歩

後手△　角金銀桂桂歩五

【第10図は▲2三銀まで】

第10図以下の指し手
△2三同歩 ▲同歩成 △同馬 ▲2四歩
△3四馬 ▲1三桂成 △同飛 ▲2三金
△同飛 ▲同歩成 △同馬 ▲同飛成
△同玉 ▲2四飛 △1二玉 ▲3四角
△1一玉 ▲1四飛 △2一玉 ▲1二飛成
△3一玉 ▲4一金 △――2 （投了図）
まで、145手で豊島の勝ち
（消費時間＝▲3時間58分、△3時間59分）

逆転勝利

▲2三銀（**第10図**）とねじ込んで、ようやく勝利が見えた。2三の地点で清算した後、▲2四歩から▲1三桂成が飛車の利きを通した決め手だった。続く△同飛に、▲2三金から後手は寄り筋となった。▲4一金（**投了図**）以下は△同玉▲2三角成△5一玉▲6一歩成△同玉▲7二成香からの詰みとなる。

序盤の▲1八香からずっと苦しい将棋だったが、▲6四歩から少しずつ流れが変わり始めた。最後は▲5二金が打ちづらい手ながら、罠を回避した一着で、勝ちに近づくことができた。

【投了図は▲4一金まで】

第86期棋聖戦

〈決勝トーナメント〉

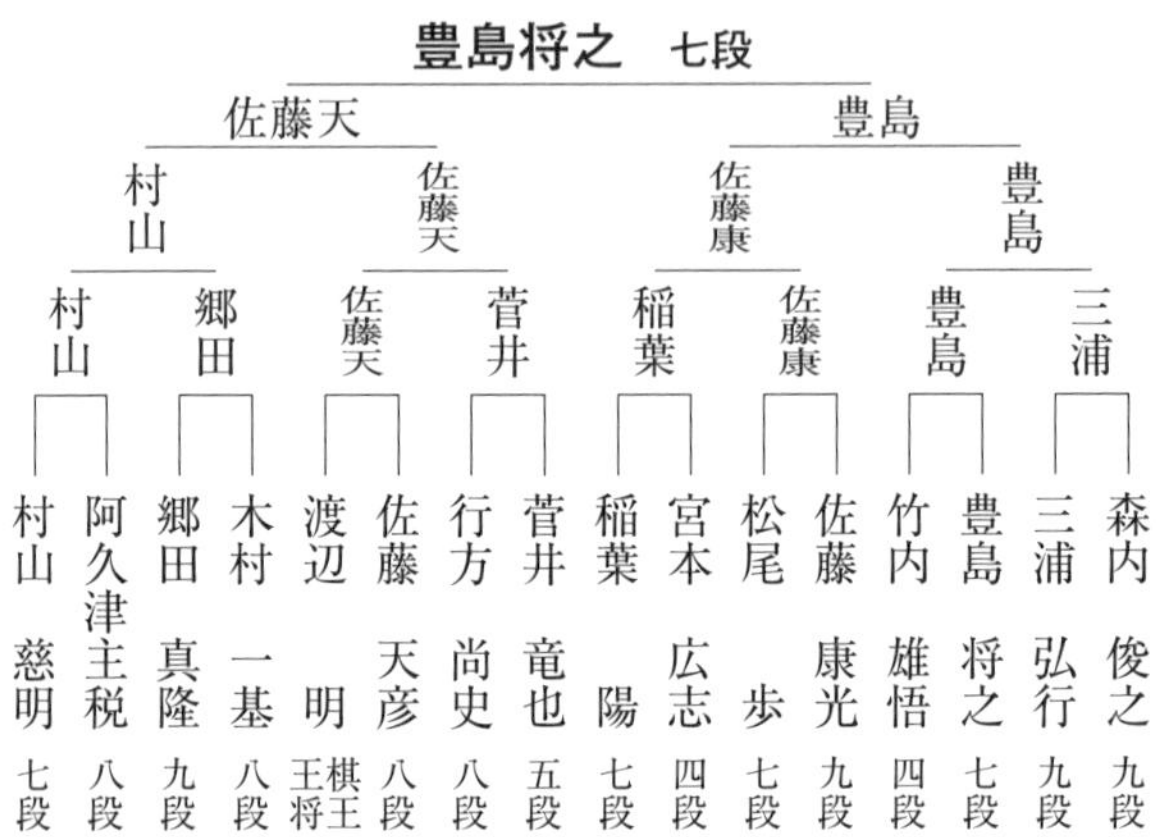

※段位・肩書は当時

〈二次予選〉

第12局　対 佐藤康光九段

タイトル初挑戦を決めた一局

第60期王将戦挑戦者決定リーグ戦
（スポニチ・毎日）
平成22年11月29日
於・東京都渋谷区「将棋会館」
持ち時間各4時間

☗九段　佐藤康光
勝☖五段　豊島将之

▲7六歩　△3四歩　▲2六歩　△8四歩
▲2五歩　△8五歩　▲7八金　△3二金
▲2四歩　△同　歩　▲同　飛　△8六歩
▲同　歩　△同　飛　▲5八玉2　（第1図）
△8四飛8　（第2図）

【第1図は▲5八玉まで】

△豊島　歩二

▲佐藤康　歩二

タイトル初挑戦を懸けて

本局は佐藤康光九段との第60期王将リーグ最終戦。互いに4勝1敗で、勝ったほうが久保利明王将（当時）への挑戦権を得る、直接対決だった。タイトル初挑戦のチャンスということで、かなり緊張していた記憶がある。先後はあらかじめ決まっており、後手番の私は横歩取りを志向した。

▲5八玉（**第1図**）は佐藤九段がよく用いる作戦。

以下△7六飛と横歩を取れば、▲2二角成△同銀▲3四飛△3三銀▲8四飛（**参考図**）が一例の進行となる。このとき▲5八玉と上がった効果で△9五角の王手飛車がない。

【参考図は▲8四飛まで】

△後手　角歩三

▲先手　角歩三

第2図以下の指し手

▲8七歩2 △2三歩6 ▲1六歩5 △4一玉2 ▲3八金6 △7四歩25 ▲3七銀27 △7三桂31

▲2六飛 △6二銀 ▲4八銀11 △1四歩13 ▲3六歩9 △5一金10 ▲4六銀15 △7五歩45

（第3図）

【第2図は△8四飛まで】

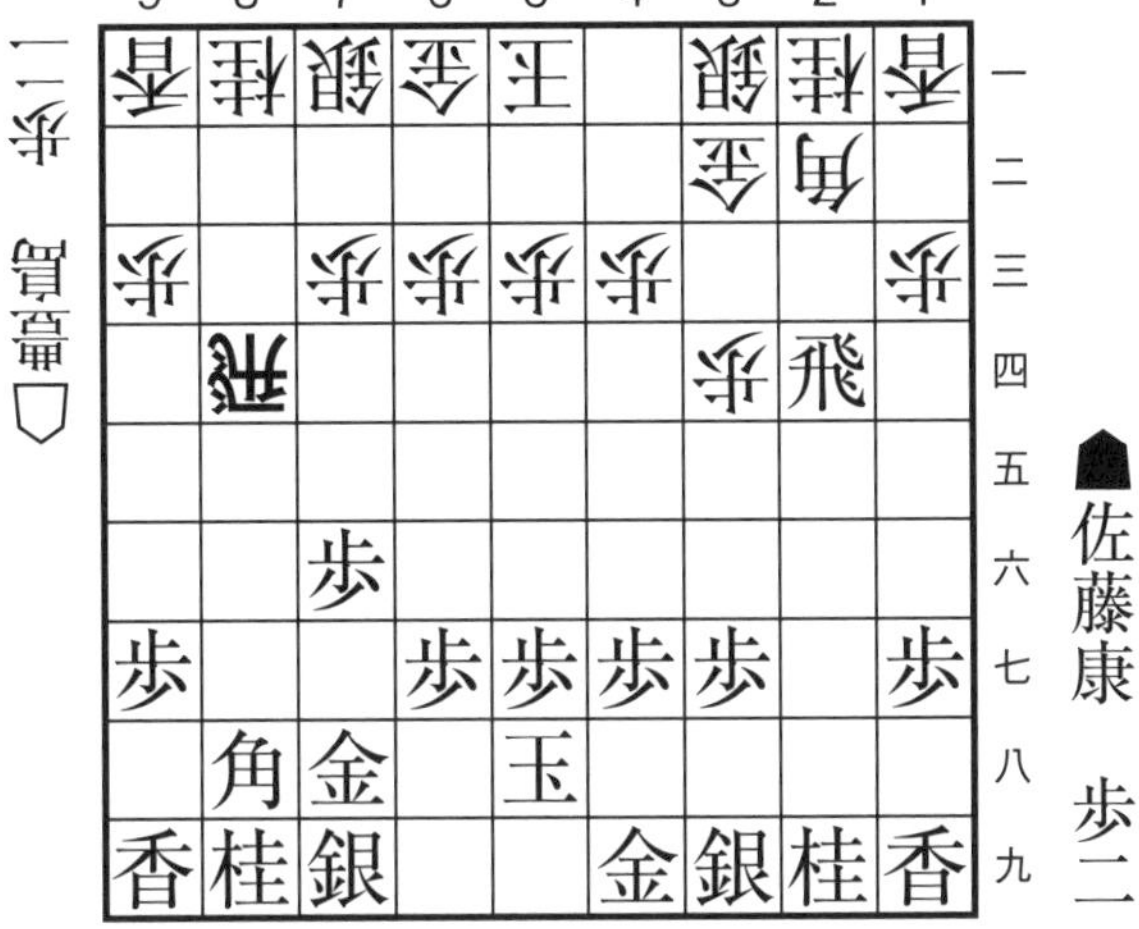

中原囲いに構える

本譜は▲5八玉に△8四飛（第2図）と引いて横歩取りを拒否した。最近はここで▲2二角成△同銀▲6六角△8二飛▲8三歩△5二飛（参考図）という将棋が、将棋ソフトの影響もあって多く見られる。

当時は▲2二角成から▲6六角という指し方は見られず、本譜は相掛かり戦法のようになった。

後手は△6二銀を生かして中原囲いに囲った。この囲いと言えば横歩取り△8五飛戦法でよく見られるものだが、戦後の将棋で相掛かりからこの囲いにする将棋があり、中原誠十六世名人が現代に復活させたのだ。

【参考図は△5二飛まで】

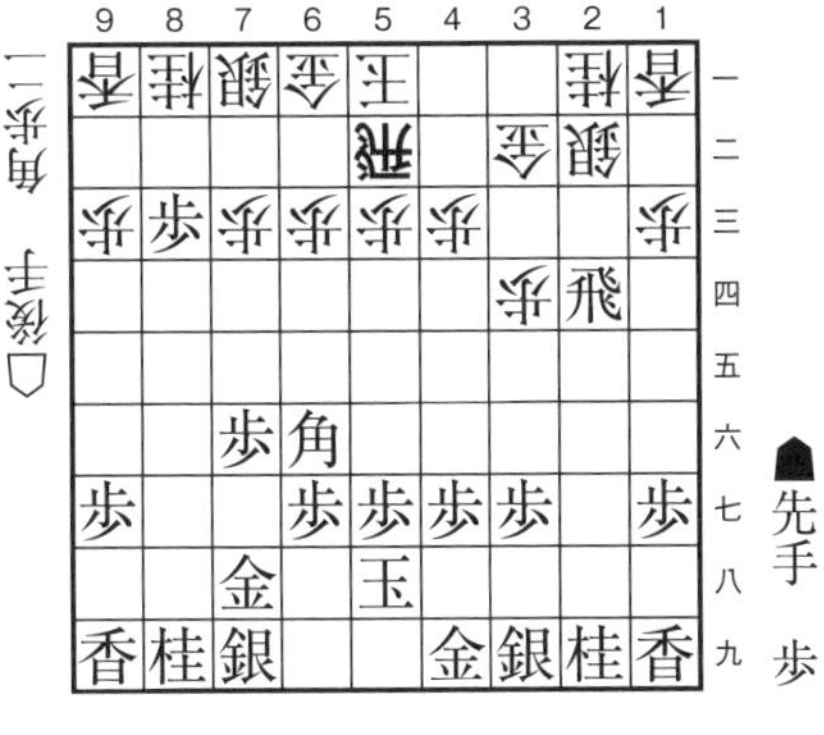

【第3図は△7五歩まで】

第3図以下の指し手

▲2五飛16　△3五歩12

（第4図）

横歩取りの仕掛け

△7五歩（第4図）は横歩取りでよく見られる仕掛けだ。以下▲同歩なら△8六歩▲同歩△同飛▲2二角成△同銀▲8八歩で一局の将棋だろう。

本譜は7五の歩を取らずに▲2五飛と浮いてきた。そこで①△7六歩は▲7五飛（参考図）とされ、次の▲7四歩が受けにくく後手がイヤ。②△8八角成▲同銀△3三桂は有力だったかもしれない。今度▲7五飛は歩の上に飛車が乗っているので不安が多い。

実戦は△3五歩（第4図）と突き出した。これも横歩取りにおける常用手段とも言える一手である。

【参考図は▲7五飛まで】

【第４図は△３五歩まで】

△豊島 歩

▲佐藤康 歩

第４図以下の指し手
▲３五同飛 25 △８八角成 16 ▲同 銀 △３三桂
▲７五飛 24 △４二銀 12 ▲３五歩 15 △２四飛 2
▲２七歩 1 △６四角 8 ▲８二角 20 （第５図）

戦い始まる

実戦は▲３五同飛に△８八角成から△３三桂とした。角交換からの桂跳ねは前ページで示した変化とよく似ているが、３筋を突き捨てたことで飛車の横利きを通した狙いがある。▲７五飛で歩損が増えるばかりだが、先手の飛車が窮屈なので、駒の効率のよさで後手は勝負しようとしている。

△６四角は狙いの一着。以下▲７四飛なら△４六角▲２四飛△１九角成（**参考図**）で、飛車取りと桂取りが残って後手よし。

先手は本譜、飛車を逃げずに▲８二角（**第５図**）と打ってきた。

【参考図は△１九角成まで】

△後手 銀香歩

▲先手 飛角歩二

【第5図は▲8二角まで】

▲佐藤康　歩二

△豊島　歩

第5図以下の指し手
△3七歩17　▲同　銀5　△1五歩　▲9一角成6
△1六歩　▲1八歩1　△2五桂3
（第6図）

駒得より効率

▲8二角（第5図）には△7五角▲同歩△8一飛とすれば、打ってきた角をいきなり捕獲することができる。しかし以下▲9一角成△同飛▲5六角（参考図）とされると、角香交換の駒得ながら9一飛の働きがかなり悪いので、ほぼ互角の形勢と言えるだろう。

本譜は△3七歩のたたきから△1五歩と突いた。対して▲1五同歩なら△同香▲同香△7五角▲同歩△1八飛の攻めがある。

先手は▲9一角成で香得を果たし、△1六歩に▲1八歩と謝った。駒損の後手は忙しくなった。△2五桂（第6図）からあくまで1筋を狙いにする。

【参考図は▲5六角まで】

▲先手　香歩二

△後手　角歩

【第6図は△2五桂まで】

▲佐藤康　香歩二

△豊島　歩

第6図以下の指し手

▲2八銀 3　△3七歩 10　▲3九金 6　△1七歩成
▲同　歩 1　△同桂成　▲同　桂 4　△同香成 2
▲同　香 2　△3六桂　（第7図）

自信のない攻め

後手はとにかく、攻め足が止まってしまうと駒損が響いてくる。飛車取りが権利になっている今がチャンスである。△2五桂（第6図）に佐藤九段は▲2八銀と逃げ、△3七歩に▲3九金と引いた。先手としてはここをしのげばというところだ。

△1七歩成からの攻めはあまりにも強引なので対局中は自信がなかった。ただし案外うるさかったようだ。

△1七同桂成に▲同香なら△1六歩▲同香△同香▲1七歩に△3六香（参考図）と打って攻めが続く。本譜は清算して3六に桂を打った。

【参考図は△3六香まで】

▲先手　桂香歩三

△後手　なし

【第7図は△3六桂まで】

▲佐藤康　桂香香歩三

△後手　歩

第7図以下の指し手
▲4六歩28　△2八桂成5　▲同金　△7五角3
▲同歩
（第8図）

形勢の針が傾く

△3六桂（第7図）に先手は、▲3四香△3八歩成▲同金△2八桂成▲同金△同角成▲2六香（参考図）と攻め合いに出たほうがよかった。先手玉は裸のようだが、左辺には味方の金銀が多い。

本譜の▲4六歩で、形勢の針が一気に後手に傾いた。これは受けの方針に沿ったものだが、ギアチェンジのタイミングを誤ることとなった。無理気味な攻めで案外難しいことに佐藤九段は驚かれたのかもしれない。

後手は△2八桂成で銀を取ったあと、いよいよ7五の飛車を手持ちにした。

【参考図は▲2六香まで】

▲先手　桂桂歩四

△後手　金銀歩

【第8図は☗7五同歩まで】

☗佐藤康　角桂桂香香歩三

☖豊島　飛銀歩

第8図以下の指し手

☖1九飛　☗3四香 1　☖3九飛成　☗3二香成
☖同　玉　☗3四香　☖3三香 1　☗2九金打 4
☖6九銀　☗6八玉　☖4九竜　☗7九金
☖5八竜　☗7七玉　☖7八銀成　☗同　金
☖7六歩　☗同　玉　☖7八竜　☗7七桂
（第9図）

最善を逃すも後手よし

第8図では☖3八歩成☗同金☖1八飛**（参考図）**としたほうがよかった。以下☗2八香なら☖1九飛成で本譜より得をしているし、3筋の歩を成り捨てることで☗3四香の防ぎにもなっている。

本譜の☖1九飛は狭いところに打つので気づきにくいが、☗3四香に☖3九飛成が狙いの一着。最善は逃したが、後手優勢には変わりない。先手は3二の金を取って2九に打ち付ける。これには☖6九銀から☖4九竜が確実な攻め。以下☗7九金にも☖5八竜から攻めが続く。☗7七桂**（第9図）**には冷静な一手がある。

【参考図は☖1八飛まで】

☗先手　角桂桂香香歩四

☖後手　銀歩

第9図以下の指し手
△3四香3　▲3六桂　△3五飛1　▲7三銀不成　△7三香　▲6五角　△6五金　▲8四玉　△同銀　▲同桂成　△4二玉　▲9三玉　△4七角　▲3七金　△8七竜　▲8五歩　△8三角成　▲2六金
△2五飛1　▲7四銀　△7一香　▲4五桂　△6四金2　▲8五玉　△7五金　▲3三歩　△同玉　▲4五桂　△8八竜　▲7二歩　△9二歩　▲8二玉　△9三銀　▲8一玉　△8二銀打
（第10図）

【第9図は▲7七桂まで】

▲佐藤康　角銀桂桂歩四

△豊島

冷静な一手

▲7七桂（**第9図**）に△8五金は▲6六玉、△6五金は▲8六玉（**参考図**）でおかしなことになる。

スッキリ寄せる順が見えなくて焦ったが、△3四香で自陣のキズを消すのが冷静だった。あと、先手は入玉を目指しているので、香を持つと△7一香のように使えるのが大きい。手数はかかっているが、△8八竜〜△8七竜と活用して確実に勝ちへと近づいている。

先手は入玉を果たしたものの、守り駒が馬1枚なので焦ることはない。△8二銀打（**第10図**）と玉の守り駒を攻めるのが対入玉のポイントである。

【参考図は▲8六玉まで】

▲先手　角銀桂桂歩四

△後手　なし

【第10図は△8二銀打まで】

第10図以下の指し手
▲3五金　△同　香　▲7一歩成　△同銀右
▲1二飛　△3二歩　▲3三銀　△5二玉
▲3二飛成　△6一玉　（投了図）
まで、132手で豊島の勝ち
（消費時間＝▲3時間59分、△3時間58分）

タイトル初挑戦を決める

こうなるともう難しいところはない。△6一玉（投了図）で先手は△7二銀までの詰みを受けることができない。こうしてタイトル初挑戦が決まった。

久々に振り返ると、昔の将棋なので自分の感覚はよくないなと思うが、1筋からの強引な攻めを決行できたのは、当時はたくさんの手を読んでおり、大変になる順を拾うことができたからなのではないかと思う。

トップ棋士とはまだ差があったと思うのだが、私の公式戦数が少ないのでデータがあまりなく、佐藤九段も戸惑っている部分があったのかもしれない。

【投了図は△6一玉まで】

第60期王将戦

挑戦者決定リーグ戦

順位	1	2	3	4	5	5	挑
氏名/順番	羽生 善治名人	佐藤 康光九段	深浦 康市九段	森内 俊之九段	渡辺 明竜王	三浦 弘行八段	**豊島 将之五段**
1	○森内	／	○三浦	●羽生	○豊島	●深浦	●渡辺
2	○佐藤	●羽生	／	●豊島	●三浦	○渡辺	○森内
3	●三浦	○森内	●渡辺	●佐藤	○深浦	○羽生	／
4	●渡辺	○三浦	●豊島	／	○羽生	●佐藤	○深浦
5	／	○渡辺	○森内	●深浦	●佐藤	●豊島	○三浦
5	●豊島	○深浦	●佐藤	●三浦	／	○森内	○羽生
5	○深浦	●豊島	●羽生	○渡辺	●森内	／	○佐藤

二次予選

第13局　対 佐藤天彦五段

竜王戦ランキング戦の決勝戦

第22期竜王戦ランキング戦5組決勝（読売）
平成21年6月1日
於・東京都渋谷区「将棋会館」
持ち時間各5時間

勝▲五段　豊島将之
△五段　佐藤天彦

☗2六歩　☗7八金　☗8八銀　（第1図）　☖9四歩　☖6三銀　☖4四歩　☖4一玉 5　☖1四歩　☖7三桂

☖8四歩 1　☖8五歩　☖7七角成　☗3八銀　☗4六歩　☗6八玉　☗6六歩 1　☗3六歩 8　☗7九玉　☗2五歩 15

☗7六歩　☗7七角　☗同銀　☖7二銀　☖6四歩　☖5四銀　☖5二金　☖7四歩　☖3一玉　☖3三銀

☖3二金　☖3四歩　☖4二銀　☗9六歩　☗4七銀　☗5六銀　☗5八金 1　☗1六歩　☗3七桂　（第2図）

【第1図は☖4二銀まで】

10年前の大熱戦

本局は佐藤天彦五段との竜王戦5組決勝。平成21年ということで、もう10年も前の将棋である。段位も互いにまだ五段だった。そして、勝ったほうが決勝トーナメントに進出する大一番でもあった。

戦型は私の先手で角換わり腰掛け銀に進んだ。☖3三銀（**第2図**）までの手順は、一昔前では最もオーソドックスと言える順である。また、**第2図**は先後同型で、半世紀近く研究されてきた将棋でもある。後年になって、後手が☖9四歩と受けずに**参考図**から☖6五歩☗同歩☖同桂☗6六銀☖3五歩という将棋も出ている。

【参考図は☗9六歩まで】

【第2図は△3三銀まで】

第2図以下の指し手

▲4五歩1 △同 歩
▲2四歩1 △同 歩
▲2八飛 △6五歩76
▲6四角 △6三金1
▲3五歩 △4四銀
▲同 飛 △2三歩
▲同 歩2 △7五歩
▲7五角 △8六歩
（第3図）

富岡流以前

先後同型から▲4五歩と仕掛ける将棋は現在、富岡英作八段が考案した「富岡流」と呼ばれる攻めが有力で先手よしとされている。▲3五歩のところでもっと過激に▲2四歩△同歩▲1五歩△同歩▲7五歩△同歩▲3五歩として、**参考図**まで進める。そこで飛車を逃げずに▲4四角成と銀を取り、△3九馬に▲2二歩が富岡流の一着。△2二同金に▲3三銀と攻めて、先手よしとされている。

実戦の▲2四歩は当時、見直されていた指し方。△8六歩（**第3図**）は佐藤五段の工夫で、当時は単に△6五桂と跳ねる将棋が多かった。

【参考図は△2八馬まで】

【第3図は△8六歩まで】

△佐藤天　角歩

▲豊島　歩三

第3図以下の指し手

▲8六同角(2)　△8五桂　▲6四歩(88)　△7三金(35)
▲1五歩　△3五銀(20)
（第4図）

中盤の難所

△8六歩（第3図）に取り方はどれもあったと思うのだが、当時はあまり考えずに▲同角と取っている。

そこで△6五桂なら、以下▲6四歩△7三金▲6六銀（参考図）となって後手は忙しい。途中の▲6四歩に△7七桂成なら▲同角が4四の銀取りで幸便だ。

本譜は△8五桂と逆に跳ねてきたが、先手はやはり▲6四歩と一つ利かしておく。△7三金に今度▲6六銀は△3五銀でぱっとしない。

実戦は▲1五歩と端に手をつけた。以下△同歩なら▲1三歩と垂らして△同香には▲1四歩△同香▲2四歩がある。

【参考図は▲6六銀まで】

△後手　角歩二

▲先手　歩三

【第4図は△3五銀まで】

▲豊島　歩四

△佐藤天　角歩二

第4図以下の指し手

▲4五銀37　△5五角50　▲5四銀25　△3七角成
▲2九飛5　△7四桂34　▲6三歩成42　△8六桂
▲同　銀　△5四歩　▲7三と　△同　馬
（第5図）

互角の将棋

後手は端を手抜きして△3五銀（**第4図**）と来た。そこで▲1四歩もあったが、△3六銀と出られて▲3八歩（**参考図**）と打たされる感触が悪いので見送った。

実戦は▲4五銀と出た。こうなると△5五角からは△7三同馬まで一直線の進行と言えるだろう。途中の△7四桂がピッタリに見えるのだが、▲6三歩成が強手で均衡が取れている。続く△8六桂に▲同銀で手順に銀を逃げることができる。

△7三同馬（**第5図**）の局面は、かなり駒を交換したところだが、互角の形勢と言えるだろう。

【参考図は▲3八歩まで】

▲先手　歩四

△後手　角歩二

【第5図は△7三同馬まで】

▲豊島　金銀桂歩五

△佐藤天　角銀歩三

第5図以下の指し手

▲3三歩7　△同　桂7　▲8五銀　△6六歩10

▲4三歩7　△6七銀18

（第6図）

終盤の入り口

先手はまず▲3三歩とたたく。△同金なら▲4五桂で調子がよい。なので本譜は△3三同桂だが、後手陣が少なからず弱体化した。

そこで▲8五銀と桂を食いちぎる。後手は堂々と△同飛と取る手もあったと思うのだが、そこで▲4三歩や▲4三桂を気にしたのだと思う。本譜の△6六歩にも▲4三歩と垂らした。そこで△4一歩なら▲1三桂△同香▲1四歩（参考図）で先手の攻めが速くなる。これは▲3三歩のたたきがよく利いている変化だ。

本譜は△6七銀（第6図）と攻め合いに来た。

【参考図は▲1四歩まで】

▲先手　金銀桂歩四

△後手　角銀桂歩二

【第6図は△6七銀まで】

▲豊島　金銀桂桂歩三

佐藤天△　角歩三

第6図以下の指し手
▲6七同金右5　△同歩成　▲同　金　△6六歩14
▲同　金　△8六歩3　▲同　歩9　△4六馬5
▲5八銀　△8七金3　（第7図）

盲点の手順

△6七銀（第6図）には以下、▲4二銀△同金▲同歩成△同玉としてから▲6八歩（参考図）と受けたほうがよかった。以下△5八銀成に▲6五桂と打って、これで激戦が予想された。しかし4三の拠点をアッサリ消してしまうことや、5八の金をぼろっと取らせるだけに浮かびにくかった。

実戦は図から6七の地点で清算したが、先手玉がかなり薄くなってしまった。△8六歩に代えて△8五飛と銀に飛びつくと飛車の横利きが消えるので、▲4二銀△同金▲2三飛成の寄せで後手玉が危ない。

【参考図は▲6八歩まで】

▲先手　金金桂桂歩二

後手△　角銀歩四

【第7図は△8七金まで】

▲豊島　金銀桂桂歩六

△佐藤天　角歩

第7図以下の指し手
▲6八玉　△4七歩2
▲3八金5　△8八角3
▲5六金13　△6四馬
▲7五銀　△5三馬
（第8図）

苦しくなる

対局中は既に苦しくなってしまったと感じており、粘りの手順を考えていた。実際はここで▲7八金△8六金▲8七歩△8五金▲7七桂打（**参考図**）とすれば互角の形勢だった。以下△8四金には▲1四歩や、場合によっては▲5六金から▲6九飛の転回を狙える。

とはいえ8五の銀をアッサリ取らせるので指しにくい。実戦の▲6八玉で苦しくなってしまった。△4七歩で右辺に拠点を作られ、そこで△8八角で挟撃形を狙うのが教科書通りの指し回し。先手は3八と7五の地点に金駒を打って頑張っているが、やはり苦しい将棋となっている。

【参考図は▲7七桂打まで】

▲先手　銀桂歩五

△後手　角銀歩二

【第8図は△5三馬まで】

▲豊島　桂桂歩六

△佐藤天　なし

第8図以下の指し手
▲7九桂　△8六金1　▲6五桂　△4三馬1
▲8六銀　△9九角成1　▲7七桂　△4五香2
▲4六歩3　△同　香　▲6七桂2　△9八馬
▲9七金2　（第9図）

桂の乱舞

駒をベタベタ打つのは自分らしくないのだが、粘ってチャンスを待つ方針である。ここからは桂を駆使して決め手を与えない。まずは▲7九桂で金に狙いをつける。次の△8六金には▲6五桂と打って馬筋を変える。そして△9九角成に対する▲7七桂はある狙いがあった。その後、△4六同香に▲4九歩と打つのは△8八歩（参考図）で勝ち目がなくなる。本譜、▲6七桂とジャンプした手が馬取りになっている。▲9七金（第9図）から無理やりに馬を詰まし、▲6四角と打つ展開を狙わなければ勝てないと思った。

【参考図は△8八歩まで】

▲先手　金歩四

△後手　歩一

【第9図は▲9七金まで】

第9図以下の指し手

△8八馬　▲8九歩　△9九馬　▲7八玉
△9五歩　▲8八歩 11　△9六歩　▲9九飛
△9七歩成　▲6四角
（第10図）

待望の王手飛車取り

▲9七金（**第9図**）にはアッサリ△同馬▲同銀として以下、△4八歩成▲6四角△2二玉▲8二角成△3八と（**参考図**）としたほうが、後手は分かりやすかったと思う。実戦の△8八馬は▲8九歩△9九馬と潜り込んで馬の延命を図ったものだが、▲7八玉から▲8八歩という取り方が手順に4筋から逃れて幸便になっており、少し紛れた。△9五歩は▲同歩なら△9八歩の筋で馬を助けることができる。なので先手は▲8八歩と飛車の横利きを通して勝負する一手になる。

▲6四角（**第10図**）で待望の王手飛車取りが掛かったが……。

【参考図は△3八とまで】

【第10図は▲6四角まで】

第10図以下の指し手
△4二馬2　▲5三桂成　△8八と　▲同　玉
△9九香成　▲6五桂　△5一馬2　▲7七玉1
（第11図）

後手の逸機

王手飛車にアッサリ△2二玉として▲8二角成に△8八と▲同玉△9九香成ならキツかった。本譜の△4二馬には▲5三桂成が生じた。△8八と▲同玉△9九香成に▲6五桂が玉の懐を広げた勝負手だった。そこで以下、△8九飛▲7七玉△6二飛▲4二成桂△同金▲4三歩△6四飛▲4二歩成△同玉▲5三角△3二玉▲6四角成△8八角▲8七玉△5五角成（参考図）なら先手が苦しかった。この開き王手がピッタリで6四の馬を抜くことができる。実戦は△5一馬と逃げたので、▲7七玉（第11図）の早逃げが利いた。

【参考図は△5五角成まで】

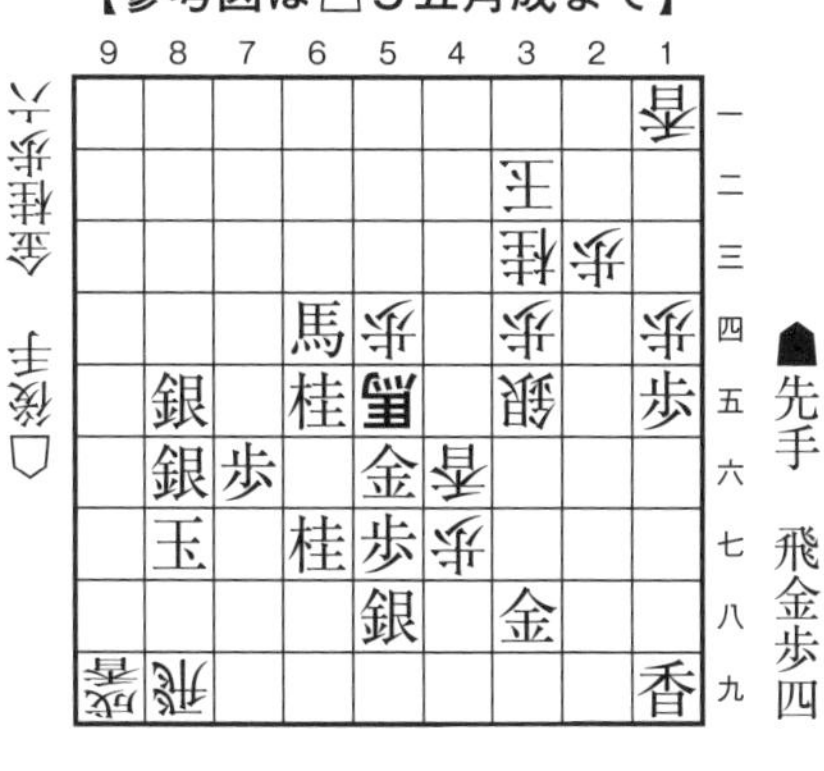

【第11図は▲7七玉まで】

△佐藤天　飛金歩五

▲豊島　歩五

第11図以下の指し手
△8五飛1　▲4三成桂3　△4二金打1　▲同成桂
△同　金1　▲4三歩2　△8八銀　▲6八玉
（第12図）

揺れ動く形勢の針

後手は△8五飛と切ってきた。▲同銀は△2二玉と早逃げされるので、先に▲4三成桂を利かしておく。△4二同金には素直に▲8五銀なら安全だった。実戦は強く▲4三歩と打ったのだが、△8八銀と打たれて想像以上に危なかった。以下▲同玉は△8六飛▲同角△8九飛▲7七玉△6八銀▲同玉△8六飛成（**参考図**）でまずい。そこで▲4二歩成△同馬の形は馬が強力で後手玉に詰み形がない。

本譜は▲6八玉（**第12図**）と引いたのだが、ここでは既に逆転していて、後手に勝ち筋が生じていた。

【参考図は△8六飛成まで】

△後手　角桂歩五

▲先手　飛金銀銀歩四

【第12図は▲6八玉まで】

△佐藤天　飛桂歩五

▲豊島　金歩四

第12図以下の指し手

△8九飛　▲5五桂1

（第13図）

逆転の桂跳ね

ここで△8六飛なら後手の勝ち筋だった。以下▲4二歩成（▲4二角成も△2二玉で以下▲3二金△1二玉▲2二金打△1三玉▲2三金△同玉のときに5一の馬が利いて▲3三馬とできない）に△2二玉とすれば後手玉は詰まず、そこで▲8六角と手を戻すよりないが、△7七銀打▲同角△同銀成▲同玉△8五桂（**参考図**）となり、以下▲8六玉は△9七角、▲7八玉には△7七歩から詰みだった。本譜の△8九飛も詰めろになっているのだが、次の▲5五桂（**第13図**）が、起死回生とも言える絶妙手だった。

【参考図は△8五桂まで】

△後手　飛角歩五

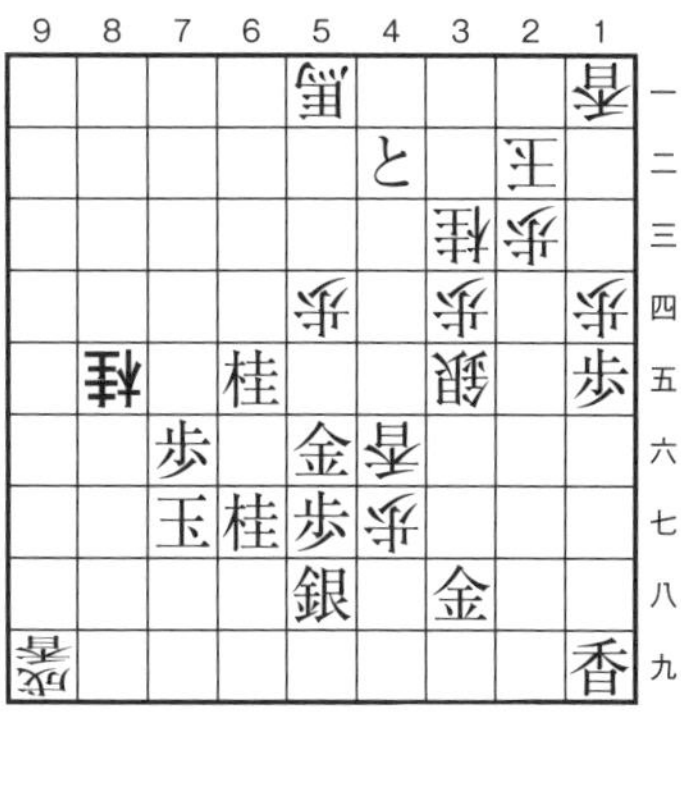

▲先手　飛金金銀銀歩四

【第13図は▲5五桂まで】

△佐藤天　桂歩五

▲豊島　金歩四

第13図以下の指し手
△7九飛成 ▲6七玉 △7五桂 ▲同歩
△7七銀成 ▲同銀 △同竜 ▲同玉
△9五馬 ▲8六歩 △同馬 ▲6六玉
△7七銀 ▲6七玉 △6六歩 ▲同金
△同銀成 ▲同玉 △7六金 ▲5六玉
(投了図)まで、157手で豊島の勝ち
(消費時間＝▲4時間59分、△4時間59分)

熱戦に終止符

▲5五桂**（第13図）**は玉の逃げ道を広げながら、詰めろになっている。仮に先手の手番なら▲4二歩成として△同馬なら▲同角成△同玉▲4三金から、△2二玉には▲3二と△同玉▲4三金△2二玉▲3一角成からいずれも5五の桂が活躍して詰む。図で△5五同歩は詰めろになっていないので▲4二歩成で勝つ。

実戦は△7九飛成から後手は詰ましに来たが、際どく逃れていた。互いにミスが出たものの、終盤が面白い将棋だった。苦戦になってから駒をベタベタと打っていく順が、印象に残っている。

【投了図は▲5六玉まで】

△佐藤天　歩五

▲豊島　飛金銀銀桂歩四

第2部

棋譜解説編

第14局

第66期順位戦C級2組（朝日・毎日）

【持ち時間】各6時間

平成19年6月19日 於・大阪市福島区「関西将棋会館」

順位戦のデビュー局

矢倉

勝▲四段 豊島将之
△五段 松本佳介

A▲7六歩 △8四歩 ▲6八銀
△3四歩 ▲6六歩 △6二銀
▲5六歩 △5四歩 ▲4八銀
△4二銀 ▲5八金右 △3二金
▲7八金 △4一玉 ▲6九玉
△5二金 ▲7七銀 △3三銀1
▲7九角 △3一角 ▲3六歩1
△4四歩 ▲6七金右1 △7四歩
▲3七銀 △6四角 ▲6八角
△4三金右 ▲7九玉 △3一玉
▲8八玉 △2二玉 ▲4六銀
B△5三銀 C▲3七桂 △9四歩5
▲2六歩2 △2四銀2 ▲1六歩1
△1四歩 ▲1八香2 △7三角5
▲3八飛1 △9五歩 ▲6五歩1
△8五歩1 ▲2五桂 △4二銀
▲3五歩18 △同 銀5 ▲同 銀
△同 歩 ▲1五歩 △同 歩
▲6四歩 △同 歩7 ▲3五角2
△3四歩1 ▲6八角 △2四歩
▲1二歩10 △同 香 ▲2四角
△2三銀 D▲6八角49 △2四歩2
▲1三歩 △同 桂 ▲1五香
△1四歩3 ▲1三桂成 △同 香
▲2五歩 △3三銀42 E▲3五歩13
F△1五歩12 ▲3四歩1 △同銀左
▲2四歩 △3五歩 ▲3六歩

【第1図は▲3七桂まで】

△松本 なし

▲豊島 なし

【第2図は▲3五歩まで】

△松本 桂歩二

▲豊島 銀桂

△同 歩36 G▲3五桂13 △同 銀13
▲同 角 H△2三歩 ▲同歩成51
△同 金 ▲4六角6 △4五香7
▲6八角2 △4七香成 ▲3六飛7
△3五歩10 ▲同 飛 △3四歩
▲3九飛 △6五歩1 ▲4五歩63
I△5八成香33 ▲2四歩9 △同 銀
▲同 角 △同 金 ▲4四歩
△同 金6 ▲4五歩10 △同 金57
▲2五歩1 △2三金 ▲2四銀
△1二桂5 ▲2三銀成15 △同 玉
J▲4三銀 △4四金39 ▲3二銀打9
△1四玉1 ▲3四銀成20 △同 金

▲同　飛　△2五玉　▲3三飛成1
K△6九銀17　▲7九金　△8六歩6
▲同　歩3　△2四角6　L▲1六金5
M△同　玉5　N▲3六竜　△1七玉
▲6九金　△3二飛8　▲1八歩5
△2八玉　O▲3八銀5　△——2

まで、137手で豊島の勝ち

（消費時間＝▲5時間27分△5時間38分）

【解説】A▲7六歩＝順位戦初対局。

B△5三銀＝近年、代えて△4五歩が脅威となって▲4六銀型は激減した。

C▲3七桂（第1図）＝最近は見ない形だが、奨励会三段から若手時代に得意としていた。

D▲6八角＝定跡化された仕掛け。▲4六角も有力。

E▲3五歩（第2図）＝1五の香は助からないが、期待の攻め。

F△1五歩＝△3五同歩は▲2七桂が、次の▲3五桂を見て調子がよい。

G▲3五桂（第3図）＝▲2六桂がまさった。または直前の▲3六歩△同歩を入れずに▲2六桂も有力だった。

H△2三歩＝好手、後手指せる。

I△5八成香＝ほかに△2八角成や△2四歩も有力だった。

J▲4三銀＝必死に食らいついているものの、攻めが細い。

K△6九銀＝△3五桂なら手堅かった。

L▲1六金（第4図）＝狙っていた一着だが、まだ足りていなかった。

M△1六同玉＝△1六同歩▲3六金△1五玉▲6九金△3五銀（参考図）なら後手が際どくしのいでいた。

N▲3六竜＝先手の勝ち筋に入った。

O▲3八銀＝▲2九金までの詰めろ。それを受けても▲2七竜という迫り方もあり、後手は受けなしである。当時は逆転勝ちの将棋が多かった。

【第3図は▲3五桂まで】

【第4図は▲1六金まで】

【参考図は△3五銀まで】

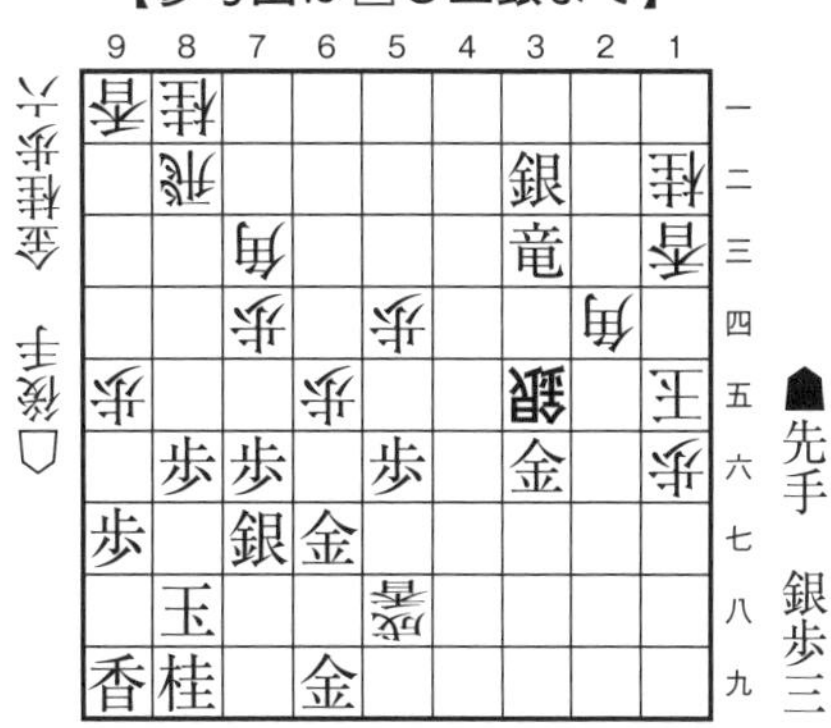

第15局

第59期王将戦2次予選（スポニチ・毎日）

【持ち時間】各3時間

平成21年9月17日　於・東京都渋谷区「将棋会館」

初の王将リーグ入り

対角交換四間飛車

勝▲五段　豊島将之
△九段　藤井　猛

A▲2六歩　△3四歩3　▲7六歩
△4二飛1　▲2五歩　△6二玉
▲6八玉　△8八角成1　▲同　銀
B△2二銀　▲4八銀3　△7二玉
▲7八玉4　△3三銀　▲3六歩
△5二金左6　▲7七銀6　△8二玉1
▲8八玉2　△2二飛3　▲7八金
△9二香2　▲3七銀10　△9一玉1
▲4六銀6　△4四銀5　C▲5六角5
△8二銀9　▲3四角　△5四歩15
▲5八金22　△7一金8　▲6八金右
△5三金18　▲3七桂3　△3三桂2
▲6六歩17　△5五銀13　▲同　銀
△同　歩　▲6七角　△5九角9
▲4六銀12　△3九銀11　▲1八飛35
△4八角成4　▲5八金　△4九馬
D▲3五歩1　△2七馬24　▲3四歩20
△2五桂　E▲4五桂　F△5二飛14
▲5三桂成5　△同　飛　▲3八金1
△1八馬4　G▲同　香　△1九飛

▲3五角2　△4四歩　▲同　角6
△5四飛3　▲7一角成10　△同　銀
▲4五角　△5三飛　H▲5四金
△5一飛2　▲6三金　△6二歩
▲7二金　△同　銀　▲同角成
△7一金　▲2七馬　△7二角5
▲同　馬　△同　金　I▲3三歩成

【第1図は▲5六角まで】

▲豊島　なし
△藤井猛　角

△1八飛成4　▲2七角　△同　竜
▲同　金　△4九角　▲6八金右
△5六歩3　▲同　歩　J△5九角4
▲4二と　△5六飛　▲5七歩2
△4六飛4　▲同　歩　K△8五桂
▲5一飛5　△7七桂成　▲同金右
△同角成　▲同　玉　△6九銀
▲4五角1　△7八銀成　▲同　玉
△6七金　▲同　角　△6九銀
▲7七玉　△6七角成　▲同　玉
△7八角　▲7七玉　△8九角成
L▲7四桂　△7八馬　▲8六玉
△8四香　M▲7五玉　△7四歩

【第2図は△8五桂まで】

▲豊島　飛飛銀歩三
△藤井猛　銀香歩

▲6五玉　△7一桂　▲6一角
まで、123手で豊島の勝ち
（消費時間＝▲2時間58分△2時間59分）

【解説】 **A▲2六歩**＝初の王将リーグ入りをかけた一戦だった。

B△2二銀＝藤井九段は四間飛車の「藤井システム」があまりにも有名だが、当時は角交換型振り飛車に新たな可能性を求めていた。高勝率を挙げたことで、アマプロ問わず、流行戦法となった。

C▲5六角（第1図）＝積極的な一着。

D▲3五歩＝馬を作られてしまったが、この桂頭攻めに期待していた。

E▲4五桂＝普通に▲2五同桂もあった。本譜は中央志向の跳ね違い。

F△5二飛＝代えて△5四金は▲3三歩成から▲4三とがある。

G▲1八同香＝直前の▲3八金が狙いの一手。懸案の飛車がさばけて先手よし。

H▲5四金＝筋が悪かった。▲6八金右や▲6五歩がまさった。

I▲3三歩成＝手を渡すのでは変調。

J△5九角＝△2七角成と金を取っておくのも有力だった。

K△8五桂（第2図）＝△6七香が有力だった。以下▲同金直に①△同角成は▲同金△5五桂▲6八金△同角成▲同銀△6七銀▲7九銀打△6八銀成▲同銀△6七銀**（参考1図）**で千日手。②△6九銀▲6八金引△7八銀成▲同金△6七金は先手が余していそうだが際どい。

L▲7四桂（第3図）＝詰めろ逃れの詰めろで先手勝ち。△同歩なら▲8一飛成△同玉▲5一飛から後手玉が詰む。以下△7一香に▲7三桂**（参考2図）**と打てるのが桂捨ての効果。△同金に▲8二金△同玉▲9一角からの詰み。

M▲7五玉＝7四の桂がいなければ△7四金で詰んでいるところだった。

【参考1図は△6七銀まで】

▲先手　飛飛角角銀香歩三

△後手　金金歩

【第3図は▲7四桂まで】

▲豊島　飛角金銀銀歩三

△藤井猛　金桂香歩

【参考2図は▲7三桂まで】

▲先手　角金銀銀歩三

△後手　飛金桂桂歩

第16局

順位戦の初昇級

対四間飛車

第68期順位戦C級2組（朝日・毎日）【持ち時間】各6時間

平成22年1月12日 於・大阪市福島区「関西将棋会館」

勝▲五段 豊島将之
△七段 室岡克彦

A▲2六歩2 △3四歩 ▲7六歩
△4四歩 ▲4八銀2 △4二飛
▲6八玉2 △3二銀3 ▲7八玉1
△4三銀1 ▲5六歩1 △7二銀1
▲5八金右1 △9四歩 ▲5七銀
B△9五歩3 ▲2五歩8 △3三角
C▲3六歩 △6二玉 D▲3五歩
E△同 歩32 ▲4六銀 △3六歩
▲2六飛1 △3二飛1 ▲3五銀1
F△2二角7 ▲3六飛39 △3四歩11
G▲3三歩2 △同 飛1 ▲4四銀
△同 銀 ▲同 角 △3五銀
▲同 飛1 △同 歩 H▲3四銀
△7一玉25 ▲3三銀不成125 △同 角2
▲同角成 △同 桂 ▲2一飛1
△5二金左32 I▲3四角 △4三歩18
▲2三角成 △3九飛51 J▲4一馬27
△6二金寄1 ▲5一銀 △8二玉18
▲6二銀不成1 △同 金 ▲5一馬
△7一銀8 ▲3三馬 △2九飛成3
K▲9六歩 △同 歩24 ▲9三歩1
△同 香1 L▲8五桂41 △9四銀43
▲9三桂成12 △同 桂 ▲9八香打2
△9五桂11 M▲9六香10 △8七桂成
▲同 玉1 △6九竜 N▲9四香
△7五桂 ▲同 歩 △5四角
▲7六桂 △同 角 ▲同 玉
△7九竜 O▲7七桂打
まで、83手で豊島の勝ち
（消費時間＝▲4時間42分△4時間57分）

【第1図は▲3五歩まで】

【第2図は▲3三歩まで】

【解説】A▲2六歩＝勝てばC級1組へ昇級となる1局。C級2組は3期目で、7勝3敗が2年続いていた。いずれの年も2戦目で黒星を喫していたのが響いた。勝負だと思っていた3年目は、2回戦で強敵の佐藤天彦さんに勝つことができ、そこからは好調が続いて7連勝で本局を迎えていた。

B△9五歩＝室岡七段はオールラウンダーだが、藤井システムの将棋を多く指されている。序盤戦術を体系化した先駆けの棋士だと聞いている。

C▲3六歩＝急戦を見せる

D▲3五歩（第1図）＝▲7七角から穴熊を目指すのも有力。

E△3五同歩＝珍しい一手。△3二飛▲4六歩△3五歩▲4五歩△5二金左▲4四歩△3四銀▲4八飛△4二飛という将棋がよく指されていた。

F△2二角＝△4五歩なら▲3三角成△同飛に▲5七角と打って銀にヒモをつけるのが定跡とされている。

G▲3三歩（第2図）＝▲4六銀とおとなしく引くようでは不満。鋭く踏み込んだ。

【第3図は▲4一馬まで】

▲豊島　銀歩二

△室岡　角銀

H▲3四銀＝飛車銀交換で先手が駒損になったが、この銀打ちが狙いの一着。以下△3二飛なら▲3三歩から押し込んでいくことができる。

I▲3四角＝5二の金を狙っているのはもちろんだが、続く△4三歩に▲2三角成と馬を作り、3三の桂をさばかせないようにしている。

J▲4一馬（第3図）＝単に▲3三馬と桂を取るより、後手陣を薄くしているので先手が得をしている。

K▲9六歩（第4図）＝▲4一馬と入ったときから描いていた寄せの構想。

【第4図は▲9六歩まで】

▲豊島　金桂歩二

△室岡　角銀桂

L▲8五桂＝8二の玉が動けば7一の銀を取ることができる。端からの逆襲を受けて後手は受けが難しくなっている。

M▲9六香＝△8七桂成の王手が見えているのだが、勝ちを読み切って強く踏み込んだ。

N▲9四香（第5図）＝△9二歩と受けても▲9一銀から詰み。後手は受けがない。先手玉は詰まず勝ちがハッキリした。

O▲7七桂打＝端の逆襲が決まり、うまく指せた一局。8連勝でC級1組への昇級を決めた。残りの2戦も勝つことができ、10連勝で昇級に花を添えることができた。

【第5図は▲9四香まで】

▲豊島　金銀桂歩二

△室岡　角金桂歩三

第17局

タイトル戦の初勝利

対中飛車

第60期王将戦七番勝負第2局（スポニチ・毎日）【持ち時間】各8時間

平成23年1月21、22日　於・静岡県掛川市「掛川城 二の丸茶室」

○●☗王将　久保利明
勝●○☖六段　豊島将之

A ☗5六歩
☖3四歩 3
☗5八飛 4
☖3三角 15
☗7六歩 2
☖4四歩 1
☗4八玉 13
B ☖2二飛 3
☗3八玉 9
☖4二銀 9
☗2八玉 11
☖2四歩 8
☗6八銀 4
☖2五歩 14
☗5七銀 4
☖6二玉 11
☗1八香 4
☖5二金左 20
☗3八金 6
☖7二銀 3
☗1九玉 11
☖7一玉 1
☗5九金 43
☖1四歩 3
☗2八銀 13
☖1五歩 4
☗4九金 6
☖2六歩 53
☗同　歩
☖同　飛
☗2七歩
☖2二飛 2
☗5五歩 12
C ☖1三桂 33
☗4六銀 6
☖2五桂 1
☗3六歩 32
☖8二玉 30
☗9六歩 17
☖2四飛 2
☗7七角 44
（封じ手）
☖1六歩 9
☗同　歩 1
☖1七歩
☗同　桂 38
☖1六香
☗2五桂 1
☖1八香成
☗同　玉
☖2五飛
☗3七銀引
☖4五歩 8
☗7五歩 7
☖2四飛 48
☗7四歩 27
☖同　歩 1
☗6六桂 18
☖6二桂 13
☗7五歩 32
☖3五歩 52
☗5四歩 21
☖同　歩 3
☗7四歩 3
D ☖6四歩 14
☗7六香 6
☖6三金 12
E ☗1七歩 6
☖5五歩 27
☗7三歩成 15
☖同　銀
☗同香成
☖同　玉
☗7八飛 3
☖8二玉
☗6八角 1
☖7一香
☗3五角 5
☖1四飛
F ☗7五歩 7
☖2一香 18

【第1図は☖1三桂まで】

【第2図は☗1七歩まで】

☗5三歩 16
☖同　銀 9
☗3二銀 1
☖3四歩 20
☗7九角 6
☖6五歩 6
☗7四桂 5
☖同　桂
☗4三銀成 3
☖1一角
☗5三成銀
☖同　金
☗7四歩
☖7五歩 1
☗7七桂 2
☖6四金 2
☗1三桂 3
☖1六歩 6
☗同　歩 1
☖2四香 2
☗2六歩 1
☖5六歩 2
☗6六歩 6
☖5七桂 1
☗3九金寄 1
☖1六飛
☗1七歩
G ☖1三飛
☗6五桂
H ☖4六歩 7
☗5四歩
I ☖4一桂
☗4六歩 1
☖7四金
☗9七角
☖6四歩 1
☗7六歩
☖6五歩
☗7五歩

△6四金　▲6五歩　△同　金
▲7四歩　△7五歩　▲6六歩
△6四金　▲7五飛　△同　金
▲同　角　△1六歩　▲同　歩
△1七歩　▲同　銀　△5五角
▲4二角成　△7九飛　▲6四銀
△6六角　▲6九歩　△同飛成
▲7五銀　△5五角　▲2四馬
△4九桂成J　▲同　金　△同　竜
▲3九金打K　△1九金　▲同　玉1
△2七桂　▲同　金　△3九竜
▲2九金　△3八銀　▲3九金
△2七銀成　▲1八香　△3七成銀

【第3図は△1三飛まで】

▲1三馬　△3八銀　▲3二飛
△6二歩　▲3八金　△同成銀
▲2九銀　△同成銀　▲同　玉
△4八金　▲3九銀　△3八銀
▲同　銀　L△3九金打

まで、172手で豊島の勝ち
(消費時間＝▲7時間59分△7時間58分)

【解説】 **A▲5六歩**＝第1局に敗れての第2局。

B△2二飛＝相振り飛車で対抗する。

C△1三桂（**第1図**）＝端を狙う。

D△6四歩＝この辺りで△1六歩と垂らしておくべきだった。

【第4図は▲4九同金まで】

E▲1七歩（**第2図**）＝好手。先手玉がしっかりした。

F▲7五歩＝互いに決め手なくほぼ互角。対局中は玉が薄く自信がなかった。

G△1三飛（**第3図**）＝後手優勢に。

H△4六歩＝緩手だった。

I△4一桂＝利かされてつらい格好。

J▲4九同金（**第4図**）＝▲2八金上か▲2九金なら難しかった。

K△1九金（**第5図**）＝決め手となった。

L△3九金打＝以下▲1九玉△3八金寄で先手玉は受けなし。タイトル戦初勝利を挙げることができた。

【第5図は△1九金まで】

第18局

捲土重来を胸に

石田流三間飛車

第60期王将戦七番勝負第6局（スポニチ・毎日）【持ち時間】各8時間

平成23年3月14、15日　於・神奈川県鶴巻温泉「陣屋」

○●○○●○防衛
勝▲王将　久保利明
△六段　豊島将之
●○●●○●

A▲7六歩
△3四歩1
B▲7五歩1
△6二銀8
▲6六歩2
△4二玉1
▲7八飛5
△6四歩2
▲4八玉2
△6三銀1
▲3八銀2
C△3二銀5
▲3九玉8
△3一玉1
▲6八銀5
△1四歩10
▲1六歩3
△5二金右2
▲6七銀2
△8四歩2
▲2八玉4
△2四歩12
▲5六銀13
△8五歩13
▲7六飛1
△3三角1
▲7七角7
△2二玉2
▲5八金左37
D△5四歩40
▲6五歩15
△8四飛25
E▲4六歩33
△6五歩57
▲同　銀1
△6四銀
F▲同　銀87
△同　飛
▲6七歩
G△5五歩58
（封じ手）
▲6六飛36
△6五歩33
▲9六飛15
△7八銀24
H▲9八銀16
I△9四歩31
▲4五歩10
△6六歩6
▲同　飛37
△同　飛
▲同　歩
△6九飛20
▲6八金14
△7九飛成
J▲6一飛
△5六歩47
▲同　歩
△7四歩
▲同　歩1
△4四歩
▲8一飛成21
△4五歩
▲6五歩4
△4六歩2
▲5八金寄24
K△6七銀成32
▲同　金2
△4七歩成
▲4四銀8
△同　角1
▲同　角
△3三銀打
▲7七角16
△4八歩5
▲3九金3
△3八と1
▲同　金
△4九歩成
▲8八角打10
△7八竜8
▲6八金1
△8八竜
▲同　角
△4二金寄
▲6六角16
△7九角5
L▲7八飛1
△6八角成3
▲同　飛
△4六金
▲5四桂1
△4三金1
▲4二歩2
△3一金
▲6四角
△3九銀3
▲同　金2
△同　と
▲3一竜1
△同　玉
▲4一歩成
△同　玉
M▲5一金1

まで、103手で久保王将の勝ち

（消費時間＝▲7時間50分△7時間43分）

【第1図は△5四歩まで】

【第2図は▲9八銀まで】

【解説】A▲7六歩＝数々の名勝負が行われてきた、神奈川県「陣屋」で行われた第6局。第5局には勝ったが、第3局、第4

局に競り負けて実力差を感じた。それでも最後まであきらめずに指そうと思っていた。
　自戦記編でも触れたが、3日前に東日本大震災が起こっていた。対局中に計画停電の可能性があると言うことで、前日の検分では本番に備えて電気を消し、ろうそくの灯りで対局ができるかを試していた。
B▲7五歩＝当時の久保王将は先手番で、この石田流と中飛車を二枚看板にしていた。
C△3二銀＝石田流の天敵は棒金だが、対策が進んで減少していた。代わって増えていたのが本譜の作戦である。
D△5四歩（第1図）＝後手は左美濃で対抗した。第1図は当時流行していた形で、久保王将やまだ若手棋士だった菅井七段、関西の奨励会三段らがかなり研究していた。
E▲4六歩＝独特の間合いで意表を突かれた。
F▲6四同銀＝▲5四銀は△7七角成▲同桂△7八角で先手さばけない。
G△5五歩＝ここは後手ペース。
H▲9八銀（第2図）＝見ない形だがしぶとい手。
I△9四歩（第3図）＝代えて△7四歩がまさった。以下▲7六飛なら△8九銀不成▲同銀△8四桂がある。
J▲6一飛＝いつの間にか9八の銀が桂香を守ってよい駒になっている。
K△6七銀成（第4図）＝粘りを欠いた。ここは△7七角成▲同桂△6六角か△5一歩で頑張るべきだった。
L▲7八飛＝受けの決め手。
M▲5一金（投了図）＝以下△同玉▲8四角△4一玉▲5二銀△同玉▲6二桂成からの即詰みとなる。初のタイトル戦は2勝4敗で敗退となった。それから7年後の王位戦で再び、2勝3敗というスコアで陣屋に来ることになるのだが、それは自戦記編の第6局を見てほしい。

【第3図は△9四歩まで】

△豊島 なし

▲久保 なし

【第4図は△6七銀成まで】

△豊島 歩

▲久保 桂歩三

【投了図は▲5一金まで】

△豊島 飛金歩

▲久保 銀歩三

第19局

第42期新人王戦本戦（赤旗）

【持ち時間】各3時間

平成23年9月2日　於・大阪市福島区「関西将棋会館」

勝▲六段　豊島将之
△四段　永瀬拓矢

超速の研究が生きる

対中飛車

A ▲2六歩 1
△3四歩
▲7六歩
B △5四歩
▲2五歩 1
△5二飛
▲4八銀
△5五歩
▲6八玉
△3三角
▲3六歩
△6二玉 1
▲3七銀
△7二玉
▲4六銀
C △3二銀 7
▲7八玉 2
△5六歩
▲3三角成 3
△同　銀
▲5六歩
△同　飛
D ▲6八銀 2
△5一飛 1
▲2四歩 2
△同　歩
▲3五歩
△同　歩 5
▲3四歩
E △2二銀
▲2四飛
△2三歩
▲2六飛
△3二金
F ▲6六角 1
△8二玉 15
▲3五銀
△1二香 25
▲4六銀 8
△7二銀 11
G ▲5五銀 3
△3三歩 5
▲5四歩 18
△3四歩
▲3七桂
H △5二歩 8
▲3八金 19
△3三銀 6
▲3六飛 21
△4四歩 9
▲9六歩 1
△9四歩 1
▲7七桂 16
△4一飛 9
I ▲7九金 3
△2四歩 28
▲2六飛 5
△1四歩 1
▲1六歩 2
△4三金 8
▲2二歩 20
△同　銀 2
▲2四飛
△2三歩
▲2六飛
△3五歩
▲7五角 7
△7四歩 5
▲6六角
△6四歩
▲5六飛 13
△6三銀 4
▲5七角
J △7二金 1
▲4六角
△6一飛 6
▲6六飛
△4二角
K ▲3五角 1
△3三銀
▲1七角 3
△2四歩 4
▲3六飛
△3四歩 2
▲2三歩 1
△6五歩 1
▲5六飛 3
△6四銀 9
▲同　銀 5
△同　角
▲5五銀
△同　角 2
▲同　飛
△6四銀
L ▲5九飛 2
△1五歩 1
▲2八角 1
△7三桂 1
▲4六角 8
△6三金 1
M ▲8九玉 3
△5四金左
N ▲4五桂 2
△同　歩
▲6四角
△同金上
▲同　角
△同　飛
▲5四飛
▲5四銀成
▲6三銀
△8一角
△5八飛
△同　角
▲6四金
▲6一飛
O ▲4八金
△5五飛成
△3五角

【第1図は▲6六角まで】

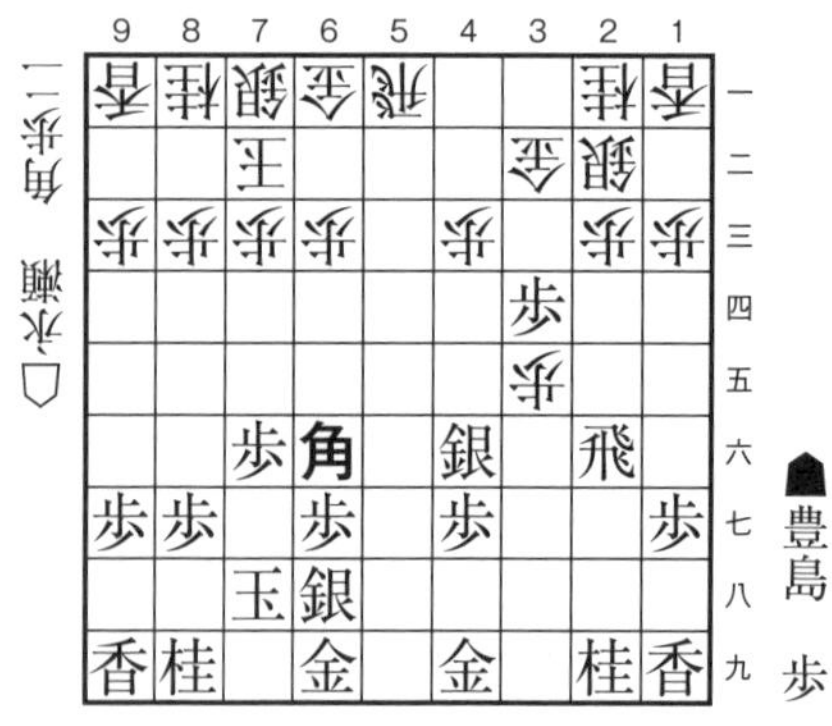

【第2図は▲5五銀まで】

☗5四金　☖同　竜　P☗6二角
☖8一金　☗7一金
まで、125手で豊島の勝ち
（消費時間＝☗2時間57分☖2時間59分）

【解説】A☗2六歩＝新人王の準決勝。永瀬さんとは初対局だった。

B☖5四歩＝いまは居飛車を主戦にされている永瀬さんだが、奨励会時代から新四段の頃は、オーソドックスな三間飛車から石田流を得意にされていた。居飛車穴熊を受けつぶして勝っていた。

C☖3二銀＝ゴキゲン中飛車対超速が最も研究されていた時代。ほかに☖8二玉、☖3二金、☖4二銀などが有力。

D☗6八銀＝いろいろ考えられるところ。本譜は穏やかな進行。

E☖2二銀＝☖3四同銀は☗2四飛☖2三角☗3五銀で先手よし。

F☗6六角（第1図）＝自陣角で後手の右辺を押さえにいく。

G☗5五銀（第2図）＝ポイントを稼ぎにいく。以下☖5四歩なら、歩を打たせたことに満足して☗4六銀と引けばよい。実戦は☖3三歩に☗5四歩と押さえた。

H☖5二歩＝後手がつらい感じ。

I☗7九金＝陣形を引き締める手筋。

J☖7二金＝後手が粘り強く指しており、先手は模様がよい状況から、なかなか優勢まで持っていくことができない。

K☗3五角＝角を使わせてポイントを稼いだ。

L☗5九飛（第3図）＝駒得になって、先手優勢。

M☗8九玉＝間合いを計る。

N☗4五桂（第4図）＝先手玉が遠いので強手が成立する。

O☗4八金＝気持ちのよい手。

P☗6二角（第5図）＝決め手。本局に勝って佐藤天彦さんとの決勝三番勝負へ。

【第3図は☗5九飛まで】

【第4図は☗4五桂まで】

【第5図は☗6二角まで】

第20局

師匠への恩返し

横歩取り

第59期王座戦2次予選（日経）【持ち時間】各5時間

平成23年2月14日 於・大阪市福島区「関西将棋会館」

勝▲六段 豊島将之
△九段 桐山清澄

A▲2六歩 △3四歩 ▲7六歩 △8四歩 ▲2五歩 △8五歩 ▲7八金 △3二金 ▲2四歩 △同 歩 ▲同 飛 △8六歩 ▲同 歩 △同 飛 ▲3四飛 △3三角1 ▲3六飛 △2二銀 ▲8七歩1 △8四飛3 ▲2六飛 △4一玉 ▲5八玉1 △6二銀 ▲3六歩 △5四歩 ▲4八銀 B△8六歩18 ▲同 歩20 △同 飛 C▲3五歩 △2五歩21 D▲3六飛12 △8八角成8 ▲同 銀 △2七角 ▲4六飛 △5五歩 ▲7七桂61 E△5六歩27 ▲同 歩40 △5一金8 F▲5九金15 △5四角成38 ▲8五歩4 △7六飛2 ▲9八角2 △7四飛 ▲5四角6 △同 飛 ▲2三歩2 △3三銀1 G▲2二角19 △同 銀21 ▲同歩成 △4二金寄 H▲1一と4 △2八角8 ▲1六飛10 △1九角成8 ▲2一と △5七歩14 ▲6九玉2 △1四香18 I▲5五歩18 △4四飛22 ▲9六飛2 △2九馬 ▲5四桂 △8七歩24 ▲同 銀4 △7五桂 ▲4二桂成7 △同 金 J▲5四香 △―――1

まで、75手で豊島の勝ち

【第1図は▲3五歩まで】

【第2図は▲5九金まで】

（消費時間＝▲3時間50分△4時間3分）

【解説】A▲2六歩＝師匠との公式戦初対局。奨励会入会直前から棋士になるまでの8年間で、約100局指してもらった。

桐山門下の棋士は私と、兄弟子に矢倉規広七段がいる。師匠は最近、スポーツジムに通って体力作りに励まれているという。さらに驚いたのが、コンピューターソフトを使って研究をされているという記事を見たことだ。それを師匠に言うと「まあ、いまはそれが当たり前だから」と言われて二度驚いた。

B△8六歩＝横歩取りは師匠が得意にし

ている戦型。☗3六歩で先手の飛車の横利きが止まったのを見て、軽快に仕掛けた。

C☗3五歩（第1図）＝飛車の横利きを通して、7六の歩を受けた。この戦型における先手の常用手段となっている。

D☗3六飛＝代えて☗2五同飛は☖7六飛として、以下☗3三角成☖同桂が飛車当たりになる仕組みだ。

E☖5六歩＝軽い突き捨て。☗同飛なら☖4五角成と飛車取りで角を成り返ることができる。本譜は☗5六同歩で玉頭に空間ができた。

F☗5九金（第2図）＝自陣を引き締めつつ、玉の懐を広げた一着。手順に堅陣に組むことができて先手ペースとなった。以下☖3八角成なら☗2三歩☖同銀☗2二歩**（参考図）**で攻めが決まる。

G☗2二角＝強引なようだが、5四の飛車が浮いているのでチャンスと見た。

H☗1一と（第3図）＝直前の☖4二金寄で☖2二同金は☗4三飛成が王手飛車取りだった。本譜は☗1一とが次に☗5五香を見たピッタリの補充となって先手よし。

I☗5五歩（第4図）＝軽手で飛車の逃げ場所を作る。

J☗5四香＝後手の歩切れを突いた決め手となった。☗3一金までの詰めろになっており、以下☖5三桂と打てば☗6五桂と跳ねて先手の勝ち筋となる。

師匠との公式戦はいまところ、この1局のみとなっている。印象に残っている出来事と言えば、タイトル獲得を報告できたことだろう。将棋界では師匠に勝つことが「恩返し」だとも言われてきたが、師匠ができなかったことをすることが、本当の恩返しだとも言われている。師匠はタイトルを獲得（通算4期）したが、果たせなかった複数冠を達成することができたという点では、恩返しが一つできたのかもしれない。

【参考図は☗2二歩まで】

【第3図は☗1一とまで】

【第4図は☗5五歩まで】

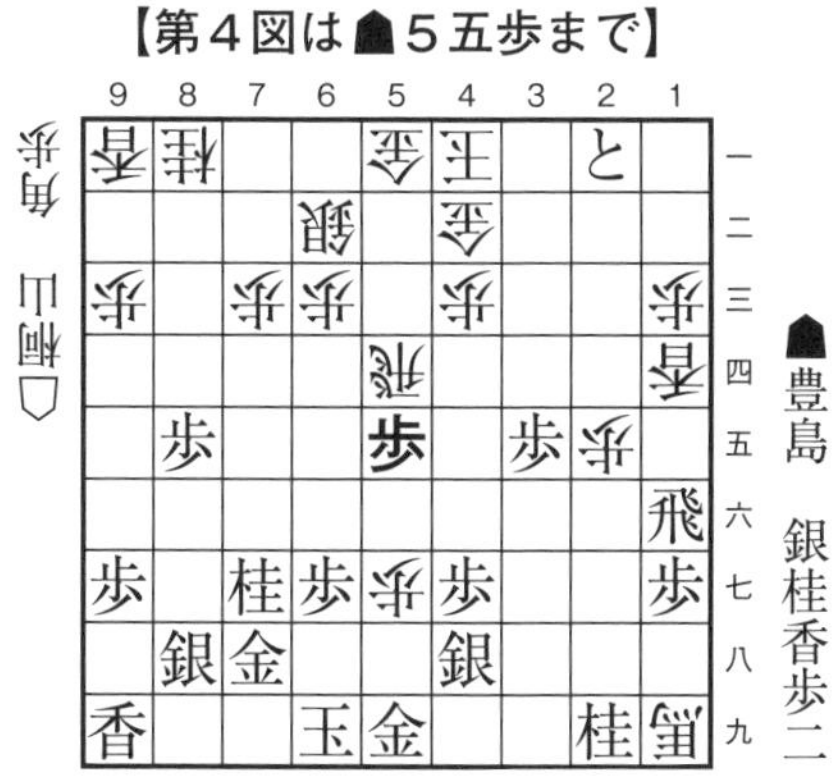

第21局

B級1組への昇級

横歩取り

第71期順位戦B級2組（毎日・朝日）

平成25年3月7日　於・大阪市福島区「関西将棋会館」

【持ち時間】各6時間

▲七段　杉本昌隆
勝△七段　豊島将之

A**▲7六歩**5　△3四歩　B**▲2六歩**10
△8四歩1　▲2五歩　△8五歩1
▲7八金　△3二金1　▲2四歩
△同　歩　▲同　飛　△8六歩
▲同　歩　△同　飛　▲3四飛
△3三角　▲3六飛　△8四飛1
▲2六飛　△2二銀　▲8七歩
△5二玉　▲5八玉1　C**△5一金**1
▲3六歩10　△6二銀8　▲3五歩
△2三銀11　▲3八金　△1四歩5
▲4八銀3　△1五歩1　▲7五歩
△3六歩5　D**▲7四歩**　E**△8六歩**58
▲同　歩4　△同　飛1　▲4六歩3
△7六飛65　▲3三角成145　△同　桂1
▲7七桂　F**△7四飛**29　▲8二歩66
△1四角7　▲4七銀3　G**△2四飛**14
▲同　飛3　△同　銀　▲2一飛13
H**△3七歩成**6　▲同　桂　△3六歩4
▲2四飛成6　△3七歩成2　▲同　金
△5五桂17　▲8三角30　△4七桂成24
▲同　金1　I**△2五飛**1　▲1四竜
△同　香　J**▲4八金**4　△2八飛成4
▲3七銀27　K**△3九竜**13　▲3四角1
△5九飛3　▲4七玉　△3六歩1
▲同　銀5　L**△5五銀**8　▲8一歩成5
△4六銀9　▲5六玉　M**△4一玉**1
▲2四桂2　△3一歩2　▲6六玉8
△3六竜5　▲7六玉　N**△3五銀**1
▲――4　まで、84手で豊島の勝ち

（消費時間＝▲5時間59分△5時間11分）

【第1図は△5一金まで】

【第2図は▲7四歩まで】

【解説】 A**▲7六歩**＝勝てばB級1組への昇級が決まる一戦。9回戦が終了して自力2番手に浮上した。緊張感はかなりあったが、しっかり準備したので、これで負ければ仕方がないという気持ちだった。

B**▲2六歩**＝杉本昌隆八段と言えば、藤井聡太七段の師匠として知る人も多いだろう。私とは同じ愛知県出身という共通点がある。振り飛車の大家であり、相振り飛車の研究家でもある。序盤巧者で中終盤の手厚い指し周りに秀でている。本局は珍しく居飛車を志向された。

C△5一金（第1図）＝現在は△7二銀が多いが、当時はこれが主流だった。

D▲7四歩（第2図）＝▲3六同飛は△1六歩▲同歩△1八歩▲同香△8八角成▲同銀△5四角の筋があるので、取りづらい。

E△8六歩＝①△7四同歩は▲2二歩△同金▲3三角成△同桂▲3四歩で後手苦しい。また②△同飛はある手で、以下▲3三角成△同桂▲5六角はいい勝負。

F△7四飛＝やや後手ペース。

G△2四飛＝先手は7筋の壁形が痛い。

【第3図は△2五飛まで】

H△3七歩成＝手筋の成り捨て。以下▲同金なら△2八飛が痛い。

I△2五飛（第3図）＝竜を消すのが急所。後手優勢だが、粘りを許さない一着だった。以下▲2五同竜なら△同桂が次に△3七桂成を見て厳しい。

J▲4八金＝粘り強い一手。

K△3九竜＝代えて△1九竜は、8三角の利きを生かして▲2九歩と打たれ、紛れてしまう。

L△5五銀＝▲4四桂を消した攻防手。

M△4一玉（第4図）＝勝利を確実にした早逃げ。代えて△3六竜は、▲4四桂△4二玉▲3二桂成△同玉▲4四桂△同歩▲6五角成△5四桂▲同馬△同歩▲2四桂△4二玉▲4三金△3一玉▲3二桂成（**参考図**）で頓死してしまう。途中の▲6五角成が作ったような一手で、後手は合駒が悪い。

【第4図は△4一玉まで】

N△3五銀＝これが王手桂取りになって後手玉が安泰になった。9勝1敗でB級1組への昇級が決まった。プレッシャーから解放されてホッとした。羽目を外すようなことはなかったが、次の対局まで日にちがあったので、当時の趣味だったモノポリーなどをして、つかの間の休息を楽しんだことを覚えている。

【参考図は▲3二桂成まで】

第22局

第63期王将戦挑戦者決定リーグ戦（スポニチ・毎日）【持ち時間】各4時間

平成25年11月21日　於・大阪市福島区「関西将棋会館」

四枚銀の珍形で勝つ

先手中飛車

▲九段　久保利明
勝△七段　豊島将之

A▲5六歩　△3四歩　▲5八飛
△3三角　▲7六歩　△4四歩
B▲7七角1　△3二銀14　▲9六歩6
△2四歩13　▲5五歩4　△4三銀19
▲4八銀1　△6二銀21　▲5七銀9
△7四歩　▲2六歩4　△7三銀2
C▲2八飛　△6四銀5　▲6六銀1
△3二金8　▲7八銀10　△4一玉6
▲6八玉　△5二金3　▲7九玉1
△7二飛4　▲6八角15　△4五歩13
▲2五歩26　△同　歩　▲5八金右
△3一玉47　▲1六歩9　△4二金右6
D▲1七桂4　△5五銀5　▲2五桂33
△4四角　▲2四歩1　E△6六銀14
▲同　歩1　△7五歩　▲同　歩33
△6六角1　▲7七角1　△同角成
▲同　銀　△2二歩　▲7四角17
△5五角8　▲6三角成14　△7五飛5
F▲7六銀打3　△7七角成9　▲同　桂
△7六飛　▲6七金　△7一飛1
▲8二角10　△6六歩2　▲6八金引2
△6一飛2　▲7二馬2　△4一飛1
▲5五角成1　△7六歩2　▲6六馬1
△7七歩成　▲同　金1　△5四銀4
G▲7八歩3　H△6四銀12　▲1五歩12
△6五銀左3　▲4四馬1　△5二金7
▲3四馬　△4三金右　▲3五馬2
△7六歩　▲6七金1　△7五桂
▲5八金　△6七桂成　▲同　金
△6六銀打　▲6八金2　I△6七銀打
J▲2三桂2　△同　歩　▲同歩成
△同　金　▲2四歩2　K△3四金左
▲2三歩成2　△3五金　▲6三馬
L△7一飛1　▲5二馬　△7七歩成

まで、102手で豊島の勝ち

（消費時間＝▲3時間59分△3時間59分）

【第1図は▲7七角まで】

【第2図は▲7六銀打まで】

【解説】A▲5六歩＝久保九段との王将リーグの一戦。

B▲7七角（第1図）＝駆け引きが始まる。後手が飛車を振れば先手は玉を左辺に囲おうとしている。

C☗2八飛＝☖2四歩を見ての動き。後手は以下☖2二飛なら☗2五歩を受けることができるが、7三の銀とのバランスが悪い。実戦は相居飛車になった。

D☗1七桂＝☗1六歩から☗1七桂は振り飛車感覚の手。☗3六歩から☗3七桂のルートが自然なのだが、飛車の小ビンが開くと☖5五銀が生じてしまう。

E☖6六銀＝2筋に傷を持ち、自信が持てないまま中盤戦に突入した。

F☗7六銀打（第2図）＝代えて☗7六歩なら☖6五飛が馬取りでピッタリ。以下

【第3図は☖6七銀打まで】

☗7四馬なら☖7七角成☗同桂☖8八銀☗同玉☖6九飛成で先手玉はたちまち寄り筋になる。実戦は飛車寄りを消した銀打ちだが、☖7七角成から☖7六飛が生じている。代えて☗6六歩でもわかっていなかった。

G☗7八歩＝駒得になって自信が出てきたが、☗7八歩は鍛えの入った一手だった。

H☖6四銀＝互いに辛抱。苦心の一着。

I☖6七銀打（第3図）＝銀がタテに4枚並ぶ珍しい形。

J☗2三桂＝寄せ合いにいったものだが、本譜の進行で先手が負けならば、☗8三馬で受けに利かせておくべきだったかもしれ

【第4図は☖3四金左まで】

ない。

K☖3四金左（第4図）＝ギリギリのしのぎ。以下☗同馬☖同金☗2三歩成☖4二玉☗3二金☖4三玉☗4一金は☖4四玉で後手玉が寄らず勝ち。馬切りが利かなかったのが先手の誤算だった。

L☖7一飛（第5図）＝絶好の活用となった。以下☗6四馬は詰めろにならず、☖7七歩成で後手の勝ち。以下①☗同歩は☖6八銀成からの詰み。②☗3二銀☖4二玉☗4三銀成☖同玉☗6五馬には☖5四桂がピッタリの合駒で、☗7七歩でも☗6六馬でも☖6八銀成から詰む。

【第5図は☖7一飛まで】

第**23**局

第62期王座戦五番勝負第3局（王座）

【持ち時間】各5時間

平成26年9月30日　於・宮城県仙台市「茶寮宗園」

王座戦で1勝を返す

横歩取り

○○●　☗王座　羽生善治
勝●●○　☖七段　豊島将之

A▲7六歩　☖3四歩　▲2六歩1
B☖8四歩　▲2五歩5　☖8五歩
▲7八金1　☖3二金　▲2四歩6
☖同　歩　▲同　飛　☖8六歩
▲同　歩　☖同　飛　▲3四飛4
☖3三角　▲3六飛1　☖8四飛
▲2六飛1　☖2二銀　▲8七歩1
☖5二玉　▲5八玉4　☖5一金7
▲3八金6　☖6二銀2　▲4八銀1
C☖9四歩12　▲3六歩4　D☖8六歩7
▲同　歩6　☖同　飛　E▲3五歩2
F☖8五飛　▲3七銀4　G☖8六歩3
▲3三角成42　☖同　桂　▲8八銀
☖3五飛49　H▲3四歩21　☖4五桂42
▲3六銀1　☖2五歩26　▲1六飛58
☖3四飛　▲5六角19　☖8七歩成30
▲同　銀　☖5五角12　▲4五角1
☖4四飛5　▲3七桂7　☖8六歩1
▲同　銀1　☖9九角成　▲7七桂2
☖1四香18　I▲1五桂　☖8九馬37
▲6八金1　☖7九馬　▲3五銀16
☖4五飛8　▲同　桂　☖4九角
▲同　玉26　☖6八馬　▲4八玉1
☖1五香12　J▲3六飛2　☖3四歩6
▲同　銀20　☖4四桂7　▲3五飛2
☖5六桂9　▲3七玉1　☖5九馬
▲4六玉3　☖2六馬1　▲6六角15
☖3五馬1　▲同　玉　☖2三銀
▲同銀成5　☖同　金　▲4六玉
K☖3五金3　▲同　玉　☖3四飛
▲4六玉　☖3八飛成　▲5六玉
☖5四銀　▲4六銀8　☖4五銀
▲同　銀　☖6四桂　▲6五玉
L☖3五竜

まで、100手で豊島の勝ち

（消費時間＝▲4時間59分☖4時間58分）

【第1図は☖8六歩まで】

☖豊島　歩

▲羽生　歩二

【第2図は▲3四歩まで】

☖豊島　角歩二

▲羽生　角歩二

【解説】 **A▲7六歩**＝2度目のタイトル戦となった羽生王座との五番勝負は、0勝2敗で第3局を迎えた。

B☖8四歩＝勝てる気がしなかったが、

いちばん得意の横歩取りで挑む。

C☖9四歩＝☖5一金の中原囲いから☖9四歩は時代を感じる手順。いまは☖7二銀型が主流となり、さらには先手が☗3六飛と引かずに☗3六歩からの青野流が増えている。

D☖8六歩（第1図）＝先手の飛車の横利きが止まった瞬間に合わせる。当時研究していた仕掛け。後手の形は違うが、内藤國雄九段が「空中戦法」として得意にされていた頃から、ここが仕掛けのタイミングとされてきている。

E☗3五歩＝飛車の横利きを通して7六の歩を守る。それと同時に、☖8八角成☗同銀☖4四角という攻めを消している。

F☖8五飛＝今度は3五の歩を狙いにいく。☗3六飛なら☖8八飛成☗同銀☖5五角打が一例の進行。

G☖8六歩＝☖3五飛は☗8二歩☖9三桂☗8一歩成で忙しくなる。本譜は以下、☗3三角成☖同桂に☗8八歩なら☖3五飛と取って今度は8筋に歩が立たない。

H☗3四歩（第2図）＝強い踏み込み。私はあまり考えていない手だった。

I☗1五桂（第3図）＝駒の損得はほぼない。それなら馬を作られて飛車が狭く、桂を打たされた格好の先手がつらい形かと思ったが、実はバランスが取れている。

J☗3六飛（第4図）＝☗1五同飛は☖5六桂☗3七玉☖5九馬で先手がしびれる。

K☖3五金＝ここは☖3五銀との比較でかなり迷った。

L☖3五竜（投了図）＝時間がない状況だったが何とか寄せきれた。以下☗4六銀には☖7四金☗5五玉☖5四歩☗同玉☖5三銀☗5五玉☖4四銀☗5四玉☖4五竜☗同銀☖5三銀打までの詰みとなる。

2連敗から何とか1勝を返すことができて、ホッとした。

【第3図は☗1五桂まで】

☖豊島　歩

	9	8	7	6	5	4	3	2	1
一	v香	v桂			v金				v香
二				v銀	v王		v金	v銀	
三			v歩	v歩	v歩	v歩			v歩
四	v歩					v飛			v香
五						角		v歩	桂
六		銀	歩				銀		飛
七	歩		桂	歩	歩	歩	桂		歩
八			金		玉		金		
九	v馬								香

☗羽生　歩四

【第4図は☗3六飛まで】

☖豊島　金桂歩

	9	8	7	6	5	4	3	2	1
一	v香	v桂			v金				v香
二				v銀	v王		v金	v銀	
三			v歩	v歩	v歩	v歩			v歩
四	v歩								
五						桂	銀	v歩	v香
六		銀	歩				飛		
七	歩		桂	歩	歩	歩			歩
八				v馬		玉	金		
九									香

☗羽生　飛角歩四

【投了図は☖3五竜まで】

☖豊島　金

	9	8	7	6	5	4	3	2	1
一	v香	v桂			v金				v香
二				v銀	v王				
三			v歩	v歩	v歩	v歩		v金	v歩
四	v歩			v桂					
五				玉		銀	v竜	v歩	v香
六		銀	歩	角					
七	歩		桂	歩	歩	歩			歩
八									
九									香

☗羽生　飛角金銀桂歩五

第24局

第64期王将戦2次予選（スポニチ・毎日）

【持ち時間】各3時間

平成26年10月2日　於・大阪市福島区「関西将棋会館」

▲九段　久保利明
勝△七段　豊島将之

王将リーグ復帰を懸けて

石田流

A▲7六歩　△3四歩　▲7五歩
△5四歩1　▲6六歩2　△4二玉
▲7八飛　△3二玉　▲4八玉1
△3三角　▲3八玉　B△2二玉
C▲7四歩9　△6二銀1　▲7三歩成6
△同　銀　▲7四歩　D△8四銀8
▲6五歩4　△5五歩3　▲6八銀10
△7二飛13　▲8六歩　△3二銀1
▲6七銀4　E△7五歩5　▲6四歩23
△同　歩3　▲5六歩　△同　歩1
▲同　銀18　△8八角成2　▲同　飛
△7六歩1　▲6八飛8　△7五銀16
▲6三角　△7七歩成3　▲同　桂
△7六歩　▲8五桂　△7七歩成
▲5八飛　F△7六角25　▲5四歩11
△6六銀30　▲5三歩成19　△6七と
▲同　銀13　△同銀不成　▲5五飛3
△4四銀2　▲7五飛2　△5三銀1
▲7三歩成　△5二飛　▲8一角成6
△4四銀1　▲5三歩6　△同　飛
▲7六飛　△同銀成1　▲5四歩
△5一飛　▲6三馬2　△5六歩2
▲6二と3　△8八飛2　▲4八銀9
△6二金5　▲同　馬　G△5七歩成
▲4六桂2　△4八と1　▲同　金
H△4五銀打　▲7九金11　I△4八飛成
▲同　玉　△4六銀　▲同　歩
△5四飛　▲6三馬　J△4七金3
▲同　玉　△5九飛成　▲6九飛5
K△5五桂1　▲3六玉　△6九竜
▲同　金　△3三桂　▲2六歩2
△2八飛1　まで、94手で豊島の勝ち

（消費時間＝▲2時間59分△2時間13分）

【第1図は△8四銀まで】

△豊島　歩

▲久保　なし

【第2図は△7六角まで】

△豊島　歩

▲久保　歩二

【解説】A▲7六歩＝王将リーグ入りをかけた一戦。王将戦は一次予選、二次予選を経て、挑戦者決定リーグ（王将リーグ）が行われる。予選通過枠は3つしかない狭き門だ。

B△2二玉＝穴熊や左美濃などの含みを残した駒組み。△5四歩型を決めているのが後手の趣向。

C▲7四歩＝序盤から積極的に仕掛けてくるのが久保九段の将棋。

D△8四銀（第1図）＝△6二銀もあるが、こちらも駒を前に出して応戦した。本譜のように△7二飛から△7五歩で、7四の歩を取り払おうという狙いがある。

E△7五歩＝中盤戦、後手は美濃囲いが完成すると△7五歩を決行。対する先手玉はまだ3八で囲いに収まっていない。陣形の差でやや後手有利。

F△7六角（第2図）＝代えて△6六銀がよかった。次は△6七とや△5七歩で飛

【第3図は△5七歩成まで】

車先を止める狙いがある。実戦も△6六銀と出ているのだが、その後、駒得ながら打った7六角が重い形になってしまった。
G△5七歩成（第3図）＝後手は駒損になったが、歩成りが4八の銀に当たっているのですぐに取り返せる。横からの攻め合いになると、先手の3八玉型は戦場から近い。ここでは後手優勢になっている。
H△4五銀打＝手厚くいく。同じ受けなら△3三銀打のほうが玉は堅いが、実戦は4六の桂を食いちぎり、△5四飛と眠っている飛車を世に出す狙いがある。
I△4八飛成（第4図）＝△8七飛成で

【第4図は△4八飛成まで】

は敵玉は遠くなってしまう。本譜はスピード重視で先手玉に迫っていく。
J△4七金（第5図）＝決め手。もったいないようにも見えるかもしれないが、△5八金▲3八玉△5七飛成は▲4七金や▲2八玉で粘られてしまう。実戦の△4七金▲同玉△5九飛成と進んだ局面は、後手の持ち駒は歩と桂1枚だが、7九の金取りや△5五桂があって切れることはない。
K△5五桂＝▲3八玉なら△5八竜で寄り筋となる。実戦は△3三桂が逃げ道を封鎖して幸便となり、王将リーグ復帰を決めることができた。

【第5図は△4七金まで】

第25局

第62期王座戦五番勝負第4局（日経）

平成26年10月7日　於・山梨県甲府市「常磐ホテル」

【持ち時間】各5時間

フルセットに持ち込む

対中飛車

●●○○
勝▲七段　豊島将之
○○●●
△王座　羽生善治

A▲7六歩　△8四歩　B▲5六歩
△3四歩6　▲5五歩1　△6二銀2
▲5八飛1　△4二玉2　▲4八玉
△3二玉2　▲3八玉1　△5二金右1
▲2八玉1　△6四歩5　▲7七角9
△6三銀7　▲6八銀1　△4二銀4
▲3八銀1　△3三銀9　▲5七銀4
C△7四銀8　▲7八金1　△6五銀5
▲7五歩1　△4四銀1　▲4六銀1
△7四歩　▲同　歩1　△7二飛2
▲5九角29　△7四銀　▲4八角
D△1四歩6　E▲8四角19　△6五歩31
F▲5六飛61　△8三銀14　▲7三歩1
△7一飛　G▲8六飛27　△8四銀58
▲同　飛1　△8三歩　▲同飛成27
△7三飛　▲同　竜　△同　桂
▲7四歩19　△5五銀17　▲7三歩成19
△4六銀10　▲同　歩　△9九角成
H▲7二飛5　△7一歩50　▲同飛成
△5七角　▲5八銀9　△4六角成

▲6二と7　△4二金寄1　I▲4七銀打1
△5五馬左1　▲5二歩1　△7三飛1
▲同　竜　△同　馬　▲5一歩成1
△6二馬1　▲4一と　J△同　金
K▲7七桂1　△7二香9　▲8一飛8
△7七香成8　▲4四歩1　△7一歩
▲8二飛成　△7二馬2　▲4三歩成8

△同　玉2　▲4四歩　△同　玉1
▲7二竜3　△同　歩　L▲2二角
△5四玉4　▲1一角成7　△4八歩2
M▲5七香4　△6三玉　▲7五桂8
△7四玉3　▲7七馬　△4九歩成
▲同銀左　△8九馬　▲7六香
△4六歩8　N▲6三桂成1　△同　玉
O▲8六馬　△7四桂12　▲5三香成1
△7三玉　▲7五馬　△6二桂1
▲同成香2　△同　玉　▲5四桂
△7一玉　▲7四馬　△4七歩成
P▲6二金1

まで、115手で豊島の勝ち

【第1図は△7四銀まで】

△羽生　なし

	9	8	7	6	5	4	3	2	1
一	香	桂				金		桂	香
二		飛			金		王	角	
三	歩		歩		歩	歩	銀	歩	歩
四		歩	銀	歩			歩		
五					歩				
六			歩						
七	歩	歩	角	歩	銀	歩	歩	歩	歩
八					飛		銀	玉	
九	香	桂		金		金		桂	香

▲豊島　なし

【第2図は▲8四角まで】

△羽生　歩

	9	8	7	6	5	4	3	2	1
一	香	桂				金		桂	香
二			飛		金		王	角	
三	歩				歩	歩		歩	
四		角	銀	歩		銀	歩		歩
五					歩				
六						銀			
七	歩	歩		歩		歩	歩	歩	歩
八			金		飛		銀	玉	
九	香	桂				金		桂	香

▲豊島　歩二

（消費時間＝▲4時間55分△4時間56分）

【解説】 **A▲7六歩**＝2連敗スタートから1勝を返しての王座戦五番勝負第4局。

B▲5六歩＝先手番で全く勝てていなかったので、目先を変えて中飛車を選択した。

C△7四銀（第1図）＝5筋位取り中飛車に対する急戦策の一つ。

D△1四歩＝7筋での小競り合いが一段落し、悩ましいタイミングの端歩。

E▲8四角（第2図）＝▲1六歩は後手の注文通りか。先手としては8四の歩が取れないと面白くない。以下△7五銀なら、▲7三歩があるので大丈夫。△7五歩には

【第3図は▲5七香まで】

▲9五角でやはり生還できる。

F▲5六飛＝積極的に指す。

G▲8六飛＝角銀交換の駒損覚悟で、無理やりさばきにいく。

H▲7二飛＝待望の飛車打ち。次の▲6三とが厳しい。

I▲4七銀打＝しっかり銀を投入して大事に指す。

J△4一同金＝後手は粘り強い指し回しで馬を引きつける。第二ラウンドに突入。形勢自体は先手が少し指せる。

K▲7七桂＝桂を逃げながら9九の馬筋を遮断した、味のよい一着。

【第4図は▲8六馬まで】

L▲2二角＝後手玉をつり上げて優位を拡大した。

M▲5七香（第3図）＝ここからうまく寄せの構図を描くことができた。

N▲6三桂成＝狙いの開き王手。

O▲8六馬（第4図）＝不思議な手順だが、2枚の香と馬がよく利いており、後手玉は寄り筋に入っている。

P▲6二金（投了図）＝以下△8一玉▲7二金△同玉▲7三馬から、後手玉は即詰みとなる。連敗スタートから2勝2敗のタイに追いつき、フルセットに持ち込むことができた。

【投了図は▲6二金まで】

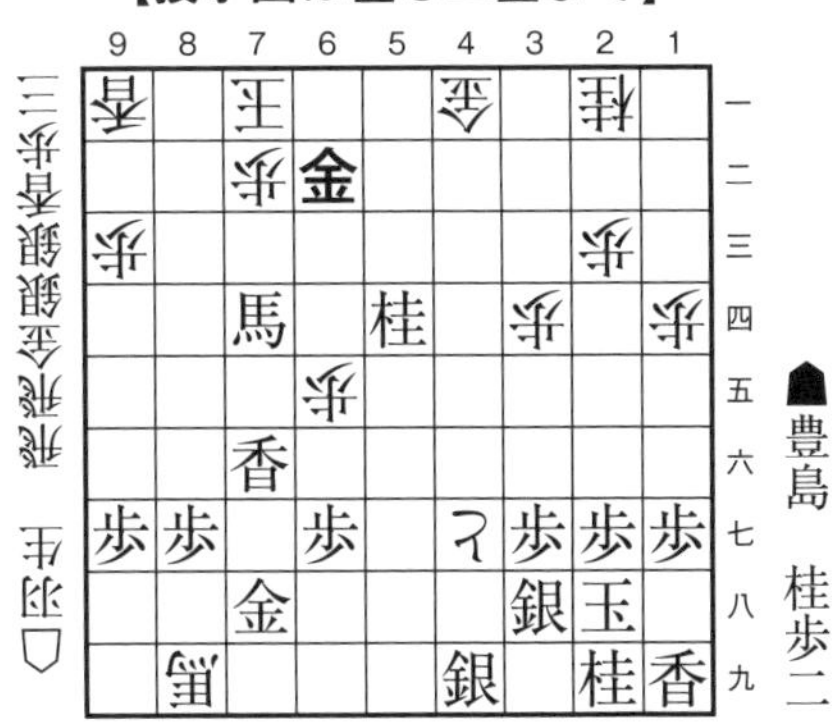

第26局

と金を頼りに粘り勝ち

相振り飛車

第73期順位戦B級1組（毎日・朝日）
【持ち時間】各6時間

平成26年10月9日　於・大阪市福島区「関西将棋会館」

▲九段　藤井　猛
勝△七段　豊島将之

A▲7六歩1　△3四歩1　▲6八飛2
B△3五歩2　▲2二角成27　△同　銀3
▲8八銀2　C△4二飛7　▲7七銀8
△5二金左3　▲4八玉11　△8二銀6
▲6六銀9　△3三銀14　D▲5五銀5
△6二玉21　▲3八玉27　△4四銀4
▲同　銀22　△同　歩1　▲6六歩1
△7二玉62　▲5八金左7　△6二金上12
▲2八玉25　△4五歩26　▲3八銀3
△7四歩1　▲6七金13　E△7三角41
▲7五歩30　△同　歩　▲7四銀51
△5五角1　▲5六金　△3三角
▲8六歩　△7六歩11　▲6五角7
△2二飛16　▲4五金3　△5四銀26
▲同　金39　△同　歩　▲5六角1
△7五金4　▲4六歩5　△7四金28
▲同　角　△7七歩成　▲同　桂
△7六歩1　▲6五桂2　△7七歩成
▲4八飛　△7六と9　F▲4五歩4
△7五と　▲4四歩8　△7四と2

【第1図は▲5五銀まで】

▲4三歩成1　△同　金6　▲同　飛成1
△5二銀　▲7三歩7　△同　桂7
▲5四竜　△6四と7　▲3四竜
G△6七角8　▲5六銀3　△4九角成1
▲7三桂成　△同　銀　▲4九銀
△5八歩3　▲8五桂4　△5九歩成
▲7三桂成　△同　金　▲3九金1

【第2図は△7五金まで】

△4九と3　▲同　金　△4三金1
▲3五竜1　△6二銀1　▲6五歩3
△5四と1　▲7四歩4　△同　金
▲7五歩　△3四歩9　▲4六竜2
H△7五金1　▲3一角2　△4五歩
▲7三歩2　△同　銀1　▲2六竜1
△9九角成7　▲7五角成2　△7四歩
▲3一馬　△2四香　▲1六竜2
△3五桂　▲3六銀1　△1四歩
▲3五銀　△1五歩　▲3六竜2
△3五歩　▲同　竜　△3四歩
▲3六竜　△3五桂　▲3八金打
I△8四歩　▲8五歩5　△2七桂成

▲同　金　△3五歩　▲4七竜
△2七香成　▲同　玉　J△4一金
▲2二馬　△同　馬　▲8四歩
△8二歩　▲7五歩1　△6二玉
▲8一飛　K△5三玉　▲9一飛成
△7五歩　▲9三竜　△7四銀
▲3八金　△3四金　▲2八玉1
△5五歩　▲2六桂　△5六歩
▲3四桂　△6六馬　▲4八金打
△5九銀　▲5八金　△2五角
▲4九竜　L△5七歩成　▲5九金
△4七銀　▲4八歩　△3八銀成
▲同　竜　△3四角　▲2六桂
△2五角　▲3四銀　△同　角
▲同　桂　M△2六桂　▲2七竜
△3八金　まで、166手で豊島の勝ち

（消費時間＝▲5時間59分△5時間58分）

【解説】A▲7六歩＝順位戦B級1組6回戦。2連勝のあと3連敗と嫌な流れだった。

B△3五歩＝振り飛車の巨匠に相振り飛車で挑む。

C△4二飛＝先手からの角交換で後手の1手得となった。

D▲5五銀（第1図）＝斬新な構想。

E△7三角＝こちらも構想で勝負。

F▲4五歩＝互いに我が道を行く戦いに。

G△6七角＝ほぼ互角の形勢。

H△7五金（第2図）＝悪手。次の▲3一角が痛かった。

I△8四歩（第3図）＝苦しいが▲8五桂を消して、5四のと金を頼りに粘る。

J△4一金＝ひたすら粘る。

K△5三玉（第4図）＝と金が生きる形。

L△5七歩成＝逆転の手応えを感じた。

M△2六桂（第5図）＝これが決め手となった。▲2七竜に△3八金を見て先手が投了。これで3勝3敗の五分に戻すことができた。この期の順位戦は最終的に、6勝6敗の指し分けで終えることとなった。

【第3図は△8四歩まで】

【第4図は△5三玉まで】

【第5図は△2六桂まで】

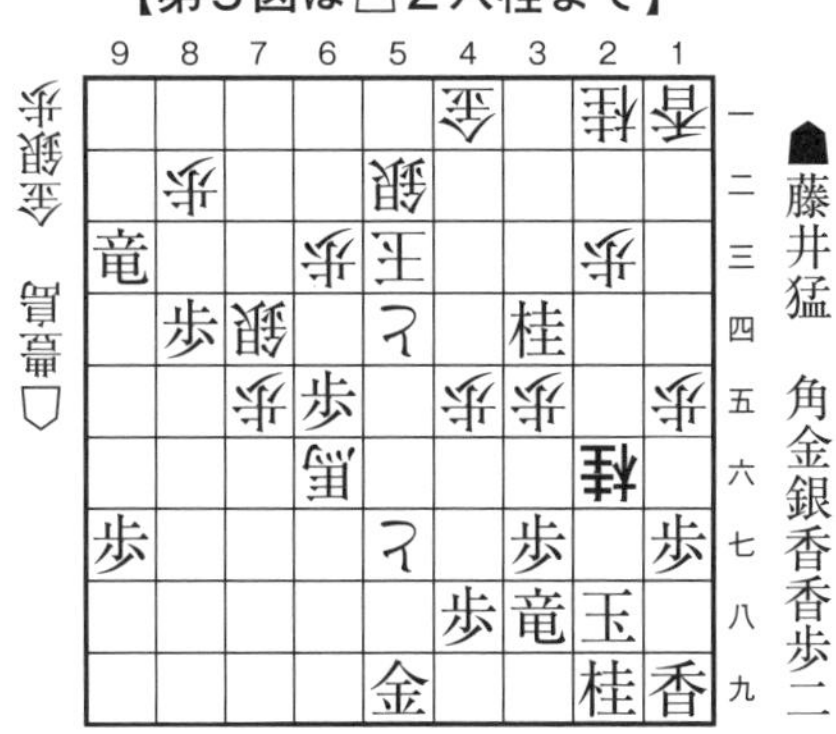

第27局

第62期王座戦五番勝負第5局（日経）

【持ち時間】各5時間

平成26年10月23日　於・神奈川県横浜市「横浜ロイヤルパークホテル」

勝▲王座　羽生善治　○○●●○防衛
△七段　豊島将之　●●○○●

羽生王座の底力に屈す

横歩取り

A▲7六歩　△3四歩　▲2六歩3
△8四歩　▲2五歩3　△8五歩
▲7八金1　△3二金　▲2四歩4
△同　歩1　▲同　飛　△8六歩
▲同　歩1　△同　飛　▲3四飛1
△3三角　▲3六飛5　B△8四飛1
▲2六飛　△2二銀　▲8七歩1
△5二玉　▲6八玉9　△7二銀7
▲4八銀2　△9四歩　▲1六歩7
△2三銀6　▲3六歩6　△2四飛13
▲2五歩4　△7四飛1　▲3七銀3
△6二玉15　▲2八飛9　C△7一玉31
▲7七角34　△3四銀34　▲8八銀30
△7六飛11　▲2四歩6　△2二歩1
▲7九玉7　△7四飛11　▲9六歩14
△8二玉22　▲5八金11　△8三歩7
▲1五歩25　△4四歩11　▲6八角7
△4五歩12　▲7七銀1　△5四歩7
▲6六歩10　△5五歩1　▲6七金右
△4三銀7　D▲8八玉16　△2四飛1

▲2六銀　△6四歩29　▲3七桂20
△3八歩5　▲2五桂15　△4二角1
▲3八飛　△5四飛18　▲3五歩
△5三角　▲3七銀1　E△2三歩14
▲3六銀3　△4四飛　▲1四歩8
△同　歩　▲5六歩　△2四歩2
▲1二歩　△同　香6　▲1三歩

△2五歩　▲1二歩成　△3三桂
▲5五歩3　△5七歩6　▲同　角3
△2六歩　▲2八歩8　△7一角3
F▲1三と6　△5八歩4　▲3四歩4
△同　銀2　▲1四と　△7五桂6
▲7六金3　△3五歩1　▲同　銀1
△同　銀1　▲同　角　△6七銀
▲7五金　△7八銀成　▲同　玉
△4六歩　G▲9五歩　△4五飛
▲9四歩1　△3五角　▲同　飛
△5六角　▲6七桂1　△9二歩
H▲4五飛2　△同　桂　▲9六香打
△7一玉　▲4四角　△6二金打

【第1図は▲8八玉まで】

△豊島　歩

	9	8	7	6	5	4	3	2	1
一	v香	v桂		v金				v桂	v香
二		v玉	v銀				v金	v歩	
三		v歩	v歩	v歩		v銀	v角		v歩
四	v歩		v飛					歩	
五					v歩	v歩			歩
六	歩			歩			歩		
七		歩	銀	金	歩	歩	銀		
八		玉	金	角				飛	
九	香	桂						桂	香

▲羽生　歩

【第2図は△2三歩まで】

△豊島　歩

	9	8	7	6	5	4	3	2	1
一	v香	v桂		v金				v桂	v香
二		v玉	v銀				v金		
三		v歩	v歩		v角	v銀		v歩	v歩
四	v歩			v歩	v飛				
五					v歩	v歩	歩	桂	歩
六	歩			歩					
七		歩	銀	金	歩	歩	銀		
八		玉	金	角			飛		
九	香	桂							香

▲羽生　歩二

▲9三銀　△同　歩　▲同歩成
△同　桂　▲同香成　△同　香
▲9一飛　△8一香　▲9三香成
△9八飛　▲8八桂　**I△9三飛成**
▲同飛成　△8二銀　▲同　竜
△同　玉　**J▲9一銀**　△同　玉1
▲9三歩　△8二玉　▲9二歩成
△同　玉　▲9四歩　△8二玉
▲9三歩成　△7一玉　▲9一飛
K△5一金　**L▲5四香**　△5七桂成
▲6二角成　△同　玉　▲5三銀
まで、153手で羽生王座の勝ち
（消費時間＝▲4時間59分△4時間59分）

【解説】A▲7六歩＝2勝2敗で迎えた最終局。2連敗後の2連勝で流れがよさそうに思ったが、いまにして思えば第4局の後、他棋戦で負けたのが痛かった。

B△8四飛＝最終局ということ改めて振り駒が行われた。後手番となり、第3局で勝った横歩取りに命運を託した。

C△7一玉＝ゆっくりとした展開の横歩取り。ひねり飛車、振り飛車のような感覚。

D▲8八玉（第1図）＝がっちり組み合い、ほぼ互角の形勢。

E△2三歩（第2図）＝2五の桂を取り切れる将棋ではないので、先手ペース。

F▲1三と＝じりじりと来られ、後手は相当苦しい。

G▲9五歩（第3図）＝タイミングのよい端攻め。

H▲4五飛＝先手が一分将棋に入った。何か勝負手を放てないかと思っていた。

I△9三飛成＝諦めずに粘る。

J▲9一銀＝代えて▲9三銀が最善だった。本譜は銀を持ち駒にできて差が詰まる。

K△5一金（第4図）＝△5二金上がまさる。それでも後手少し負けだが、一分将棋なので可能性があった。

L▲5四香（第5図）＝痛打の決め手。

【第3図は▲9五歩まで】

△豊島　金歩

▲羽生　銀銀桂香歩三

【第4図は△5一金まで】

△豊島　飛銀香歩二

▲羽生　銀香歩三

【第5図は▲5四香まで】

△豊島　飛銀香歩二

▲羽生　銀歩三

第28局

第28期竜王戦ランキング戦1組（読売）

【持ち時間】各5時間

平成27年1月22日　於・東京都渋谷区「将棋会館」

勝▲七段　豊島将之
△九段　森内俊之

難解な詰みを読み切る

角換わり

A▲7六歩2　△8四歩　▲7八金3
△3二金1　▲2六歩　△8五歩
▲7七角　△3四歩　▲8八銀
△7七角成　▲同　銀　△4二銀
▲3八銀　△7二銀　▲9六歩
△9四歩　▲4六歩　△6四歩
▲4七銀　B△6三銀　▲6八玉
△5四銀　▲5六銀　△4四歩
▲6六歩1　△5二金4　▲5八金
△4一玉　▲1六歩3　△1四歩
▲3六歩　△3一玉3　▲7九玉
C△3三銀　▲3七桂　△2二玉1
▲8八玉1　△4三金右　▲2五歩14
△4二金引2　▲4八飛1　D△1二香10
E▲2八飛17　△7四歩4　▲4五歩9
△同　歩1　▲3五歩　△4六歩3
F▲1五歩41　△同　歩1　▲4五銀1
△同　銀3　▲同　桂1　△4四銀
▲3四歩　△4五銀4　▲5五角
△3三歩3　▲2四歩　△同　歩2
▲同　飛　△2三歩73　▲3三歩成
△同　桂　▲6四飛79　△5四歩3
G▲1一銀3　△1三玉1　H▲5四飛
△同　銀3　▲8二角成　△4七歩成38
▲同　金19　△5五桂48　▲8一馬
△4五角3　I▲5四馬19　△7八角成8
▲同　玉　△5八飛　J▲6八桂28
△6七金3　▲8八玉　△4七桂成1
K▲2二銀打7　L△2四玉10　▲3三銀不成
△同　金右3　▲2五歩　△3五玉
▲1七角　△4六玉14　▲3六飛
△5七玉　M▲3九角　△――1

まで、95手で豊島の勝ち

【第1図は△1二香まで】

【第2図は▲1一銀まで】

（消費時間＝▲4時間9分△4時間11分）

【解説】A▲7六歩＝この期の竜王戦ランキング戦1組は17人。初戦で佐藤天彦七段に勝ち、ベスト8入りをかけて十八世名人の資格を保持する森内俊之九段と戦った。対戦成績は本局の時点で3勝2敗だった。

B△6三銀＝振り駒で先手番となり、角

換わり腰掛け銀を目指した。

C△3三銀＝代えて△7四歩なら▲3七桂△7三桂▲2五歩△3三銀の同形になる可能性が高い。早い△3三銀は△7四歩と突かず、スキを作らない構えを取ろうとしている。

D△1二香（第1図）＝代えて△7四歩は▲4五歩△同歩▲同桂△4四銀▲3七角が一つの定跡となっている仕掛け。ほかに△4三金直という待ち方もあり、それには▲4五歩△同歩▲同銀△同銀▲同桂△4四銀▲5三桂成△同銀▲4四歩が定跡で、一気に終盤戦に突入することとなる。本譜の香上がりは当時研究されていた手待ち。

E▲2八飛＝△7三歩—△4二金型が最も手堅い布陣。先手も間合いを計る。

F▲1五歩＝どんどん攻めていく。一見、軽いようだが案外うるさい。

G▲1一銀（第2図）＝△1二香型をとがめる王手。以下△1一同玉なら▲6一飛成で王手飛車取りが掛かる。

H▲5四飛＝派手な一着。ただし後手玉がどのくらい危険か判断は難しい。

I▲5四馬（第3図）＝強く踏み込んだ。△同角なら▲4四飛が詰めろ角取りで厳しい。実戦は△7八角成で最終盤を迎えた。

J▲6八桂＝後になって利いてくる合駒。

K▲2二銀打（第4図）＝あとの詰みを読み切った決め手。

L△2四玉＝△1四玉なら詰みはないが、▲3六馬で先手勝ち。

M▲3九角（投了図）＝角の二段活用。6八桂が生きての詰み筋に入っている。対して△4八銀なら▲5六飛までの詰み。△4八成桂なら、以下▲4九桂△4七玉▲3七飛△4六玉▲4七歩△同成桂▲3六飛までとなる。このあとは準決勝で敗れたが、3位決定戦を制して本戦出場を決めた。本戦では初戦で同じ関西の稲葉八段に敗れた。

【第3図は▲5四馬まで】

▲豊島　飛銀桂歩六

△森内　飛銀歩二

【第4図は▲2二銀打まで】

▲豊島　飛角歩六

△森内　金銀歩二

【投了図は▲3九角まで】

▲豊島　桂歩五

△森内　金銀銀歩三

第29局

第86期棋聖戦五番勝負第2局（産経）

【持ち時間】各4時間

平成27年6月16日 於・石川県辰口温泉「まつさき」

1勝を返してタイに

矢倉

○● ▲棋聖 羽生善治
勝△七段 豊島将之

A▲7六歩 △8四歩 ▲6八銀 2
△3四歩 ▲6六歩 1 △6二銀
▲5六歩 1 △5四歩 1 ▲4八銀 1
△4二銀 ▲5八金右 1 △3二金
▲7八金 3 △4一玉 1 ▲6九玉 1
△5二金 ▲7七銀 3 △3三銀 1
▲7九角 3 △3一角 1 ▲3六歩 5
△4四歩 1 B▲3五歩 3 △6四角 9
▲1八飛 △4三金右 ▲3四歩 13
△同 銀 1 ▲6八角 △3五歩 7
▲7九玉 3 △7四歩 1 ▲6七金右 3
C△5三銀 5 D▲6五歩 10 △7三角 1
▲6六銀 △4五歩 42 ▲7五歩 14
△同 歩 ▲同 銀 △5一角
▲7七角 △3三桂 16 ▲5七銀 3
△3一玉 1 ▲5五歩 6 △2二玉 32
E▲5六銀 7 △4二角 16 ▲7四銀 35
△5五歩 23 ▲同 角 5 △6四歩
▲5八飛 1 △5四銀 1 ▲2八角 23
F△4六歩 1 ▲同 角 1 △7三歩 2

▲6四歩 △7四歩 1 ▲6三歩成
△9二飛 ▲6四歩 2 G△4五銀左 44
▲3五角 9 △5六銀 ▲同 金
△4五桂 ▲5五歩 11 △6六歩
▲6八銀 1 △3四金 2 ▲5三と 11
△1五角 1 ▲4六角 7 △3六銀 3
▲3八飛 4 H△3七桂成 5 ▲同 桂 1

【第1図は△5三銀まで】

△4七銀不成 ▲3三歩 △同金引 6
▲2五桂 1 △3八銀不成 ▲5四歩
△4九飛 ▲8八玉 1 I△3四銀
▲3三桂成 9 △同 角 ▲9八玉
△7六桂 1 J▲4四歩 3 △6八桂成 2
▲同 金 △6七歩成 ▲同 金 5
△7八銀 ▲7九桂 K△6六歩 9
▲7七金 4 △7九銀成 ▲4三歩成 8
△同 銀 ▲2五桂 1 △8九成銀
▲3三桂成 1 △同 金 ▲7九歩
L△8五桂 ▲5一角 12 △4八飛成 1
▲7八歩 △4四銀 ▲3四歩
M△3二金 ▲4二と △同 飛

【第2図は△4五銀左まで】

▲同角成　△同　金　▲５三歩成
N△８八成銀
まで、124手で豊島の勝ち
（消費時間＝▲３時間59分△３時間58分）

【解説】A▲７六歩＝３度目のタイトル戦となった棋聖戦五番勝負。第１局を敗れて迎えた第２局。

B▲３五歩＝いまでは見なくなった本格的な相矢倉。▲３五歩は早い仕掛け。

C△５三銀（第１図）＝危険な一手だった。△８五歩が一例で無難だった。

D▲６五歩＝機敏な動き。

E▲５六銀＝先手に勢いがある。

F△４六歩＝後手の駒にも勢いが出る。

G△４五銀左（第２図）＝直前の▲６四歩で手を渡されて難しい局面。本譜は自陣を崩しながら勝負手気味の順。

H△３七桂成＝苦しい感触の順だが、後の△４七銀不成に期待。

I△３四銀＝桂が急所の駒。

J▲４四歩（第３図）＝次に△６七歩成▲同銀△６九飛成で必至なので、その防ぎ。

K△６六歩＝迷ったが、利かせるのがよいと判断した。

L△８五桂（第４図）＝詰めろではないが、駒が入れば先手玉は詰む。例えば▲４二銀なら△同飛▲同と△８八成銀▲同玉△７七桂成▲同玉△８五桂▲６六玉△６九飛成▲６八銀△７七銀▲６七玉△５五桂▲同角△６八竜▲７六玉△７五銀が一例の詰み筋。後手玉は耐久性があり勝ち筋に入った。

M△３二金＝冷静に対応する。

N△８八成銀（投了図）＝以下▲同玉に△７七桂成▲同玉△６五桂▲同金△７八竜▲同玉△５六角▲７七玉△６七角成▲８八玉△７六桂▲９八玉△８八金までの即詰みとなる。これで１勝１敗のタイとしたのだが、続く第３局に敗れて、あとがなくなってしまった。

【第３図は▲４四歩まで】

△豊島　歩二

▲羽生　金銀桂歩二

【第４図は△８五桂まで】

△豊島　桂桂歩二

▲羽生　角金銀歩二

【投了図は△８八成銀まで】

△豊島　角桂歩三

▲羽生　飛金銀歩

第30局

3度目の挑戦も敗退

相掛かり

第86期棋聖戦五番勝負第4局（産経）

平成27年7月15日 於・新潟県岩室温泉「高島屋」

【持ち時間】各4時間

○●○○（防衛）
勝▲棋聖 羽生善治
△七段 豊島将之
●○●●

A▲2六歩 △8四歩 ▲2五歩1
△8五歩 ▲7八金 △3二金1
B▲2四歩 △同 歩 ▲同 飛
△2三歩 ▲2八飛 △3四歩
▲3八銀1 △7二銀1 C▲2七銀1
△9四歩 ▲3六銀6 △8六歩
▲同 歩 △同 飛 ▲8七歩
△8四飛 ▲9六歩2 △7四歩
▲7六歩1 D△8八角成 ▲同 銀
△3三桂 ▲1六歩8 E△2二銀
▲1五歩3 △4二玉 ▲4六歩1
F△7三銀7 ▲7七銀3 △6四銀13
▲6六歩5 △7五歩25 ▲同 歩9
△同 銀 ▲7六歩 G△6四銀
▲4七銀 H△5五銀 ▲6五歩9
I△8二角8 ▲5八金15 △6二金50
▲5六歩29 △4六銀 ▲同 銀
△同 角 ▲5五銀 △2四角
▲2五歩7 △同 桂 ▲同 飛1
J△3一玉 ▲6四歩26 △同 歩
▲6九玉1 △7三桂11 ▲1六桂17
△3三角4 ▲7五角 △7四飛6
▲6四銀3 △8五桂2 ▲6三歩9
△6一金45 ▲6二歩成27 K△7七桂不成4
▲同 桂 △6八歩 ▲同 玉1
△6七歩27 ▲同金左4 △6六歩
L▲同 金 △6二金1 ▲5五銀12
△7五飛5 ▲同 歩4 △7六歩
▲同 金1 △4九角 ▲4五飛13
△3八角成 ▲6七金2 △4七銀7
▲6六金寄2 △5八銀打 M▲4四歩2
△6七銀成1 ▲同 玉5 △4四歩9
▲同 銀 △5六銀不成 N▲同 金
△――5
まで99手で羽生棋聖の勝ち

（消費時間＝▲3時間51分△3時間52分）

【第1図は△7三銀まで】

△豊島 角

▲羽生 角歩

【第2図は△5五銀まで】

△豊島 角歩二

▲羽生 角歩

【解説】A▲2六歩＝1勝2敗で迎えた棋聖戦五番勝負の第4局。

B▲2四歩＝最近は▲3八銀と上がって、2筋の歩交換を後回しにする指し方が流行。

C▲2七銀＝羽生棋聖は相掛かりを選択

した。このシリーズは第1局から第3局まで矢倉が続いていたが、羽生棋聖はタイトル戦で同じ戦型で通すというより、さまざまな作戦を採用されているイメージである。

D△8八角成＝後手は1手損になるのだが、△3三桂で銀の進出を阻止する。先手が3六の銀を立て直せば手損は消える。

E△2二銀＝△1四歩は▲1五歩△同歩▲1二歩△同香▲2一角がある。

F△7三銀（第1図）＝直前の▲4六歩は銀をバックする準備。後手も△6四歩として△6三銀から△7三桂という指し方もあった。本譜は早繰り銀に出た。

G△6四銀＝△8六歩は▲7五歩△8七歩成▲8五歩で失敗する。

H△5五銀（第2図）＝▲5六銀を許さない積極的な構想。

I△8二角＝4六の地点を狙ったわけだが、力みすぎている感じがする。

J△3一玉（第3図）＝後手は桂損だが、多くの歩を蓄えているのも大きい。玉の安定性でもまさっており、見た目よりは大変な形勢と言えるだろう。

K△7七桂不成（第4図）＝普通に△6二同金と取るべきだった。以下▲5三銀不成△7七桂不成▲同桂△7五飛▲同飛△5三金▲4五桂でいい勝負か、微差ながら後手持ちの可能性もあった。

L▲6六同金（第5図）＝恐れずに歩を払ったのが好手だった。以下△同角なら▲同角△6四飛▲6五歩△6二飛に▲2四歩が厳しい。先手は二枚換えのうえにと金を払われるだけに、見えにくい順だった。

M▲4四歩＝急所。後手玉は手がつき始めると早い。

N▲5六同金＝駒不足で先手玉に寄りはない。3度目のタイトル戦も敗退に終わった。シリーズを通して羽生棋聖の経験、大局観が光っていた。

【第3図は△3一玉まで】

【第4図は△7七桂不成まで】

【第5図は▲6六同金まで】

第31局

第41期棋王戦本戦（共同通信）

【持ち時間】各4時間

平成27年9月3日　於・東京都渋谷区「将棋会館」

勝▲七段　豊島将之
△王将　郷田真隆

居飛車党本格派との争い

角換わり

A▲7六歩　△8四歩1　▲7八金　△8五歩5　▲7七角　△3四歩　▲8八銀　△3二金　▲2六歩　△7七角成1　▲同　銀　△4二銀　▲3八銀　△7二銀　▲9六歩　△6四歩22　▲4六歩　△6三銀　▲4七銀　△1四歩　▲1六歩9　△4一玉18　▲6八玉1　△3一玉5　▲5八金10　△5四銀　▲5六銀　△4四歩　▲3六歩5　△7四歩　▲3七桂1　△5二金8　▲2五歩9　△3三銀　▲7九玉　△7三桂　▲6六歩　B△6五歩2　▲同　歩1　△3五歩1　▲同　歩2　△7五歩　C▲2四歩9　△同　歩20　▲3四歩2　△同　銀　▲2四飛　△2三金1　▲2九飛1　△2八歩1　▲3九飛1　△3六歩　▲7五歩　△6五桂17　▲同　銀13　△同　銀　D▲7三角28　△8一飛2　▲5五角成　△5四銀100

【第1図は▲2四歩まで】

▲豊島　角歩二
△郷田　角

▲4四馬2　△3三銀　▲6六馬　△3七歩成　▲同　飛　△2九歩成　▲3五歩40　△4三銀左　E▲2七飛1　△3二玉1　▲6七馬54　△2四歩　F▲2九飛　△5五桂6　▲5六馬3　△4四銀直3　▲7四歩2　△3五銀6　G▲7三歩成　△6五角4　▲6三と7

【第2図は▲2九飛まで】

▲豊島　桂歩六
△郷田　角桂

△5六角1　▲同　歩　△6三銀　▲5五歩　△3六歩　▲3八歩3　△5六角3　H▲4五角5　△同　角4　▲同　歩　△2二玉　▲4七桂6　△4六銀　▲3五桂打　△7六歩1　▲6六銀2　△3四金4　▲2三歩1　△1二玉　▲1五歩4　△3五銀　▲同　桂　△同　金　▲3二角　△3一飛2　▲6五角成8　△2三玉　▲6四歩　△同　銀　▲同　馬　△4六桂　I▲4八金　△4七歩　▲7四馬　△4八歩成　▲5二馬　△4二金　J▲4四銀1　△5二金

▲3五銀　△5八桂成　▲3四銀打3
△3二玉　K▲8八玉3　△7四桂
▲3三銀不成△同　桂　L▲2二金
△同　玉　▲2四銀　△3二玉
▲2二金　△4二玉　▲3一金
まで、135手で豊島の勝ち
（消費時間＝▲3時間57分△3時間59分）

【解説】A▲7六歩＝棋王戦挑戦者決定トーナメントの2回戦。初戦で佐藤紳哉七段に勝った。郷田王将はシードだった。

B△6五歩＝戦型は角換わり腰掛け銀に。後手は9筋の端歩を受けずに先攻した。当時、再評価されていた仕掛け。

C▲2四歩（第1図）＝手筋の突き捨て。対して△2四同銀なら▲7五歩△3六歩▲7四歩で勝負するつもり。

D▲7三角＝期待の一着。

E▲2七飛＝落ち着いて指す。2九のと金を払えば局面が収まる。

F▲2九飛（第2図）＝先手は銀損だが、代償として4枚の歩得、プラス馬を作っているので、バランスが取れている。

G▲7三歩成＝待望のと金ができて先手ペースになった。

H▲4五角（第3図）＝気持ちよい合わせ。以下△3八角成なら▲6九飛が厳しい。

I▲4八金＝後手は上部開拓に活路を求めている。本譜は△4七歩が見えているが、金をおとりに寄せに出る。

J▲4四銀（第4図）＝後手陣は3五の金が急所の駒。△同銀なら▲4二馬でよい。

K▲8八玉＝終盤はゼット（絶対に詰まない形）を作るのが勝負の呼吸。

L▲2二金（第5図）＝左辺に後手玉を逃がさない決め手。以下△同玉▲2四銀で後手は受けが難しい。仕上げは再度の▲2二金である。タイトルホルダーを下して3回戦に進出したが、次戦で敗れてベスト8での敗退となった。

【第3図は▲4五角まで】

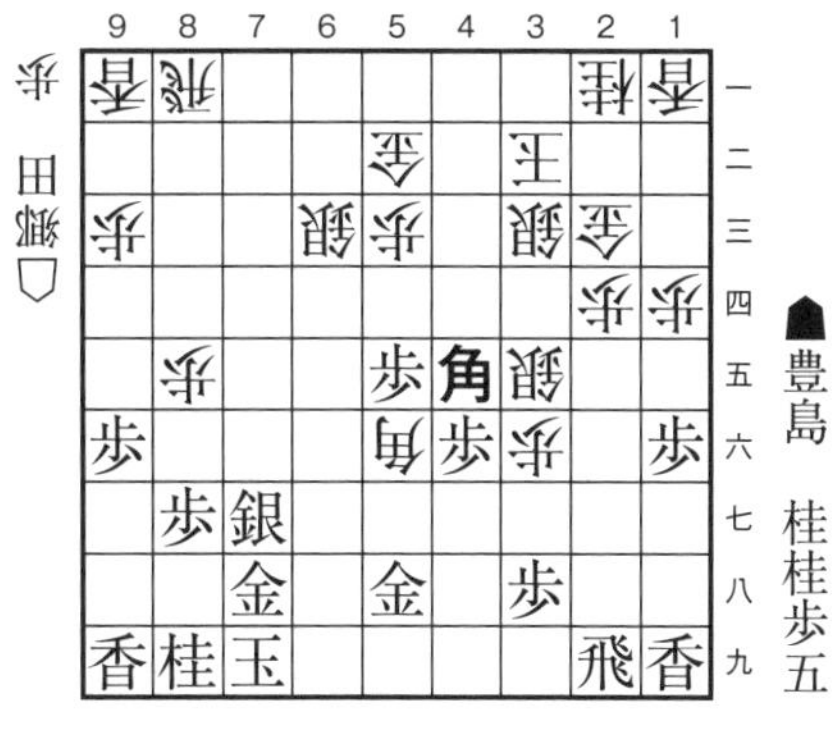

【第4図は▲4四銀まで】

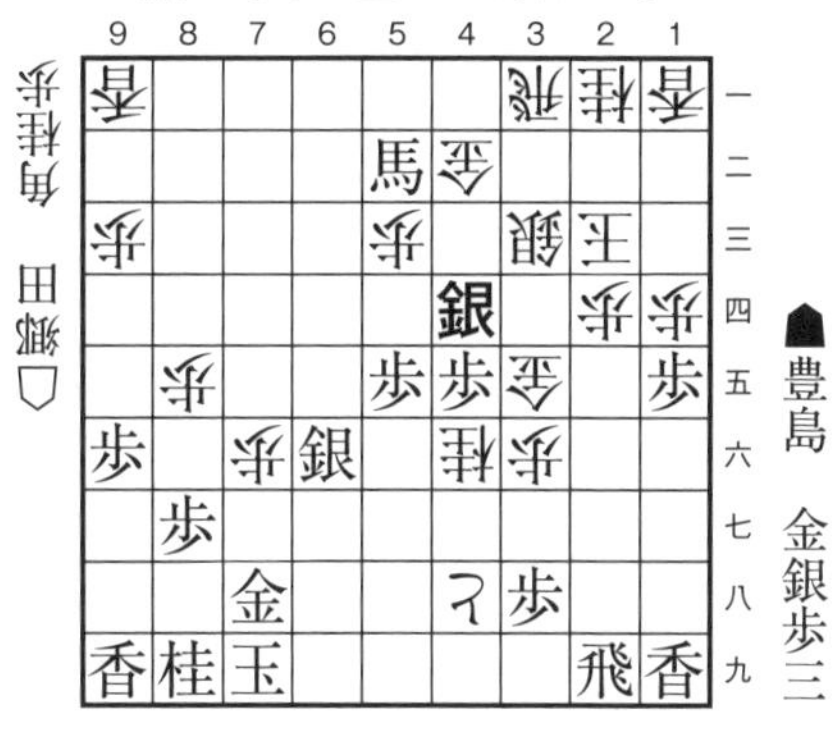

【第5図は▲2二金まで】

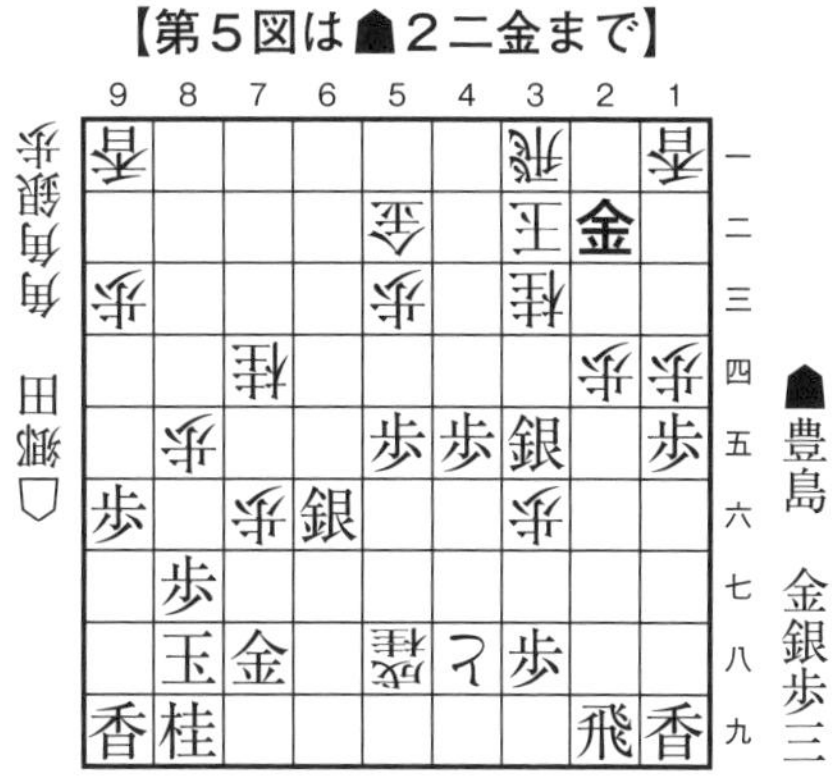

第32局

詰将棋のような収束

横歩取り

第57期王位戦挑戦者決定リーグ紅組（三社連合）【持ち時間】各4時間

平成28年3月15日　於・大阪市福島区「関西将棋会館」

▲八段　行方尚史
勝△七段　豊島将之

A▲7六歩2　△3四歩3　▲2六歩
△8四歩1　▲2五歩1　△8五歩
▲7八金　△3二金　▲2四歩
△同　歩　▲同　飛　△8六歩
▲同　歩　△同　飛　▲3四飛
△3三角　B▲3六飛1　△8四飛1
▲2六飛　△2二銀　▲8七歩
C△5二玉2　▲6八玉10　△7二銀18
▲1六歩3　△2三銀9　▲3八銀6
D△7四歩1　▲5六飛3　△6二金
▲3六歩1　△7三桂23　▲3七桂4
E△8五飛22　▲7五歩103　△8四飛39
▲7六飛14　△8三銀4　F▲5八玉13
△2七歩8　▲2九歩12　△7五歩15
▲同　飛　△7四銀　▲7六飛7
△8八角成32　▲同　銀　△6五銀
▲8六飛15　△8五歩　▲4六飛
△2四飛1　▲3九金26　G△6四角5
▲8二角7　△4六角5　▲同　歩
H△8一飛　▲7三角成　I△同　金
▲4五桂　△7四飛19　▲7七桂
△6四金　▲7五歩6　△同　飛
▲6八金　△5四銀2　▲6六角
△7一飛引2　▲7三歩　J△同　飛2
▲1一角成　△4五銀　▲6五桂打
△7四飛　▲4五歩　△3三桂
▲5六香4　K△1一飛6　▲5三桂成
△4一玉　▲4四歩　△同　歩
▲4三歩　△3一玉　▲6五銀
△同　金10　▲同　桂　L△1二飛2
▲4二金　△2一玉　▲3二金
△同　銀　▲4二歩成　M△4六桂1
▲4七玉　△3八桂成　▲同　金
△4六銀1　▲同　玉　△4五歩
▲4七玉　△4六歩　▲同　玉
△4四飛　▲5五玉　N△7七角
▲――1

まで、108手で豊島の勝ち
（消費時間＝▲3時間59分△3時間54分）

【第1図は△7四歩まで】

【第2図は▲5八玉まで】

【解説】A▲7六歩＝行方尚史八段との王

位リーグ2回戦。初戦で佐藤康光九段に敗れ、挑戦者決定戦進出を目指すには連敗は許されない。行方八段は粘り強い指し回しと、切れ味鋭い終盤戦が持ち味。

B▲3六飛＝最近は飛車を引かずに▲5八玉が増えている。

C△5二玉＝横歩取りといえば△4一玉からの中原流が長年の主流だったが、この頃になると中住まいが再評価されてきた。

D△7四歩（第1図）＝1手前の▲3八銀を見ての着手。先手陣は5七の地点が薄いので、△7三桂の活用を急いだ。

E△8五飛＝中段飛車で▲4五桂や▲3五歩を防いだ。ただ、いまの感覚では△6四歩か△8一飛だと思う。

F▲5八玉（第2図）＝先手は▲7五歩から動いてきたが、ここで▲5八玉と一手戻すのでは後手ペースだろう。

G△6四角＝味のよい角打ち。その前の▲2九歩や▲3九金は大きな利かしとなっており、後手有利の形勢。

H△8一飛（第3図）＝駒得になるし、8一飛はいい位置なので自陣飛車を打つ価値は十分ある。

I△7三同金＝ここで▲5五角なら△6四金▲1一角成に△3三桂がピッタリ。

J△7三同飛＝有利な後手は自然な手を続ければよい。

K△1一飛＝先手は攻め駒不足なので強く馬を取ればよい。

L△1二飛（第4図）＝収束に入る前に飛車を働かせておく。

M△4六桂＝決めに出る。

N△7七角（投了図）＝逃げ道封鎖の捨て駒。きれいに収束が決まった。以下▲同銀△4五飛▲6六玉△6五飛からの即詰みとなる。これで1勝1敗のタイにした。続く3回戦に勝って2勝1敗として、広瀬八段との同星対決に臨むこととなった。

【第3図は△8一飛まで】

【第4図は△1二飛まで】

【投了図は△7七角まで】

第33局

第29期竜王戦出場者決定戦1組（読売）

平成28年4月22日　於・大阪市福島区「関西将棋会館」

【持ち時間】各5時間

▲八段　糸谷哲郎
勝△七段　豊島将之

アクロバティックな応酬

横歩取り

A▲7六歩　△3四歩　▲2六歩
△8四歩　▲2五歩　△8五歩
▲7八金　△3二金　▲2四歩
△同　歩　▲同　飛　△8六歩
▲同　歩　△同　飛　▲3四飛
△3三角　▲3六飛　△8四飛
▲2六飛　△2二銀　▲8七歩
△5二玉　▲5八玉　△7二銀
▲3八金　△9四歩1　▲4八銀3
△9五歩1　▲1六歩　△1四歩12
▲3六歩12　B△**8六歩**18　▲同　歩2
△同　飛　▲3五歩　△8八飛成
▲同　銀　△5五角打　▲7七桂
△8七歩　▲同　金　△1九角成1
▲3七桂　△1八馬2　C▲**2七金**4
D△**2五歩**52　▲同　桂1　△4四角
▲8四歩23　△3五角17　▲3六飛5
△3四香　▲2八歩　△2六歩
▲3七金　△3六馬55　▲同　金1
△2七歩成　▲3五金12　△同　香

▲3四飛　△4二金　▲2七歩1
△3八飛35　E▲**2六角**16　△3七金8
▲5九角9　△4八金4　▲同角上2
△3九銀　▲4九金　△4八銀成
▲同　金　△3六飛成4　▲6五桂10
△4四角2　▲2四飛19　F△**8八角成**15
▲同　金　△2三銀打　▲同飛成7

【第1図は▲２七金まで】

△同　銀　▲3一銀3　G△**3二金**23
H▲**2二銀成**9　△同　金7　▲3一角
△4四銀　▲4二銀　△6二金
▲2二角成3　△4二玉　▲2三馬
I△**2五竜**20　▲3一銀　△5二玉
J▲**3二馬**　△6四歩2　K▲**8三歩成**1
L△**6三玉**5　▲4三馬2　△2六竜2
▲同　歩　△8六角3　▲7三桂成4
△同　銀6　▲同　と　△同　桂
M▲**7七銀**3　△3六桂2　▲8六銀2
△4八桂成　▲6九玉　△5八飛
▲6八金　△5九飛成　▲7八玉
△7九銀　▲4四馬　△6八竜1

【第2図は△２五竜まで】

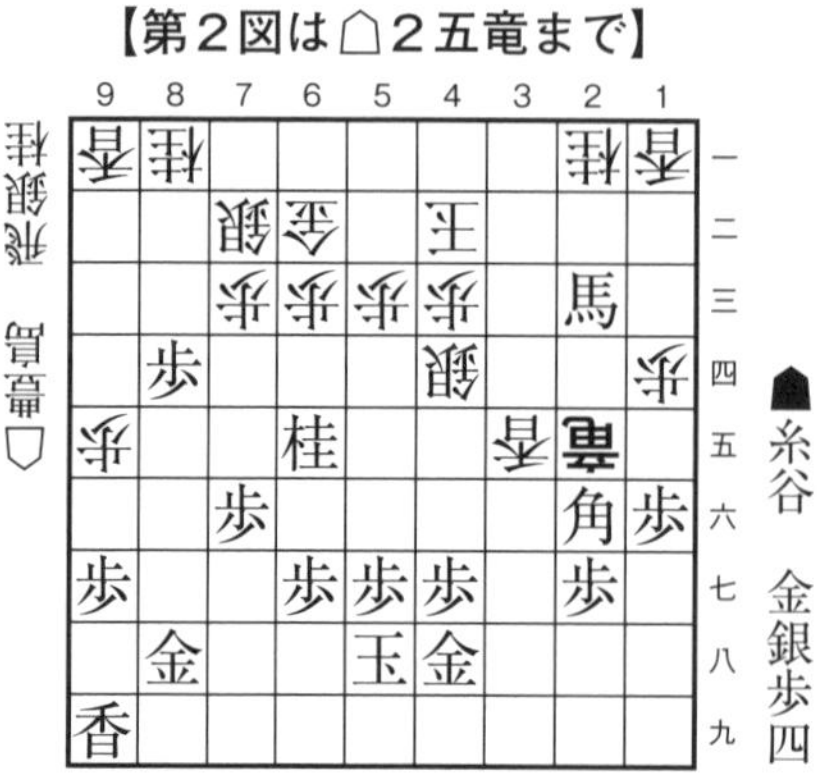

▲8七玉　N△8八銀成1　▲同　馬
△同　竜　▲同　玉　△8七歩
▲同　玉　△7五桂　▲同　歩
△5四角　▲7六桂8　△同　角
▲同　玉　△8四桂　▲7七玉
△6五桂　まで、136手で豊島の勝ち
（消費時間＝▲2時間42分△4時間59分）

【解説】A▲7六歩＝竜王戦ランキング戦1組、5位決定戦の2回戦。本戦出場にはあと2勝が必要となる。

B△8六歩＝後手番になり、横歩取りに誘導した。△8六歩は当時よく研究していた仕掛けのひとつ。

【第3図は▲3二馬まで】

C▲2七金（第1図）＝力強い構想。1筋の突き合いが△1五角を防いでいる。

D△2五歩＝▲4五桂、▲6五桂と2枚の桂を跳ねられると厳しいので、歩の犠打で2五に呼んだ。

E▲2六角＝アクロバティックな応酬。後手ペースだが決め手は難しい。

F△8八角成＝気づきにくい手。以下▲同金△2三銀打で飛車を捕獲できる。

G△3二金＝△4一金がまさった。

H▲2二銀成＝好手。

I△2五竜（第2図）＝当然のようだが、△7六竜がまさった。

【第4図は△6三玉まで】

J▲3二馬（第3図）＝妙手。▲4一馬は△6一玉▲8三歩成△同銀▲8二歩に△8五飛がある。本譜は△6四歩を突かせることで△8五飛を消している。

K▲8三歩成＝単に▲4一馬がまさる。

L△6三玉（第4図）＝勝負手。先手の手順前後をとがめる。

M▲7七銀＝▲7四金もあるが、少し足りなさそう。

N△8八銀成（第5図）＝ここで一分将棋に入ったが、この後の詰みを読み切ることができた。逆転勝ちで5位決定戦も制して本戦に出場したが、本戦は初戦で敗れた。

【第5図は△8八銀成まで】

第34局

王位リーグの紅組優勝

角換わり

第57期王位戦挑戦者決定リーグ紅組（三社連合）【持ち時間】各4時間

平成28年4月28日　於・大阪市福島区「関西将棋会館」

勝▲七段　豊島将之
△八段　広瀬章人

A▲7六歩　△8四歩2　▲7八金
△3二金2　B▲2六歩　△8五歩
▲7七角　△3四歩　▲8八銀
△7七角成　▲同　銀　△4二銀
▲3八銀　△7二銀1　▲4六歩
△6四歩　▲4七銀1　△6三銀1
▲6八玉　△4一玉1　▲1六歩
△1四歩　▲9六歩　△3一玉1
▲5八金2　△5四銀2　▲3六歩1
△7四歩1　C▲9五歩2　△7三桂5
▲5六銀　△4四歩6　▲4七金1
△6二金4　▲7九玉1　△8一飛3
▲2五歩9　△3三銀8　D▲3七桂
△7五歩2　▲同　歩3　△6五桂
▲6八銀　E△7六角2　▲6六歩41
△4九角成14　▲6五歩1　△同　銀1
▲6七銀引　△3九馬6　▲2六飛1
△3八馬　F▲5九桂2　△4九馬15
▲3五歩25　△7六銀21　▲4五歩
△6七銀成21　▲同　桂　△5八馬
G▲6九角6　△4九馬2　▲4六飛
△8六歩38　▲同　歩　H△8八歩1
▲同　玉90　△5八銀3　▲同　角
△同　馬　I▲8七銀1　△5二金3
▲7七銀1　△6九角13　▲4八金3
△3六馬　▲同　飛　△同　角成
J▲7四角　△6二金6　K▲5五桂
△2八飛　▲4七金11　△3五馬
▲3六歩　△2六馬　▲6三桂成
△7三歩1　▲9六角　△6一金
▲5三成桂8　△7四歩2　L▲1七銀2
△同　馬5　▲同　香　△7五歩
▲6三角成2　△8三飛　▲6四馬
△2二玉2　M▲6五角

まで、101手で豊島の勝ち

（消費時間＝▲3時間34分△3時間15分）

【第1図は△7六角まで】

△広瀬　なし

▲豊島　角歩

【第2図は▲6九角まで】

△広瀬　銀歩

▲豊島　銀歩

【解説】A▲7六歩＝王位リーグ4回戦。3回戦を終えた時点で佐藤康光九段が3連勝の単独トップ。私と広瀬八段が2勝1敗で追っている展開だった。敗れると挑戦権がはるか遠くになってしまう、重要な一番だった。

B▲2六歩＝この頃になると、多くの居飛車党が矢倉より角換わりを目指すようになっていった。

C▲9五歩＝後手が9筋の端歩を受けない形がこの当時、研究されていた。

D▲3七桂＝9筋の位取りに手数を掛けているので、後手から先攻される展開になりやすい。なので敵の目標となる桂は最後に跳ねるのがよい。

E△7六角（第1図）＝狭い空間に角を打った。後手は6五の桂が生きているうちに一仕事したい。

F▲5九桂＝変な形だが、6七にも利いており、意外と受けに役立っている。

G▲6九角（第2図）＝形にこだわらず、先手を取るのが大事。

H△8八歩＝代えて△5八銀なら▲同角△同馬▲4八金で先手指せる。

I▲8七銀（第3図）＝今度▲4八金は以下△6七馬▲同銀△5五角で先手不利。直前の△8八歩がよく利いている。実戦の▲8七銀が正着。その後の▲7七銀で先手玉は見違えるほど堅くなった。

J▲7四角（第4図）＝地味ながら厳しい。後手は金の処置が難しい。△4二金右なら堅いが、▲6三角成で飛車が危ない。

K▲5五桂＝味のよい活用。

L▲1七銀（第5図）＝手堅い決め手。馬を消してしまえば先手の桂得と成桂が残り、自陣は銀冠の堅陣で怖いところがない。

M▲6五角＝強烈な角打ちで後手は粘りようがない。飛車を逃げれば▲4三成桂と寄せていけばよい。直接対決を制し、続く最終戦にも勝つことができた。佐藤九段が4、5回戦を連敗して、リーグ戦優勝が転がり込んできた。しかし、挑戦者決定戦で木村一基九段に敗れて、挑戦はならず。

【第3図は▲8七銀まで】

【第4図は▲7四角まで】

【第5図は▲1七銀まで】

第35局

第37回将棋日本シリーズJTプロ公式戦（JT）【持ち時間】各10分考慮1分×5回 ※チェスクロック使用

平成28年7月24日 於・福岡県福岡市「福岡国際会議場」

白熱した公開対局

角換わり

勝▲七段 豊島将之
△八段 広瀬章人

A▲7六歩 △8四歩 ▲2六歩
△3二金 ▲7八金 △8五歩
▲7七角 △3四歩 ▲8八銀
△7七角成 ▲同 銀 △4二銀
▲3八銀 △7二銀 ▲4六歩
△6四歩 ▲4七銀 △6三銀
▲6八玉 △4一玉 ▲3六歩
△3一玉 ▲1六歩 △1四歩
▲5八金 △5四銀 ▲5六銀
△4四歩 ▲9六歩 △7四歩
▲9五歩 △7三桂 ▲4七金
B△**6二金** ▲7九玉 △8一飛
▲2五歩 △3三銀 ▲3七桂
C△**4一飛** ▲4八金 △8一飛
▲4五歩 △同 歩 ▲3五歩
D△**6五桂** ▲6八銀 △3五歩
▲2四歩 △同 歩 ▲6六歩
△4四角 ▲8八角 △3六歩
▲4五桂 △同 銀 ▲同 銀
△5五角 ▲2六飛 △4一飛

【第1図は△4一飛まで】

▲5六銀打 △3七歩成 E▲**5八金**
△3四桂 ▲同 銀 △同 銀
▲5五銀 △4九飛成 ▲5九金
△1九竜 ▲2九歩 △2五歩
▲4六飛 △4五歩 ▲6五歩
△4六歩 ▲2四桂 F△**4八と**
▲5四銀 △3三歩 ▲4四角

【第2図は▲5八金まで】

△5九と ▲5三銀成 △6九と
▲同 玉 △2九竜 ▲5九桂
△3八飛 ▲7九玉 △8六歩
▲2三歩 △同 銀 ▲3二桂成
△同 銀 ▲4二金 △2二玉
G▲**5六角** H△**8七歩成** ▲3二金
I△**同 玉** ▲2三銀 △3一玉
J▲**8七金** △5九竜 ▲同 銀
△6九金 ▲同 玉

まで、107手で豊島の勝ち

（消費時間＝▲10分・5回△10分・5回）

【解説】 A▲7六歩＝JT杯将棋日本シリーズの1回戦。初めて出場した前期は、緊張感がよい効果をもたらしたのか、ベスト4まで勝ち進むことができた。公開対局で多くのファンに見てもらえるということもあって、楽しみにしている対局でもある。広瀬八段とは先の王位リーグから、あまり期間を置かない状況での再戦となった。

B△6二金＝角換わりの定型と言えば△5二金型だったが、この2016年から△6二金―△8一飛型が再評価されていた。2019年現在では主流となっている。

C△4一飛（第1図）＝広瀬八段が前局、△7五歩▲同歩△6五桂という仕掛けを採用した。その改良手である。

【第3図は△8七歩成まで】

D△6五桂＝先手の仕掛けを待ってから△6五桂の仕掛けを決行した。

E▲5八金（第2図）＝逸機。▲6五歩△8八角成▲同玉△4八と▲3四歩なら、手順に玉を入城しながら攻める展開で先手がよかった。▲6五歩は取れる角を逃がすことになるので、気づきにくい手ではある。

F△4八と＝後手の手がわかりやすく、先手がつらい。

G▲5六角＝▲3二金△同玉を入れてから打つべきだった。

H△8七歩成（第3図）＝△2三銀▲2四歩△同銀▲6二成銀△2三銀も後手が余せそうなので有力だった。

【第4図は△3二同玉まで】

I△3二同玉（第4図）＝△1三玉と逃げるべきだった。

J▲8七金（第5図）＝▲3二歩△4一玉▲4二歩からの詰めろ逃れの詰めろとなった。後手玉は受けが難しいので詰ましにきたが際どく逃れており、先手の勝ちとなった。最終盤での逆転劇だった。会場の方々も固唾を呑んで観戦されたのではないだろうか。苦しい一戦を制すると決勝まで勝ち進み、佐藤天彦名人に勝って公式戦初優勝を果たすことができた。決勝の棋譜は自戦記編にあるので参照して欲しい。

【第5図は▲8七金まで】

第36局

読み切れた即詰み

角換わり

第67回NHK杯テレビ将棋トーナメント本戦(NHK)【持ち時間】各10分考慮1分×5回 ※チェスクロック使用

平成29年9月17日放映 於・東京都渋谷区「NHK放送センター」

勝▲八段 豊島将之
△八段 木村一基

A▲7六歩 △8四歩 ▲2六歩
△8五歩 ▲7七角 △3四歩
▲8八銀 △3二金 ▲7八金
△7七角成 ▲同 銀 B△2二銀
▲3八銀 △6二銀 ▲4六歩
△6四歩 ▲4七銀 △6三銀
▲6八玉 △7四歩 ▲3六歩
△4二玉 ▲9六歩 △9四歩
▲5八金 △3三銀 ▲5六銀
△5二金 ▲1六歩 △1四歩
▲3七桂 △5四銀 ▲6六歩
△3一玉 ▲7九玉 △4四歩
▲2五歩 △4二金右 ▲4七金
△4三金直 ▲4八金 △2二玉
▲2九飛 △3一玉 ▲8八玉
△2二玉 ▲6九飛 △6二飛
▲2九飛 △8二飛 ▲1八香
△1二香 ▲4五歩 △同 歩
C▲同 銀 △同 銀 ▲同 桂
△4四銀 ▲4六歩 △5四角

【第1図は▲4五同銀まで】

▲4一角 △7五歩 ▲同 歩
△7六歩 ▲6八銀 △4五銀
▲同 歩 D△8六桂 ▲同 歩
△同 歩 E▲8五歩 F△9三桂
G▲2四桂 △同 歩 H▲2三銀
△同 金 ▲2四歩 △3一玉
▲3二銀 △4二玉 ▲2三歩成

【第2図は△9三桂まで】

I△8七銀 ▲同 金 △同歩成
▲同 玉 △8五桂 J▲4三銀成
△同 角 K▲3二と △同 角
▲同角成 △同 玉 L▲4一銀
△4三玉 ▲4四金 △4二玉
▲2二飛成 △4一玉 ▲6三角

まで、99手で豊島の勝ち

（消費時間＝▲10分・9回△10分・9回）

【解説】A▲7六歩＝NHK杯本戦の2回戦。初戦で森下卓九段に勝って本局を迎えた。木村九段は受けを得意にする棋士。

B△2二銀＝2年前の将棋だが、現在は▲2五歩と早く決め、▲8八銀では▲6八銀が主流となっている。

C▲4五同銀（第1図）＝▲4五同桂として以下、△4二銀▲1五歩△同歩▲1四歩という展開と迷った。

D△8六桂＝矢倉崩しの常用手段とも言える桂打ち。

E▲8五歩＝先手陣はかなり怖い形だが、4一角の利きを頼りにギリギリ耐える。

F△9三桂（第2図）＝自然な継続手に見えたのだが、△3三金寄など何か自陣に手を入れたほうがよかった。

G▲2四桂＝お返しとばかりに今度は先手が桂を放り込む。

【第3図は▲2三銀まで】

▲豊島　銀

△木村　銀桂歩

H▲2三銀（第3図）＝これが第2弾となる、厳しい連続の放り込みだった。

I△8七銀＝△8五桂と跳ねてくれれば、以下▲8三歩△8七銀▲7九玉△4五角▲5六金で耐えている。

J▲4三銀成＝本譜は8七の地点で清算してから△8五桂と跳ねてきたが、先手の持ち駒に銀が加わったので、後手玉に詰み筋が生じている。

K▲3二と＝アッサリと、と金を入るのがよい。以下△5一玉なら、▲5二金△同角▲4二金△6二玉▲5二角成△7二玉▲6一角△8一玉▲7二銀△同飛▲同角成△同玉▲6二飛△7三玉▲6三馬△8四玉▲8二飛成△7五玉▲8五竜△6六玉▲5八桂（参考1図）までの詰みとなる。

【参考1図は▲5八桂まで】

▲先手　歩二

△後手　角金金銀三桂歩四

L▲4一銀＝以下△同玉なら▲2一飛成△3一銀▲7四角△5二角▲3三桂△5一玉▲3一竜△6二玉▲5二角成△同玉▲6一銀△6三玉▲7四金△5四玉▲6三角△5五玉▲5六金（参考2図）までの詰み。

秒読みの中しっかり詰ますことができ、3回戦に駒を進めることができた。このあとベスト4まで勝ち進むことができたが、同じ関西の稲葉八段に敗れて、決勝進出とはならなかった。

【参考2図は▲5六金まで】

▲先手　歩二

△後手　角金銀銀桂歩三

第37局

藤井聡太七段との初対局

角換わり

第43期棋王戦本戦 千日手指し直し局（共同）【持ち時間】各4時間

平成29年8月24日 於・大阪市福島区「関西将棋会館」

勝▲八段 豊島将之
△四段 藤井聡太

A▲7六歩14 △8四歩66 ▲2六歩
△8五歩 ▲7七角 △3四歩
▲8八銀 △3二金 ▲7八金
△7七角成 ▲同 銀 B△2二銀
▲3八銀 △6二銀 ▲4六歩
△4二玉 ▲4七銀 △6四歩2
▲6八玉 △6三銀 ▲3六歩
△7四歩 ▲3七桂 △3三銀
▲4八金 △7三桂 ▲2九飛
△6二金 ▲6六歩 △8一飛
▲5六銀 △1四歩 ▲1六歩
△5四銀 ▲7九玉 △4四歩3
▲9六歩6 △9四歩2 C▲4五歩6
△同 歩 ▲同 銀 △同 銀
▲同 桂 △4四銀 D▲6三銀11
△6一金 ▲4六歩1 E△8六歩39
▲同 歩16 △4七銀6 ▲3七金38
△8七歩7 ▲同 金26 △5八銀不成30
F▲2五歩49 △4八角41 ▲2六角
△3五歩1 ▲6八銀6 △6五歩12
▲2八飛5 G△3九角成11 ▲5八飛1
△6六歩 H▲7八銀13 △8五歩8
▲同 歩2 △9五歩1 ▲同 歩2
△8五桂3 ▲8六歩 △4八歩
I▲5六歩5 △4九歩成 ▲4七金
△2九馬1 ▲5七金1 △1九馬
▲8五歩 △6二香 ▲6四歩14
△8五飛 ▲8六歩 △6五飛
▲6二銀不成1 △同 金 J▲7七桂
まで、87手で豊島の勝ち
（消費時間＝▲3時間37分△3時間53分）

【解説】A▲7六歩＝藤井聡太七段との初公式戦。実は千日手となって指し直しの一局である。史上最年少で中学生棋士になった藤井七段、本局はデビューから歴代最多となる29連勝を達成し、その後の対局だった。多くの報道陣が対局室に詰めかけた景色は別世界、タイトル戦さながらだった。

B△2二銀＝角換わりは藤井七段の得意戦法。

【第1図は▲4五歩まで】

藤井△ 角

▲豊島 角

【第2図は▲6三銀まで】

藤井△ 角銀歩

▲豊島 角歩

C▲4五歩（第1図）＝早めに仕掛ける。いままでは出だしの段階で▲2五歩を決める将棋が多いので、現在だとありそうでない局面といったところだろうか。

D▲6三銀（第2図）＝流行の一段飛車プラス△6二金型だが、この筋が一つの弱点となる。先手は桂取りが残って忙しいところだが、この銀打ちに期待していた。△6三同金なら▲7二角の両取りが決まる。実戦は△6一金とさせてから▲4六歩と打って桂にヒモをつけた。

E△8六歩＝後手の反撃。先手としては嫌な筋である。

【第3図は▲2五歩まで】

△藤井　角

▲豊島　角歩二

F▲2五歩（第3図）＝後手は嫌みをつける実戦的な指し回し。この辺り、後手に悩ましい手を指されて▲8六同歩、▲3七金、▲8七同金、そしてこの▲2五歩と、4手連続の長考となった。

G△3九角成（第4図）＝5八の銀がタダになるので意表の一着だが、代えて△5九銀不成といくのは▲3八金△6八銀成▲同玉△2六角成▲同飛△6六歩▲2四歩でハッキリ先手が攻め合い勝ちする。この局面を境に、先手が抜け出すことができた。

H▲7八銀＝先手は5八飛の愚形が唯一の懸案。すぐに厳しい攻めがあるわけではないが、駒得なので手堅く指す。

【第4図は△3九角成まで】

△藤井　なし

▲豊島　歩二

I▲5六歩＝△4九馬のときに▲5七飛と浮く手を用意した。続く△4九歩成には▲4七金の活用が幸便でハッキリした。

J▲7七桂（投了図）＝以下△6四飛に▲6五香があって後手は指しようがない。中盤の一手一手が難しい将棋だった。少ない消費時間で先手番を得たのは大きなポイントだった。藤井七段は本局の時点ではまだ四段だった。2019年現在、瞬く間に昇段を重ねて七段まで上り、すでに全棋士参加棋戦でも優勝、連覇を果たしている。タイトル戦への登場も近いかもしれない。

【投了図は▲7七桂まで】

△藤井　銀歩

▲豊島　桂香歩

第38局

第76期順位戦A級（朝日・毎日）【持ち時間】各6時間

平成29年8月30日　於・大阪市福島区「関西将棋会館」

▲九段　佐藤康光
勝△八段　豊島将之

急戦でA級順位戦3連勝

矢倉対左美濃急戦

A▲7六歩　△3四歩　B▲6六歩1
△8四歩　C▲6八銀3　△6二銀
▲5六歩3　△8五歩　▲7七銀2
△6四歩　▲7八金5　△3二銀
▲5八金1　△4二玉　▲6七金右
△3一玉　▲2六歩2　△6三銀1
▲2五歩　D△7四歩　▲7九角12
△7三桂　▲2四歩　△同　歩
▲同　角　△2三歩1　E▲4六角6
F△6二金　▲4八銀1　△8一飛6
▲3六歩119　△6五歩5　▲同　歩12
△5四銀1　▲6四歩3　△7五歩6
▲3七桂1　△8六歩35　▲同　歩
△7六歩　▲6六銀　G△6五歩45
▲5五銀　△同　銀　▲同　歩
△6六銀　H▲5六銀103　△7七歩成60
▲同金寄2　△同銀成　▲同　金
△6六金　I▲5七銀28　△同　金36
▲同　角　△6六銀　▲同　角5
△同　歩　▲6三歩成　△同　金5
▲2四歩　△同　歩29　▲2三歩2
△同　銀　▲7二銀1　J△6七歩成1
▲8一銀不成25　△7七と　▲同　桂
△3九角8　▲3八飛5　△6六角成
K▲7一飛　△6一歩3　▲同飛成4
L△6二金打3　▲7一竜　△5六馬12
▲6四歩　M△6一歩5　▲6三歩成1
N△5五角　▲5二銀6　△7七角成6
▲6八金　△4六桂　▲同　歩1
△3八馬　▲7七金　△5二金上
▲同　と1　O△4九飛1　▲6八玉
P△7九銀　まで、94手で豊島の勝ち

（消費時間＝▲5時間55分△4時間29分）

【解説】A▲7六歩＝初参加のA級順位戦3回戦。開幕からの2戦を連勝することができ、1局空き番を経ての3回戦。佐藤康光九段は竜王、名人経験者で、永世棋聖の資格を保持している。独創的な構想を持ち味としている。

B▲6六歩＝横歩取りを拒否した一着。

【第1図は▲4六角まで】

△豊島　なし

▲佐藤康　歩

【第2図は▲5六銀まで】

△豊島　なし

▲佐藤康　歩三

C☗6八銀＝矢倉戦法を志向したものだが、最近は珍しくなった駒組み。
D☖7四歩＝☗6六歩型に猛威をふるっている左美濃急戦。これで矢倉戦法が激減したと言っても過言ではない。
E☗4六角（第1図）＝角のにらみで後手の攻めを牽制する。
F☖6二金＝形は☖5二金右だが、角のにらみがあるので7三の桂にヒモをつけた。
G☖6五歩＝後手ペース。
H☗5六銀（第2図）＝☗5六金とかわすのが受けの形だが、これには☖6七銀不成の押し売りがある。以下☗同金に☖8六飛が厳しく後手有利。
I☗5七銀（第3図）＝先手は飛車の横利きを通して受けに利かせる。ただ、対局中は代えて☗6六同金☖8六飛☗6三歩成☖同金☗6七金☖8九飛成☗6九歩と勝負されるのが嫌だった
J☖6七歩成＝軽手。以下☗同銀なら☖5五角、☗同金には☖8六飛と走ることができる。
K☗7一飛＝先手は攻め合いに活路を求める。☗6七金と打っても☖5五角で支えきれない。
L☖6二金打＝銀取りが残っているので、中合いの歩から金をガッチリ受ける。
M☖6一歩＝竜の横利きを遮断して自陣の憂いをなくす。
N☖5五角（第4図）＝満を持しての角出。壁形を解消して一石二鳥である。
O☖4九飛＝近づけて打つのが重要なところ。先手玉はピッタリ詰んでいる。
P☖7九銀（投了図）＝☗6七玉には☖6九飛成。☗7八玉には☖4八飛成と成り返れるのが☖4九飛の種明かし。これで以下詰みとなっている。
うまく攻めをつなげることができて開幕3連勝を飾ることができた。

【第3図は☗5七銀まで】

☖豊島　なし

☗佐藤康　銀歩四

【第4図は☖5五角まで】

☖豊島　銀歩二

☗佐藤康　金金銀歩三

【投了図は☖7九銀まで】

☖豊島　銀歩二

☗佐藤康　角金金桂歩三

第39局

関西のライバル対決

雁木

第76期順位戦A級（朝日・毎日）【持ち時間】各6時間

平成29年9月22日　於・大阪市福島区「関西将棋会館」

勝▲八段　豊島将之
△八段　稲葉　陽

A▲2六歩　△8四歩1　▲7六歩
△3二金1　▲7八金　△8五歩1
▲7七角　△3四歩　▲6八銀
B△4四歩1　▲2五歩　△3三角
▲4八銀　△4二銀2　▲4六歩
△6二銀　▲4七銀1　△5四歩
▲6九玉1　△5三銀右1　▲5六銀
C△4三銀19　▲7九玉　△4一玉
▲3六歩　△3一玉1　▲3七桂
△5二金　▲4八金　△7四歩2
▲4五歩12　△1四歩30　▲4四歩7
△同　角1　▲2四歩　△同　歩
▲同　飛　△2三歩　D▲2九飛
△7五歩50　▲同　歩3　△8四飛5
▲4五歩56　△3三角22　▲同角成5
△同　桂1　▲7七銀1　△6四歩5
▲9六歩44　△9四歩1　E▲2五桂8
△同　桂13　▲同　飛　F△3三角
▲4四桂8　△同銀右7　▲同　歩
△同　角　▲4五歩5　△2二角1

G▲4四銀　△同　銀11　▲同　歩
△同　角　▲6一角15　△8二飛5
▲4五飛1　△4三歩2　▲4四飛3
△同　歩　▲7一角　△9二飛19
H▲4四角成　△5九飛　▲6九銀24
△1九飛成3　▲1一馬13　△2二銀2
▲5二角成　△1一銀　I▲7四馬

【第1図は▲2九飛まで】

△稲葉　歩

▲豊島　歩二

△2二玉7　▲9二馬10　△同　香9
J▲8二飛　△7六歩39　▲同　銀18
△2六角　▲4九歩9　△1七角成1
▲8一飛成8　△3一香9　▲4五銀13
△5五角　▲2四歩4　△同　歩2
K▲4一竜27　△2三金7　▲4四桂4
△1三玉2　▲3一竜　△1二銀
L▲1一金7　△2五歩　▲1二金
△2四玉　▲2二金　△同　金9
▲同　竜　△1五玉　▲3四銀26
△2四桂　M▲3五銀　△1六玉1
N▲3八金　△3二桂9　▲2五銀5
△同　玉　▲2七香3　△1六玉1

【第2図は▲4四銀まで】

△稲葉　桂桂歩二

▲豊島　角歩

▲2六金　△同　馬　O▲同　銀
まで、123手で豊島の勝ち
（消費時間＝▲5時間41分△5時間3分）

【解説】**A▲2六歩**＝佐藤康光九段戦に続く、A級4回戦。稲葉陽八段は前期の名人戦挑戦者だった。

B△4四歩＝見直された角換わり拒否の雁木。最近はこれを嫌って早めに▲2五歩を決めるようになった。

C△4三銀＝この後、△4三銀ではなく6一の金を4三に持ってくる指し方が流行した。△4三銀型に比べて全体的に手厚い。ほかには△5四歩型ではなく△6四歩から腰掛け銀にする将棋も出てきた。

D▲2九飛（第1図）＝手順に▲2九飛―▲4八金型を作ることができて先手好調。

E▲2五桂＝やや危険だった。

F△3三角＝△5九角が有力だった。

G▲4四銀（第2図）＝ガリガリ攻めて後手の守備駒を削っていく。

H▲4四角成＝微差で先手よし。

I▲7四馬＝▲6四馬の狙い。

J▲8二飛＝二段目に打つのが急所。

K▲4一竜（第3図）＝▲3四銀△3三歩▲2五桂△同歩▲2四香で寄っていた。この筋は見えていたが踏み込みを欠いた。

L▲1一金（第4図）＝感触の悪い手だが仕方ない。後手は入玉をするか、△8四桂を間に合わせれば勝ちなので逆転の芽が出てきた。

M▲3五銀＝冷静に寄せる。

N▲3八金（第5図）＝▲2五銀からの詰めろになっている。ギリギリで入玉を阻止することに成功した。

O▲2六同銀＝後手は万策尽きた。中盤は先手が好調だったが、後手の粘り強い指し回しが印象に残る一戦だった。初参加のA級順位戦で4連勝を達成して、単独首位で中盤戦を迎えることとなった。

【第3図は▲4一竜まで】

【第4図は▲1一金まで】

【第5図は▲3八金まで】

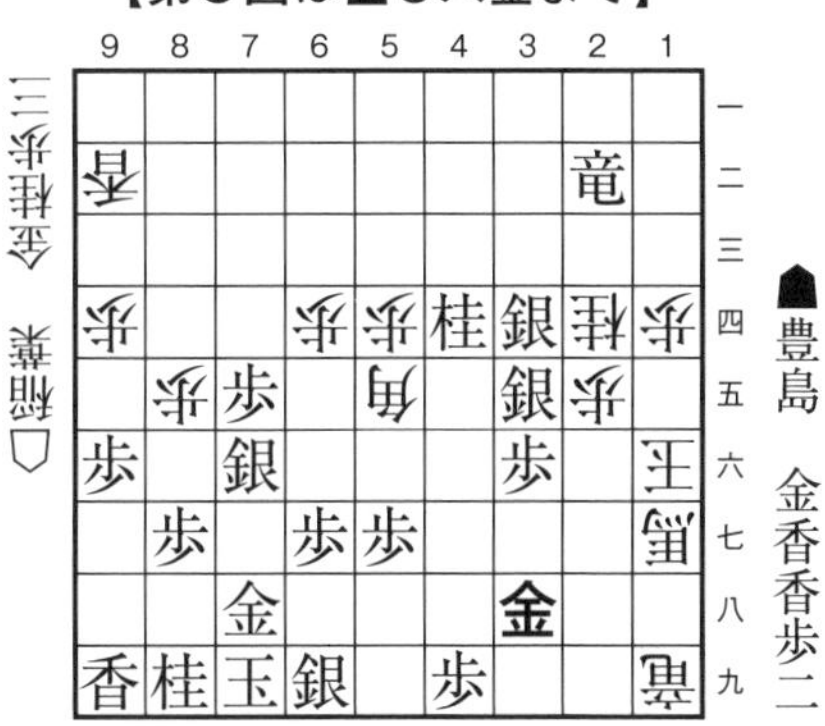

第40局

JT杯で決勝へ

雁木

第38回将棋日本シリーズJTプロ公式戦準決勝(JT)【持ち時間】各10分考慮1分×5回 ※チェスクロック使用

平成29年10月1日 於・愛知県名古屋市「ポートメッセなごや」

☗九段 深浦康市
勝☖八段 豊島将之

A☗2六歩 ☖3四歩 ☗2五歩
☖3三角 ☗7六歩 ☖4二銀
☗4八銀 ☖8四歩 B☗6六歩
☖8五歩 ☗7七角 ☖3二金
☗6八銀 ☖6二銀 ☗7八金
☖6四歩 C☗4六歩 ☖6三銀
☗4七銀 ☖4一玉 ☗5八金
☖3一玉 ☗6七銀 ☖7四歩
☗3六歩 ☖5四銀 ☗6八玉
☖7三桂 ☗5六銀右 ☖6二金
☗9六歩 ☖9四歩 ☗1六歩
☖1四歩 ☗3七桂 ☖6五歩
☗同 歩 ☖7七角成 ☗同 桂
☖8六歩 ☗同 歩 ☖同 飛
☗8七歩 ☖8一飛 ☗6六角
☖3三角 ☗同角成 ☖同 銀
☗6六角 ☖4四角 ☗同 角
D☖同 歩 ☗2四歩 ☖同 銀
E☗**6六角** ☖9五歩 ☗同 歩
☖8六歩 ☗同 歩 F☖**9五香**
☗9七歩 ☖同香成 ☗同 香
☖9六歩 ☗8四香 ☖8三歩
☗9六香 ☖8四歩 ☗4五歩
G☖**6四歩** ☗同 歩 ☖4六角
☗4七金 ☖6四角 ☗6五歩
☖同 桂 ☗同 銀 ☖同 銀
☗同 桂 ☖5五銀 ☗5六桂

【第1図は☗6六角まで】

☖豊島 角歩二

	9	8	7	6	5	4	3	2	1	
	v香	v飛					v王	v桂	v香	一
				v金			v金			二
			v桂		v歩			v歩		三
	v歩		v歩		v銀	v歩	v歩	v銀	v歩	四
				歩						五
	歩		歩	角	銀	歩	歩		歩	六
		歩	桂	銀	歩		桂			七
			金	玉	金			飛		八
	香								香	九

☗深浦 歩

☖6六銀 ☗同 銀 ☖4六香
☗6四桂 ☖4七香成 H☗**7二桂成**
☖3七成香 ☗1八飛 I☖**5四桂**
☗5五銀 ☖6七歩 ☗7七玉
☖7二金 ☗5三桂成 ☖6五桂
☗8八玉 J☖**6六角** ☗同 銀
☖同 桂 K☗**5四角** ☖7八桂成
☗同 飛 ☖7七金 ☗同 飛
☖同桂成 ☗同 玉 ☖6八銀
☗6六玉 L☖**6四飛** ☗6五金
☖5四飛 M☗**同成桂** ☖4七成香
☗6四金 ☖5七銀不成 ☗6五玉
☖6六金 ☗7四玉 ☖8三角

【第2図は☖5四桂まで】

☖豊島 角金歩二

	9	8	7	6	5	4	3	2	1	
		v飛					v王	v桂	v香	一
			成桂	v金			v金			二
					v歩			v歩		三
		v歩	v歩		v桂	v歩	v歩	v銀	v歩	四
				桂		歩				五
	香	歩	歩	銀			歩		歩	六
					歩		v成香			七
			金	玉					飛	八
									香	九

☗深浦 角銀銀歩三

▲7五玉　△7四歩　▲同　金
△同　角　▲6四角　△2二玉
▲7四玉　△8三金打　▲7五玉
N△7三歩　▲8五歩　△同　歩
▲3一銀　△1二玉　▲2二飛
△1三玉　▲2五桂　△同　銀
▲4六角打　△同成香　▲同　角
O△2四角
まで、142手で豊島の勝ち
（消費時間＝▲10分・5回△10分・4回）

【解説】 **A▲2六歩**＝JT杯の準決勝。

B▲6六歩＝深浦九段は当時、雁木を愛用していた。

【第3図は△6六角まで】

C▲4六歩＝▲5六歩なら先後逆だが、先の稲葉戦と似た将棋になる。本譜は雁木側も腰掛け銀に構えた。

D△4四同歩＝△同銀として△5五銀左を狙う手もあった。

E▲6六角（第1図）＝好位置の角で後手は嫌な形になった。

F△9五香＝勝負手だが無理筋。以下▲同香△8六飛▲2九飛でも後手悪い。

G△6四歩＝手筋。

H▲7二桂成＝一気に激しく攻め合う展開になった。

I△5四桂（第2図）＝スピード重視でこの辺りはうまく指せていたのだが……。

【第4図は▲5四同成桂まで】

J△6六角（第3図）＝悪手。△2七成香か△6八角がまさった。

K▲5四角＝ここに打てたのが大きい。▲4二銀からの詰めろで速度が逆転。

L△6四飛＝勝負手。

M▲5四同成桂（第4図）＝玉が上部に逃げ出すスペースのある▲同金がまさった。

N△7三歩（第5図）＝控えの歩で詰めろをかけた。このように打ち歩を打開して寄っているのは珍しい。

O△2四角＝これで後手玉は逃れている。大熱戦を制し、決勝進出を決めた。

【第5図は△7三歩まで】

第41局

強敵に競り勝つ

雁木

第67期王将戦挑戦者決定リーグ戦（スポニチ・毎日）【持ち時間】各4時間

平成29年11月7日　於・東京都渋谷区「将棋会館」

勝▲八段　豊島将之
△竜王　渡辺　明

A▲7六歩　△8四歩　▲2六歩　△3二金　▲7八金　△8五歩　▲7七角　△3四歩　B▲6八銀　C△4四歩2　▲2五歩　△3三角　▲4八銀　△4二銀　▲6九玉　△6二銀1　▲3六歩　△7四歩12　D▲3七銀2　△4三銀1　▲3五歩　E△7三銀1　▲3四歩17　△同　銀　▲3八飛　△6四銀13　▲2六銀　△4三銀8　▲3四歩　△2二角　▲3五銀　△8六歩4　▲同　歩2　△7五歩　▲3六飛10　△4五歩10　▲2二角成19　△同　金　▲2六飛　△5五角79　▲6六角1　△1九角成　▲2四歩　△同　歩　▲2三歩2　△同　金　▲1一角成　F△3二銀　▲7五歩6　G△7一香　▲4四馬18　H△1四金19　▲5八金43　I△5二金25　▲5六飛9　△4三銀25　▲2二馬4　△6五銀　▲3三歩成31　△5四銀上　▲4四銀　△5六銀　▲同　歩　△7五香11　▲7七歩1　△3九飛13　▲5九香2　△8六飛6　J▲2一馬7　△8九飛成5　▲7九金　△9九竜　▲8八銀1　△7八歩　▲9九銀　△7九歩成　▲同　銀13　△7七香成　▲7一飛2　△6二玉　▲7七飛成　△6五桂　▲6六竜1　K△7八歩1　▲8八銀右　△8七歩3　▲4三と15　△8八歩成　▲5二と　△同　玉　▲8八銀　△6四馬　L▲5四馬7　△同　歩　M▲6五竜　△7九歩成　N▲同　銀　△8七角　O▲7八香

まで、99手で豊島の勝ち

（消費時間＝▲3時間33分△3時間59分）

【第1図は△7三銀まで】

△渡辺　なし

9	8	7	6	5	4	3	2	1	
v香	v桂		v金	v玉			v桂	v香	一
	v飛					v金			二
v歩		v銀	v歩	v歩	v銀	v角	v歩	v歩	三
		v歩			v歩	v歩			四
	v歩					歩	歩		五
		歩							六
歩	歩	角	歩	歩	歩	銀		歩	七
		金	銀				飛		八
香	桂		玉		金		桂	香	九

▲豊島　なし

【第2図は△3二銀まで】

△渡辺　香歩三

9	8	7	6	5	4	3	2	1	
v香	v桂		v金	v玉			v桂	馬	一
	v飛					v銀			二
v歩			v歩	v歩			v金	v歩	三
			v銀			歩	v歩		四
		v歩			v歩	銀			五
	歩	歩					飛		六
歩			歩	歩	歩			歩	七
		金	銀						八
香	桂		玉		金		桂	v馬	九

▲豊島　香

【解説】A▲7六歩＝王将戦挑戦者決定リーグの4戦目。3連勝で本局を迎えた。

B▲6八銀＝従来は▲8八銀がセオリーだったが、後手が雁木にしたときに矢倉囲いとの相性が悪いことが分かり、速攻を目指せる▲6八銀が多くなっていった。矢倉の衰退はこのようなところにも見ることができる。

C△4四歩＝かつては消極的な一手とされていたが、現代流の雁木が指され始めてから見方が変わった。

D▲3七銀＝▲4六歩から▲4七銀も一局の将棋。

E△7三銀（第1図）＝後手は角換わりを拒否して雁木模様に組んだ。先手は早繰り銀から早い仕掛けを狙う。現代将棋のテーマ図の一つである。

F△3二銀（第2図）＝激しい戦いから互いに香を取り合った。ほぼ互角の形勢。

G△7一香＝下段の香に力ありの好手。

H△1四金＝▲2四銀をあらかじめ避けつつ、△2五金を狙った、力強い好手。

I△5二金＝△4六歩と突いて先手の飛車の横利きを遮断する手もあった。

J▲2一馬（第3図）＝先手は歩切れで適当な受けがない。▲8七銀としても△5六飛で効果が薄い。本譜は勝負手の手抜き。

K△7八歩＝本譜で後手が負けなら△5七香だったかもしれない。

L▲5四馬（第4図）＝先手の勝ち筋に入った。以下△同馬なら▲4三銀打から馬を消せばよい。実戦は▲6五竜が自玉を安全にしながらの攻めとなった。

M▲6五竜＝急所の桂を外すことに成功。以下△同馬なら▲5三銀打から詰む。

N▲7九同銀＝代えて▲同玉は△3五角▲同銀△6五馬で逆転する。先手玉は詰めろになり、後手玉は詰まない。

O▲7八香（投了図）＝決め手と言える合駒。竜を取っても▲4三銀打から詰み。7八の香が敵陣によく利いている。

強敵に勝って4連勝としたが次戦で敗れ、挑戦権のゆくえは最終局に持ち越されることとなった。

【第3図は▲2一馬まで】

▲豊島　銀桂

渡辺△　歩五

【第4図は▲5四馬まで】

▲豊島　金銀桂香歩二

渡辺△　金銀香歩四

【投了図は▲7八香まで】

▲豊島　金銀桂桂歩三

渡辺△　金銀香歩四

第42局

第76期順位戦A級（朝日・毎日）【持ち時間】各6時間

平成29年11月16日　於・大阪市福島区「関西将棋会館」

A級順位戦で全勝ターン

雁木

勝▲八段　豊島将之
△九段　深浦康市

A▲7六歩　△8四歩　▲2六歩
△3二金　B▲7八金　△8五歩
▲7七角　△3四歩　▲6八銀
C△4四歩　▲2五歩　△3三角
▲4八銀　△4二銀　▲4六歩
△6二銀2　▲4七銀　△5二金
▲6九玉　△5四歩10　▲7九玉
△4一玉　▲3六歩　△3一玉
▲3七桂　D△4三金右1　▲5六銀
△5三銀右　▲4八金1　△1四歩
▲9六歩4　△7四歩10　▲4五歩
△同　歩　▲3五歩1　E△4六歩23
▲3四歩　△7七角成1　▲同　桂
△3六歩26　▲4五桂10　△4四銀
▲7一角6　△7二飛29　▲4四角成
△同　金　F▲2四歩　△同　歩1
▲6五桂　△4七歩成35　G▲3三銀93
△同　桂18　▲同歩成1　△同　銀
▲同桂成3　△同　金　▲4七金10
H△8六歩6　▲同　歩11　△9四桂10
I▲8三銀65　△3二飛52　▲9四銀不成
△6四角4　▲4六歩11　J△2三金
▲4五桂31　K△3七歩成27　▲3三歩
△2八と　▲3二歩成1　△同　玉
▲5三桂左成16　△3九飛35　▲5九桂
△4二歩20　▲3三歩23　△2二玉
▲4一飛6　△3一歩9　▲4二成桂10
△1三玉　▲3二歩成2　△8六角8
L▲8一飛成24　△7七銀1　▲8六竜5
△同銀成　▲3三桂成　△8八歩10
▲同　金　M△5八角17　▲3六歩20
△1五歩4　▲2六桂　△3三金
N▲2二角　△1二玉　▲3三角成
△8七桂　▲同　金　△5九飛成
▲同　銀　△6九飛　▲8八玉
△8七成銀　▲同　玉　O△7五桂
▲同　歩1　△8九飛成　P▲7七玉1

まで、111手で豊島の勝ち

（消費時間＝▲5時間56分△5時間59分）

【解説】A▲7六歩＝A級順位戦5回戦。

【第1図は△4三金右まで】

【第2図は▲2四歩まで】

ここまで4連勝と快調に飛ばしていた。

B▲7八金＝最近はここで▲2五歩と突いてしまう将棋が多い。

C△4四歩＝深浦九段得意の雁木。

D△4三金右（第1図）＝△4三銀に変わって指されるようになった陣形。

E△4六歩＝手筋の突き出し。

F▲2四歩（第2図）＝▲3三銀と打ち込むならここで打つべきだった。

G▲3三銀＝悪手だった。▲4七同金△4五金▲同銀で△5五角は甘受して指すしかなかった。

H△8六歩＝▲6五桂が空振りになった格好で、先手苦しい。

I▲8三銀＝粘りの一手。無理やり9四の桂を外しにいく。

J△2三金＝飛車の横利きを通す。△6四角からのよい構想。

K△3七歩成（第3図）＝▲3三歩をかわす△3四飛で先手が悪かった。

L▲8一飛成＝▲3一飛成といきたいところだが、△6八角成▲同玉△8六角で危ない。

M△5八角（第4図）＝△8七歩は▲2三成桂△同玉▲3三金△同飛成▲同と△同玉▲4五桂以下△2二玉▲3三角△1三玉▲4四角成と、4四の金を角で取る変化になる。△8八歩成に▲同馬と取ることができるので、先手玉の詰めろが消える。

N▲2二角（第5図）＝▲3三同とは△8七桂▲同金△5九飛成▲同銀△6九飛▲7八玉△8七成銀▲同玉△8九飛成▲8八金△6九角成▲7七玉△8八竜▲同玉△8七金▲8九玉△7七桂でトン死する。

O△7五桂＝△8九飛成は以下、▲7七玉△6五桂▲同銀△7八金▲6六玉で、3三の馬が利いてきて詰まない。

P▲7七玉＝際どく逃げ切ることができた。これで5連勝となった。

【第3図は△3七歩成まで】

【第4図は△5八角まで】

【第5図は▲2二角まで】

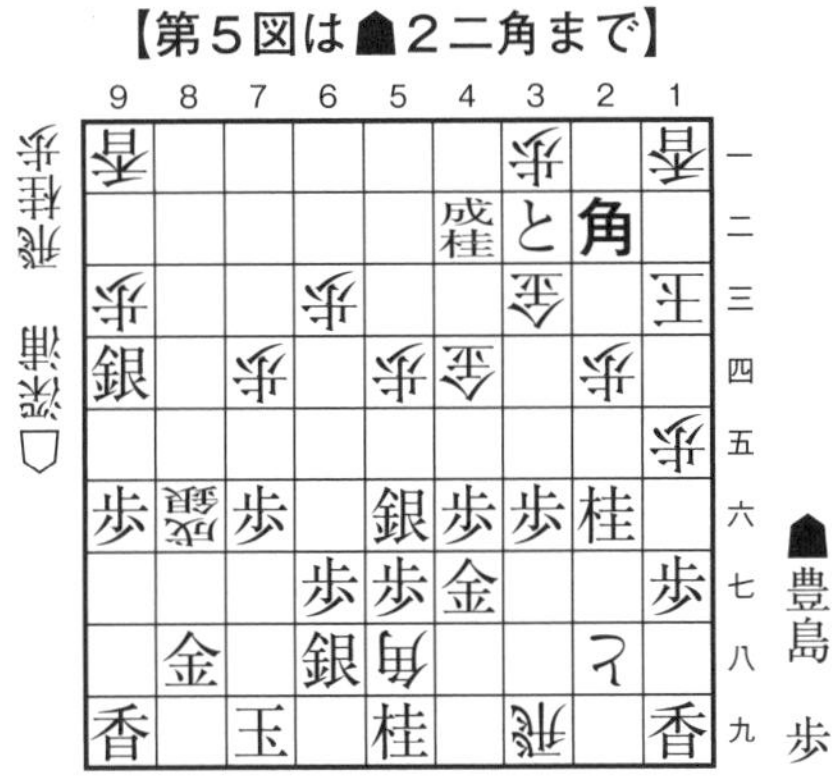

第43局

第67期王将戦挑戦者決定リーグ戦（スポニチ・毎日）【持ち時間】各4時間

平成29年11月21日　於・東京都渋谷区「将棋会館」

王将挑戦を懸けた直接対決

雁木

▲九段　深浦康市
勝△八段　豊島将之

A▲2六歩　△3四歩　▲2五歩
△3三角　▲7六歩　△2二銀
▲4八銀1　△8四歩　▲6六歩1
△8五歩　▲7七角　△6二銀
▲6八銀　△7四歩　▲6七銀2
△4二玉1　▲7八金12　△7三銀
B▲3六歩13　△7五歩　▲3七銀3
△8四銀　▲4六銀19　△7六歩2
▲同　銀　△7二飛　▲6七銀
△7六歩1　▲8八角　C△7五銀
▲3五歩　△同　歩1　▲3四歩14
△4四角6　D▲5六歩　△8六歩13
▲同　歩　E△3六歩　▲2四歩18
△同　歩10　▲7九角5　△6六銀67
▲4五銀　△6七銀成　▲4四銀25
△7八成銀　▲2四角　F△5二玉
G▲7三歩1　△同　飛38　▲4三銀成31
△同　玉1　▲1六角　△2五歩7
▲同　角1　H△3二玉14　▲7八飛24
I△4八歩1　▲4四銀22　△4九歩成28
▲同　玉　J△4二金打　▲3三歩成6
△同　銀4　▲同銀不成2　△同　金3
▲同角成2　△同　玉　▲6一角成
△6七角3　K▲3九玉9　L△4九金6
▲3八玉5　△5二銀　▲6八飛4
△5六角成2　▲3四歩2　△同　馬1
▲3五歩　△同　馬　▲4六銀
M△3七銀9　▲同　桂8　△同歩成
▲4九玉　△4八銀1　▲同　飛
△同　と　▲同　玉　△5六桂
▲5八玉2　△6一銀2　▲3五銀
N△3八飛　▲5七玉1　△3五飛成5
▲3四歩2　△4二玉　▲5六玉1
△5五銀2　▲6七玉　△5六角
▲5八玉3　△7七歩成　▲1六角
O△6七と1

まで、106手で豊島八段の勝ち
（消費時間＝▲3時間59分△3時間49分）

【第1図は△3六歩まで】

【第2図は△5二玉まで】

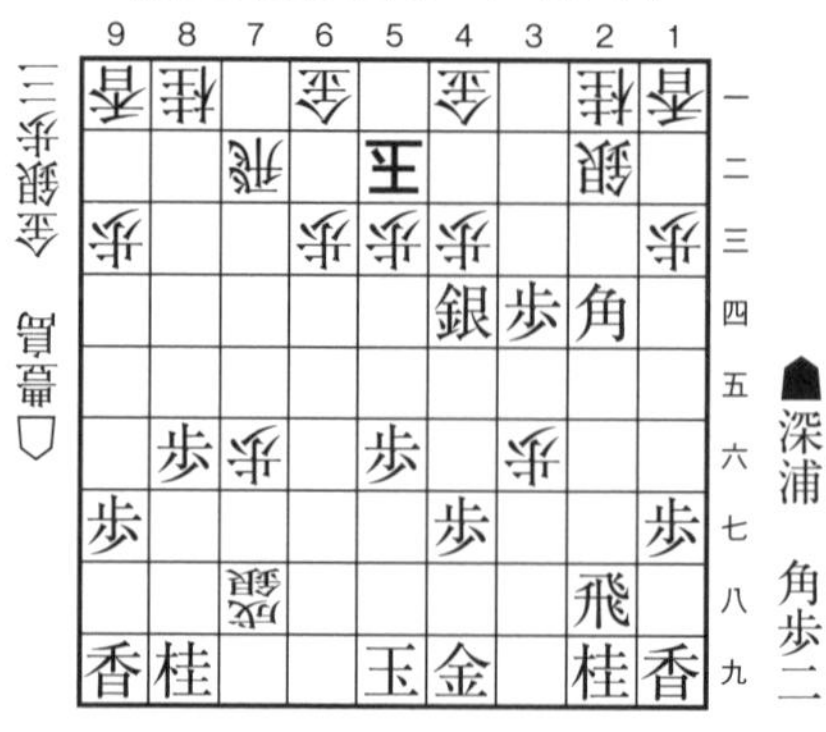

【解説】A▲2六歩＝開幕4連勝としたのだが、5戦目で初黒星を喫した。そして迎

えた最終戦は2敗の深浦九段との直接対決となった。勝てば挑戦権獲得、敗れればプレーオフという状況だった。

B▲3六歩＝後手は早繰り銀で速攻を目指す。対して▲5六歩から▲5七銀では受け身になってしまう。先手の得を生かすべく、右銀を繰り出してきた。3三の角を目標にしているので理に適っている。

C△7五銀＝棒銀が五段目に出られれば成功と言うが、後手陣は不安定なので難しい将棋。

D▲5六歩＝▲7九角からの活用を見せつつ、▲4五銀の角取りを見せている。

【第3図は△3二玉まで】

▲深浦　歩三

△豊島　金銀銀歩三

E△3六歩（第1図）＝角の逃げ道を作った。全力で突っ張った後手の指し方だが、少しやりすぎの感もある。

F△5二玉（第2図）＝△6六銀▲4五銀から一気に我が道を行く大決戦になった。▲2四角は強烈だが、際どく玉をかわす。

G▲7三歩＝▲3五角が飛車先を通してピッタリに見えるが、以下△4四歩▲2二飛成△3二銀で先手大変。7八に成銀がいるので無茶はできない。

H△3二玉（第3図）＝先手の駒が多い方向に逃げる。危険極まりない形だが、後手がしのいでいるという感触だった。

【第4図は△4九金まで】

▲深浦　金金銀歩四

△豊島　銀三歩三

I△4八歩＝軽手。▲同金や▲同玉なら7八の飛の活用が見込めなくなる。

J△4二金打＝ガッチリと受けた。

K▲3九玉＝▲5八銀（金）も△4八歩▲同玉△5六角成で馬が手厚い。

L△4九金（第4図）＝2筋への飛車の活用を防ぐ王手。

M△3七銀＝3五の馬が攻防に手厚く、これで勝ち筋に入った気がした。

N△3八飛（第5図）＝決め手。

O△6七と＝7三の飛車先が通って先手玉は詰み筋に入っている。直接対決を制して、4度目のタイトル戦挑戦を決めた。

【第5図は△3八飛まで】

▲深浦　角金三銀銀歩三

△豊島　角歩六

第44局

第76期順位戦A級プレーオフ（朝日・毎日）

【持ち時間】各6時間

平成30年3月4日　於・大阪市福島区「関西将棋会館」

勝▲八段　豊島将之
△王将　久保利明

パラマス方式のプレーオフ

対四間飛車

A▲2六歩　△3四歩　▲2五歩
△3三角　▲7六歩　△3二銀2
▲4八銀　△4二飛1　▲6八玉
△6二玉1　▲7八玉　△7二玉
▲5六歩　△8二玉1　▲5七銀
△9四歩1　▲5八金右1　**B△9五歩**1
▲6六歩1　△9二香1　▲7七角
△6四歩1　▲6七金　△9一玉
▲8六歩　△8二銀2　▲8八銀
△5二金左　▲8七銀　△6三金
C▲9六歩4　△同　歩4　▲同　銀
△7一金8　▲9五歩7　△6二飛6
▲8八玉6　△4一銀　▲7八金3
△5二銀2　▲3六歩7　△5四金6
▲8七銀2　△9三歩1　**D▲4六歩**
△6三銀5　▲3七桂19　△4四歩24
▲1六歩　△1四歩13　▲2六飛1
△7四銀3　▲9八香2　**E△8四歩**6
▲6八銀1　△8五歩4　▲同　歩2
△同　銀　▲8六歩21　△7四銀

【第1図は▲4六歩まで】

▲3五歩2　△同　歩1　▲2四歩
△同　歩1　▲7九銀2　△6五歩40
▲同　歩　△8五歩　▲同　歩3
△6六歩5　▲同　金1　△4五歩
▲5五歩51　△6五銀6　▲同　金16
△同　金4　▲4五桂6　△5五角12
F▲5三桂成2　△8六歩13　▲同　銀7

【第2図は▲8九金まで】

△6四飛21　▲5五角10　△8七歩3
▲同　玉15　△5五金　▲7七銀打
△9九金8　▲8八玉10　△8九金1
▲同　玉　△6九飛成1　**G▲8八玉**23
△6六桂18　**H▲8九金**3　△5六角7
▲8七角　△1九竜20　▲4五歩1
△7八桂成13　▲同　銀　△6七金1
▲同　銀57　△同角成　▲7八金打
I△7七馬35　▲同　金19　△7四銀33
▲2二角4　△1七竜13　▲2七歩2
△8三香1　▲7八桂1　△2六竜
▲同　歩　△5七飛　▲5八歩11
△同飛成　▲3二飛5　△6八銀9

J☗6二成桂2　☖7七銀不成☗同　銀
☖6二金　☗同飛成　☖7一金
K☗6八金5　☖4九竜　☗5一竜
☖6七歩　☗同　金　☖8六歩
☗同　桂4　☖8五銀　☗7五銀
☖6三桂　☗8四歩　☖7五桂
☗同　歩　☖8四香　L☗7一竜2
☖同　銀　☗8三桂　☖8二玉
☗7一桂成　☖6三銀　☗8三歩1
☖7一玉　☗4四角成1　☖6二歩
☗5三銀　☖7二飛　☗4三馬1
☖5二歩　☗同銀不成　☖同　銀
☗同　馬　まで、157手で豊島の勝ち

【第3図は☖7七馬まで】

（消費時間＝☗5時間44分☖5時間59分）

【解説】A☗2六歩＝A級順位戦は後半戦で白星が伸びず、最終戦を終えて6勝4敗に。すると6者が同星で並び、パラマス方式のトーナメントで名人戦挑戦権が争われることになった。挑戦までは5連勝が必要で、本局はその初戦となる。

B☖9五歩＝後手は早いタイミングで9筋の位を取ってきた。

C☗9六歩＝☗8六歩からの狙い。9筋を逆襲する。

D☗4六歩（第1図）＝9筋を押し返して先手がかなりの手得となった。

【第4図は☗6二成桂まで】

E☖8四歩＝積極的な構想。

F☗5三桂成＝桂がさばけて、まずまず。

G☗8八玉＝冷静に指す。

H☗8九金（第2図）＝玉の下の金は堅いことが多い。

I☖7七馬（第3図）＝ここでは☖6六銀☗同銀☖同金☗6七金☖同金☗5六角☖6五香という勝負手があった。

J☗6二成桂（第4図）＝以下☖8五香なら☗7一成桂☖同銀☗8二歩が厳しい。

K☗6八金＝先手玉が安泰になった。

L☗7一竜（第5図）＝決め手。初戦を突破することができた。

【第5図は☗7一竜まで】

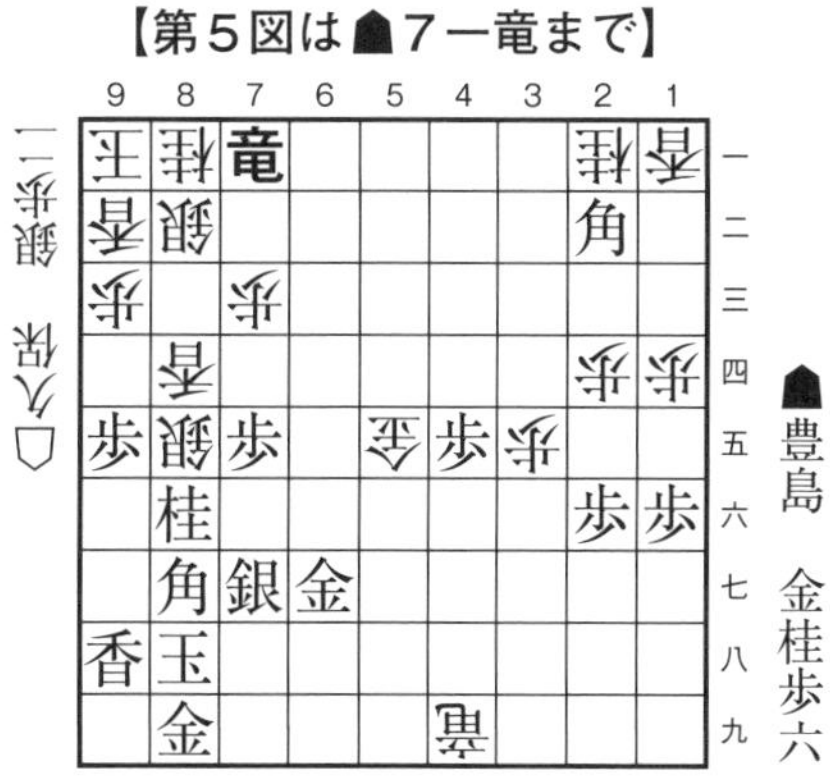

第45局

第67期王将戦七番勝負第5局（スポニチ・毎日）【持ち時間】各8時間

平成30年3月6、7日　於・島根県大田市「さんべ荘」

土俵際で2勝目を返す

対四間飛車

●○○○●　▲王将　久保利明
勝△八段　豊島将之　○●●●○

A▲7六歩　△3四歩　B▲6八飛
C△1四歩4　▲1六歩　△3五歩4
▲2八銀3　D△6二銀4　E▲1七銀11
△8四歩21　▲2六銀12　△8五歩
▲2二角成6　△同　銀1　▲8八銀
△7四歩17　▲7八金13　△7三銀11
▲3五銀8　△3二金29　▲7七銀1
△6四銀　▲6六歩4　△7三桂1
F▲6五歩14　△同　銀1　▲7五歩44
△同　歩6　▲6六銀17　△7四銀80
▲7五銀6　△同　銀　▲7四歩
△6四銀　▲7三歩成20　△同　銀
▲6三飛成30　G△6二飛94　H▲3六角44
（封じ手）△5二銀48　▲6四歩2
I△3四歩20　▲4六銀52　J△4二玉4
▲7四桂10　△6三飛32　▲同歩成1
△7四銀　▲5二と9　△同　金
▲7一飛12　K△7七歩　▲同　金31
△7六歩13　L▲6七金12　△7五桂4
▲6八金25　M△9五角10　▲7四飛成30
△6七歩15　▲4八玉　△6八歩成
▲3九玉6　△5八と3　▲同　金4
N△6七桂成3　▲2八玉9　△5八成桂
▲6四歩　△1五歩9　▲同　歩1
△4八飛1　▲1七玉1　△2四金
▲2六銀2　△1五香1　▲1六歩
△同　香　▲同　玉　△1五歩
▲同　銀　△同　金　▲同　玉
O△2八飛成　▲2五金　△1九竜1
▲1七香　△1一香5　▲1四歩2
△同　香　▲同　金1　△1三歩
▲6三歩成　△1四歩　▲同　角
P△2四金1　まで、96手で豊島の勝ち

（消費時間＝▲7時間23分△7時間23分）

【第1図は△6二銀まで】

△豊島　なし

▲久保　なし

【第2図は▲6五歩まで】

△豊島　角

▲久保　角歩

【解説】A▲7六歩＝1勝3敗で迎えた王将戦第5局。先のA級順位戦プレーオフから中1日での対局となった。4日の対局が終わったのは深夜で、それから家に帰ってひと眠り。起きてすぐに本局が行われる島根県へと移動した。当時はプレーオフや王将戦七番勝負などで過密日程だった。

B▲6八飛＝角交換振り飛車や、▲6六歩からオーソドックスな四間飛車を含みにしている。

C△1四歩＝先手の対応によって後の作戦を決めようとしている。

D△6二銀（第1図）＝早くも見たことがないような力戦になっている。2手前の△3五歩は相振り飛車を目指したものだが、早い▲2八銀を見て方針を変更した。

E▲1七銀＝3五の歩を目標にしている。1筋の突き合いを生かしたうまい構想。

F▲6五歩（第2図）＝ゆっくりされても自信はなかったが、本譜でも先手ペース。

G△6二飛＝▲6五歩からここまでは、ほぼ一本道の手順となる。

H▲3六角（第3図）＝封じ手。▲6四歩を予想していた。ほかに▲5三竜△5二歩▲5六竜も有力。

I△3四歩＝▲同銀なら△3五歩で角筋を変えることができる。本譜はこの歩が通り、銀を退却させたのが大きかった。

J△4二玉（第4図）＝△3四歩からの手順で玉の安全度がぐっと上がり、流れが変わった。

K△7七歩＝軽手。以下▲同桂なら△6六桂▲6七金△7八桂成でよい。

L▲6七金＝▲7八金には△6六桂▲6七金△8八飛がある。

M△9五角＝角のラインが厳しい。

N△6七桂成＝金をナナメに誘う軽手。以下▲同金なら△5八飛がある。

O△2八飛成（第5図）＝じっと飛車を成ったのが決め手だった。▲6三歩成なら△1九竜からの詰みとなる。

P△2四金＝以下は▲2六玉△1五銀が一例で詰む。もうあとのない状況から何とか2勝目を挙げて、8日後に控えている第6局に望みをつなぐことができた。

【第3図は▲3六角まで】

【第4図は△4二玉まで】

【第5図は△2八飛成まで】

第46局

第76期順位戦Ａ級プレーオフ（朝日・毎日）

【持ち時間】各6時間

平成30年3月10日　於・大阪市福島区「関西将棋会館」

プレーオフ2回戦を突破

対ダイレクト向かい飛車

勝▲八段　**豊島将之**
△九段　**佐藤康光**

A▲**2六歩**　△3四歩2　▲7六歩
△8八角成1　▲同　銀　△4二銀
▲6八玉　△3三銀　▲4八銀
B△**2二飛**1　C▲**6五角**　△7四角1
▲4三角成　△4二金　▲6一馬
△同　玉　D▲**7五金**　△7二玉6
E▲**7八玉**　△3五歩6　▲7七銀
△2四歩2　▲7四金7　△同　歩
▲4六歩　△4三角30　▲6八金14
△2五歩16　▲同　歩2　△同　飛2
▲同　飛16　△同　角1　F▲**2八飛**2
G△**2二飛**119　▲8八玉3　△3二金5
▲6五角44　△3四角20　▲2二飛成31
△同　金　▲2八歩　△6二銀33
▲7四角3　△3二金4　▲3八角6
△4二金16　▲9六歩1　△1四歩6
H▲**9五歩**　△1五歩2　I▲**6五角**12
△1二角20　▲3九金53　△2六飛35
▲3八角18　△4六飛1　▲1六歩
△4四飛11　▲1五歩7　△1八歩
▲同　香2　△4五角　J▲**3一飛**7
△2四飛1　K▲**8三角成**51　△同　玉
▲8一飛成　△7三玉　▲4三歩10
△5二金2　L▲**1七香**　△1八角成3
▲9一竜　△6四玉　M▲**1四歩**13
△5四玉1　▲1三歩成　△同　香
▲1四歩　△同　香　▲同　香
△7一歩3　▲1一香成4　△4三玉
N▲**8二竜**　△5四馬　▲8五竜
△4五歩　O▲**4六歩**1　△4二玉2
▲4五歩　△1四飛　▲5六香5
△6四馬5　▲2一成香　△7四金
▲5五竜　△8六歩　▲同　歩
△5五馬1　▲同　香　△1九飛成
▲4四桂5　△5一金　▲2五桂1
△2四銀1　P▲**3四角**2　△2五銀
▲同　角　△4三歩　Q▲**3四銀**3

まで、111手で豊島の勝ち

（消費時間＝▲5時間23分△5時間59分）

【第1図は▲2八飛まで】

【第2図は▲3一飛まで】

【解説】A▲**2六歩**＝島根県で行われた王

将棋第5局から中2日での対局。パラマス方式のプレーオフの2回戦。過密スケジュールを考慮してもらい、関西で行われた。

B△2二飛＝佐藤九段が得意としているダイレクト向かい飛車。

C▲6五角＝▲7八玉なら穏やか。本譜は△2二飛をとがめるべく動いた。

D▲7五金＝これで角を取り返すことができる。

E▲7八玉＝かなりの力戦にも見えるが、この辺は一応、定跡手順になっている。

F▲2八飛（第1図）＝自陣のスキを消した、冷静な自陣飛車。

【第3図は▲1七香まで】

G△2二飛＝△2四歩は▲2二歩△同銀▲5五角で先手よし。

H▲9五歩＝玉を広くする大きな突き越し。徐々にポイントを稼いでいく。

I▲6五角＝細かい動きで、後手陣を乱しにいった。

J▲3一飛（第2図）＝厳しい飛車打ち。

K▲8三角成＝次に△4一金打とされると飛車が捕まってしまう。スパッと切り込んだ。

L▲1七香（第3図）＝後手玉を寄せるにはまだ戦力が足りない。取られそうな香を逃げてゆっくりと指す。

【第4図は▲4六歩まで】

M▲1四歩＝▲1七香からの継続手。遠巻きに攻める。

N▲8二竜＝地道な手を重ねる。

O▲4六歩（第4図）＝地味ながら厳しい手。△4六同歩なら▲3五竜がある。ここから先手の手がわかりやすくなってきた。

P▲3四角（第5図）＝決め手となった角打ち。△4三歩には▲2三角成がある。

Q▲3四銀＝細かい攻めをつなぐことができた。上部から押さえる寄せで後手は受けなしである。これで3回戦進出となった。次の広瀬章人八段戦は本局の2日後にすぐ控えていた。

【第5図は▲3四角まで】

第47局

第76期順位戦A級プレーオフ（朝日・毎日）

【持ち時間】各6時間

平成30年3月12日　於・東京都渋谷区「将棋会館」

プレーオフで3連勝

角換わり

勝▲八段　豊島将之
△八段　広瀬章人

A▲2六歩　△8四歩3　▲7六歩
△3二金　▲7八金　△8五歩5
▲7七角　△3四歩　▲6八銀
△7七角成　▲同　銀　△2二銀
▲3八銀　△6二銀　▲4六歩
△4二玉　▲4七銀　△7四歩
▲3六歩1　△3三銀1　▲4八金5
△6四歩1　▲3七桂3　△6三銀1
▲2九飛　△5二金1　▲1六歩2
△1四歩1　▲6八玉　△5四銀2
▲9六歩　△9四歩9　▲5六銀1
△3一玉　▲2五歩　△6三金1
▲7九玉6　△7三桂2　▲6六歩
△6五歩1　B▲4五桂1　△4二銀4
▲6五歩　△4四歩1　▲6四歩1
C△6二金1　▲6六角18　△2二角2
▲3五歩8　△4五歩10　▲2二角成1
△同　金　▲6六角12　D△4六歩13
▲1五歩25　△3三角12　▲同角成10
△同　銀　▲1四歩　△8六歩4
▲同　歩4　△4四桂4　▲3四歩40
△同　銀1　▲3五歩　△同　銀19
▲3六歩2　△同　桂122　E▲1三歩成
△同　香1　▲同香成　△同　金
▲3八香　△8八歩5　▲同　金59
F△6六歩13　▲2四歩3　△同　金8
▲3六香11　△同　銀　▲4三歩

【第1図は△6二金まで】

G△3二玉7　▲5一角18　△3三角14
▲同角成　△同　玉　▲5一角15
△3四玉　▲2四角成2　△同　歩
▲3五歩　△同　玉　▲2六金
△3四玉　▲3六金　△6七歩成
H▲3五歩11　△4三玉2　▲6七銀10
I△6五香1　▲2四飛23　△6七香成8
▲2一飛成　△5五銀35　J▲4一竜13
△5四玉　▲4五金1　△6四玉
▲5五金　△同　玉　K▲5六銀
△5四玉1　▲6七銀　△6六歩
▲同銀直11　△8七歩　▲5五銀打7
△6三玉　▲6四香　△7二玉

【第2図は△4六歩まで】

▲6二香成　△同　玉　▲6三歩3
△7二玉1　▲9一竜2　△8八歩成2
▲同　銀　△6七銀9　**L▲6二歩成**
まで、129手で豊島の勝ち
（消費時間＝▲5時間29分△5時間28分）

【解説】 **A▲2六歩**＝プレーオフ2回戦から中1日で行われた。佐藤九段戦の翌日、東京に移動しての一戦となった。

B▲4五桂＝▲4八金型―△6三金型の対抗形となった。本譜は一つの定跡手順。

C△6二金（第1図）＝△6四同金▲7一角△5二飛▲6二歩△4五歩▲8二角成という変化も公式戦でも指されている。

【第3図は▲3五歩まで】

△広瀬　角角香歩五

▲豊島　銀桂

D△4六歩（第2図）＝▲2四歩には△同歩▲2三歩△1二金でしのぐ狙い。

E▲1三歩成＝▲5八金と逃げておく手もあった。

F△6六歩＝△8八歩から△6六歩は嫌な手だなと思った。

G△3二玉＝△2七香や△6七歩成もあるところだった。

H▲3五歩（第3図）＝代えて▲3五桂と打つ手があった。格言にある「桂頭の玉寄せにくし」という形に自ら持っていく異筋の寄せなので対局中は全く浮かばなかったが、この場合は例外で好手。玉を4三に逃がさないのが大きく、後手がこの包囲網を振りほどくのは難しい。

【第4図は△6五香まで】

△広瀬　角角香歩六

▲豊島　銀桂歩

I△6五香（第4図）＝代えて△1八角がまさったか。以下▲2四飛△3六角成▲2一飛成で、やや先手に分があるが実戦的には大変な勝負だった。

J▲4一竜＝上部を押さえる3六金の存在が大きい。

K▲5六銀＝攻防の決め手となった。

L▲6二歩成（投了図）＝後手玉は以下即詰みとなっている。これで4回戦進出を決めた。挑戦権獲得まではあと2勝となったが、まだ先は長い。

【投了図は▲6二歩成まで】

△広瀬　角角金香香歩五

▲豊島　金桂桂香歩三

第48局

第67期王将戦七番勝負第6局（スポニチ・毎日）【持ち時間】各8時間

平成30年3月14、15日 於・長野県松本市「松本ホテル花月」

4度目の挑戦も実らず

対中飛車

○●●●○● ▲八段 豊島将之

勝△王将 久保利明（防衛）●○○○●○

A▲2六歩 △3四歩1 ▲2五歩1
△3三角5 ▲7六歩 △4二銀2
▲6八玉2 △5四歩14 ▲3三角成2
△同 銀 ▲5三角1 △4四角2
▲同角成 △同 歩 ▲4三角1
△3二角2 ▲同角成 △同 金
B▲4八銀1 △9四歩6 ▲9六歩5
△5二飛10 ▲5八金右1 △6二玉2
▲6六歩1 △7二玉8 ▲7八銀1
△8二玉8 ▲7九玉1 △7二銀
▲8八玉4 △5一飛6 ▲5九銀3
△4五歩36 ▲6八銀20 △4一飛15
▲5三角12 △4六歩3 ▲同 歩
△同 飛 C▲4七歩17 △4一飛14
▲2六角成1 △4四銀3 ▲3六歩62
△3三桂11 D▲3七桂9 E△5五銀63
F▲7七銀右101 （封じ手） △4六歩4
▲同 歩 △同 銀 ▲4八飛
△4七歩7 ▲3八飛 △1四歩3
▲1六歩6 G△4二金2 ▲4九歩14
△5二金寄4 ▲8六歩15 △1二香22
▲6八金寄12 △6四歩26 ▲9八香19
△5五銀10 H▲3五歩23 △同 歩35
▲2四歩 △同 歩1 ▲3五馬
△2七角 ▲2八飛22 △4九角成
▲5六歩16 △4六銀17 ▲3四馬
△4八歩成4 ▲2四飛1 △5九と4

【第1図は▲4八銀まで】

▲2二飛成8 △6九と1 ▲同 金
△4二飛2 ▲3三竜3 △4三金打3
I▲4二竜23 △同金引1 ▲8五歩
J△3六飛21 ▲4三歩14 △3四飛12
▲4二歩成 △同 金 ▲8四歩4
△3七飛成4 ▲7五桂 △7一桂5
▲2二飛17 △4一歩10 ▲1二飛成
△7四歩6 ▲8三桂成 △同 桂
▲8七香1 K△7五桂5 ▲同 歩23
△8六歩5 ▲同 香 △8五歩1
▲3八歩1 △5七竜6 ▲2三竜2
△8六歩4 ▲8三金 △7一玉
▲7二金 △同 金 ▲8三歩成

【第2図は▲3七桂まで】

L△8七金 2
まで、120手で久保王将の勝ち
（消費時間＝▲7時間50分△7時間18分）

【解説】 **A▲2六歩**＝2勝3敗で迎えた王将戦第6局。広瀬八段とのプレーオフ3回戦から中2日での対局。

B▲4八銀（第1図）＝対振り飛車党用の作戦。後手は5筋を突いているので、居飛車にした場合でも角打ちに気を使うことになり、先手も互角に戦える。

C▲4七歩＝馬の代償に後手は飛車をさばく。本譜はアッサリと4七に歩を打ったが、▲5九金寄と頑張る手もあった。

【第3図は▲4二竜まで】

D▲3七桂（第2図）＝後手の△3三桂と見合いの一手だが、本譜は攻め込まれたので▲7七銀右くらいだったかもしれない。

E△5五銀＝機敏な動き。4筋からの攻めが案外うるさかった。

F▲7七銀右＝▲3五歩も考えたがあまり自信を持てなかった。

G△4二金＝4筋を抑えた後手は3二の金を自玉に近づけていく。振り飛車らしい落ち着きである。再びゆっくりした展開に。

H▲3五歩＝手の調子からすると▲9九玉なのだが、そこで△4六飛や△4四角が気になった。

【第4図は△3六飛まで】

I▲4二竜（第3図）＝飛車を取ったが、ここは▲4五桂の活用がまさった。

J△3六飛（第4図）＝俗手の好手だった。▲1二馬なら△3七飛成として△5七銀成から△6七成銀が厳しい。後手は三段目の竜が好位置である。

K△7五桂（第5図）＝取られそうな桂を跳ねたのが決め手となった。▲8三金としても△7一玉で足りない。

L△8七金＝以下▲同銀△同歩成▲同玉△7六角▲9七玉△8六銀▲同玉△8五香からの即詰みとなる。4度目のタイトル戦は2勝4敗での敗退となった。

【第5図は△7五桂まで】

第49局

第76期順位戦A級プレーオフ（朝日・毎日）

【持ち時間】各6時間

平成30年3月18日　於・東京都渋谷区「将棋会館」

▲八段　豊島将之
勝△竜王　羽生善治

プレーオフ4戦目で力尽く

横歩取り

A▲2六歩　△3四歩　▲7六歩
△8四歩1　▲2五歩　△8五歩
▲7八金1　△3二金2　▲2四歩
△同　歩1　▲同　飛　△8六歩1
▲同　歩　△同　飛　B▲3四飛1
△3三角2　▲3六飛1　△8四飛4
▲2六飛　△2二銀　▲8七歩
△5二玉　C▲6八玉1　△7四歩3
▲4八銀8　△7二銀6　▲1六歩
△7三桂20　▲5九金　△6二金
▲1五歩38　D△6四歩14　E▲1四歩41
△同　歩8　▲1二歩　F△2五歩
▲3六飛　△1二香　G▲1七桂
△4二玉27　H▲3三角成55　△同　桂23
▲2一角2　△4五角16　▲4六歩21
△3六角44　▲同　歩　△8八歩16
▲同　金32　△3七歩6　▲5六角7
I△2六歩11　▲2四歩33　△3八歩成31
▲同　角　△2七歩成　▲5六角
△1三香　▲3五歩1　△3七歩15
▲3四歩6　△3八歩成　▲3三歩成45
△同　金　▲2三歩成21　△同　金20
▲3五桂3　J△4八と9　▲2三角成28
K△5一玉1　▲4三角成　△5二銀1
▲2四馬　△6一玉3　▲5一金12
△7一玉　▲5二金　△同　金
▲同　馬　△5九と　▲6二銀
△8一玉8　▲7三銀不成1　L△同　銀
▲――1
まで、84手で羽生竜王の勝ち
（消費時間＝▲5時間59分△4時間53分）

【第1図は△6四歩まで】

【第2図は▲3三角成まで】

【解説】A▲2六歩＝王将戦第6局から中2日での対局。A級プレーオフ4回戦。3月になってこれが7局目の将棋だった。タイトル戦になると移動日も加わるので、ほとんどの日を将棋盤の前、または車中などで過ごしたことになる。いままで経験したことがないハードスケジュールだった。

B▲3四飛＝順位戦の先後はあらかじめ決まっているが、プレーオフは当日の振り駒で先後が決められる。後手になった羽生竜王は横歩取りを選択した。

C▲6八玉＝後手は△8四飛型から中住まいに構えた。先手の選択肢が多いところだが、本局は▲6八玉を選んだ。

D△6四歩（第1図）＝玉の懐を広げつつ、△6三銀などを見ている。堂々と先手の攻めを誘う一着。

E▲1四歩＝狙いの仕掛け。先手の陣形には進展性があまりなく、現状が最善形と言えるだろう。

F△2五歩＝△1二同香は▲3三角成△同桂▲2一角が厳しい。本譜の△2五歩に▲同飛ならそこで△1二香と手を戻し、今度▲3三角成のときに△同桂が飛車当たりになる仕組み。

G▲1七桂＝攻めの継続手。次は▲2五桂が厳しい。

H▲3三角成（第2図）＝55分の長考で指した一手だったが、代えて▲2五桂がまさった。本譜は1七の桂を最後までさばくことができなかった。

I△2六歩（第3図）＝▲5六角の攻防手に対し、後手はじんわりと歩を伸ばした。本譜は後手のと金攻めが厳しかった。▲2一角のときに、この辺りまでは考えていたのだが、大局観が悪かった。

J△4八と（第4図）＝△2六歩からはスピード勝負となり、一気に終盤戦に突入した。▲3五桂は厳しい一着で、△3三金だと▲1二角上成で攻めが速くなる。本譜の△4八とが鋭い切り込みで、決め手。

K△5一玉（第5図）＝2三の金をボロッと取らせてからの早逃げ。あまり見ない筋なのだが、これで詰めろが続かない。

L△7三同銀＝先手玉は受けが難しく、後手玉は詰まない。4戦目で力尽きてしまった。羽生竜王は続く挑戦者決定戦で稲葉八段に勝ち、名人挑戦権を獲得した。

【第3図は△2六歩まで】

【第4図は△4八とまで】

【第5図は△5一玉まで】

第50局

再び、棋聖戦の舞台へ

角換わり

第89期棋聖戦挑戦者決定戦（産経）

【持ち時間】各4時間

平成30年5月1日　於・東京都渋谷区「将棋会館」

勝△八段　豊島将之
▲九段　三浦弘行

A▲7六歩　△8四歩　▲2六歩
△3二金　B▲2五歩1　△8五歩
▲7七角　△3四歩　▲7八銀
△7七角成　▲同　銀　△2二銀
▲4八銀　△3三銀1　▲3六歩
△6二銀1　C▲3七銀　△6四歩
▲6八玉1　△6三銀1　▲7九玉1
△5四銀1　▲7八金　D△7四歩1
▲2六銀4　△6二金2　▲3五歩3
E△7三桂　▲1五銀34　F△6五桂22
▲2四歩11　△同　歩17　▲同　銀
△同　銀　▲同　飛　△2三歩
▲3四飛9　G△6三金69　▲6六銀54
H△8四角7　▲7五歩9　△3三金18
▲2二歩22　△3四金23　▲同　歩
I△6一玉　▲2一歩成2　△7五歩
▲4一角63　△5二銀　▲同角成1
△同　玉　▲7一銀5　△7二飛
▲8二金　△7四飛15　▲3三歩成
△2八飛8　▲3四桂8　△5一角18
J▲3二と7　△7六歩8　K▲3八銀
△2四角打12　▲4六歩1　△同　角1
▲3九金1　△7七歩成2　▲7五歩
L△同　飛8　▲7七桂　△同桂成
▲同　金　△5七角成　▲8九玉
△6六馬　▲同　金　△7七飛成2
▲4二桂成1　△同　角　▲同　と
△同　玉　▲5一角　M△3二玉
▲――1　まで、84手で豊島の勝ち
（消費時間＝▲3時間59分△3時間57分）

【第1図は△7三桂まで】

【第2図は△8四角まで】

【解説】A▲7六歩＝棋聖戦の挑戦者決定戦。2月から3月の多忙な時期に予選があり、なんとか勝ち進むことができた。4月に入ってから決勝トーナメントが始まり、3連勝で挑戦者決定戦まで駒を進めた。

B▲2五歩＝この頃になると▲2五歩を決める将棋が出始めていた。

C▲3七銀＝三浦九段は早繰り銀を採用した。一手損角換わりに対して有力で復活した作戦だが、正調の角換わりでも指されるようになっている。

D☖7四歩＝☖4四歩から☖4三銀という形で受ければ穏やかだが、後手は受け身になりやすい。本譜は攻めを含みにした組み立て。

E☖7三桂（第1図）＝流行の構え。一段飛車との相性がよい。☖6二金型はほかに、6五に桂を跳ねたときに、☗7三角と打ち込まれるスキを消している。

F☖6五桂＝勢いよく跳ねていったわけだが、☖5五角からもう少し曲線的に指すべきだった。

G☖6三金＝飛車の横利きで際どく受ける。代えて☖3三金は☗7一銀☖8三飛☗3三飛成☖同桂☗8二金でまずい。

H☖8四角（第2図）＝☖8六歩☗同歩☖2七角も考えたが☗6五銀を気にした。以下①☖6五同歩は☗6四銀、②☖同銀は☗5五桂が厳しそうだ。

I☖6一玉＝☖7五歩が第一感だったが、☗7一銀を気にした。しかし、その順を選んだほうがよかった。

J☗3二と（第3図）＝ここでは代えて、☗6五銀☖同歩☗4二と☖同角☗同桂成☖同玉☗3四桂（**参考図**）なら先手の勝ち筋だった。私も対局中は気づいていなかった。自分の読みでは、☗3一と☖3三角☗3二とという変化を本線にして読んでおり、それでも自信はなかった。

K☗3八銀＝銀を使わせてよくなった気がした。

L☖7五同飛（第4図）＝決め手となった。☗同銀なら☖5七角成で勝つ。

M☖3二玉＝後手玉は詰まない。5度目のタイトル戦、棋聖戦では2度目となる五番勝負出場を決めることができた。年始めの王将戦に敗れてから、これほど早く次のタイトル戦のチャンスがやってきたことはとても幸運だった。

【第3図は☗3二とまで】

【参考図は☗3四桂まで】

【第4図は☖7五同飛まで】

第51局

第89期棋聖戦五番勝負第4局（産経）

平成30年7月10日　於・新潟県岩室温泉「高島屋」

追いつかれ、決着は最終局へ

角換わり

【持ち時間】各4時間

勝▲棋聖　羽生善治　●○●○
△八段　豊島将之　○●○●

A▲2六歩　△8四歩　▲2五歩2
△8五歩　B▲7六歩　△3二金
▲7七角1　△3四歩　▲6八銀1
△7七角成1　▲同　銀1　△2二銀
▲3八銀1　△6二銀　▲7八金1
△3三銀　▲4六歩　△7四歩1
▲4七銀　△4二玉　▲3六歩1
△1四歩1　▲1六歩1　△6四歩
▲3七桂1　△7三桂　▲6八玉
△6三銀3　▲9六歩1　△9四歩
▲2九飛4　△8一飛　▲4八金1
C△5二金1　▲6六歩2　△6二金
▲5六銀1　△5四銀　▲7九玉2
△5二玉　▲8八玉2　△4二玉
▲4五桂3　D△4四銀1　▲2四歩5
△同　歩　▲同　飛　△2三歩
▲2九飛　△6五歩　▲同　歩21
△7五歩　▲6九飛2　△7六歩3
▲同　銀5　△8六歩　▲同　歩
△同　飛　▲8七金2　△8一飛
▲8六歩1　△6七歩3　E▲2二歩12
△4五銀直32　▲同　歩6　△6五銀2
▲同銀右35　△同　桂　▲2一歩成5
△5五角49　▲7七歩4　△6八銀77
▲2九飛6　△8五歩　F▲同　歩40
△8六歩1　▲5四桂　△同　歩
▲7五角　G△5三桂11　▲8六角1
△7四桂　H▲6四銀14　△8六桂24
▲5五銀　△同　歩1　▲6五銀5
△2一飛　▲5四桂6　△3一玉
▲8六金3　△5二金4　▲4六桂19
△3三銀2　▲7五角2　△8七歩11
▲同　金2　△7九角　▲同　飛3
△同銀成　▲同　玉　△2二玉
I▲7六銀3　△9五歩2　▲7四角1
△5九飛4　▲6九銀4　△1九飛成1
▲5二角成1　△9六歩　▲5三角成3
△6八香　▲7八玉　△6九香成1
▲6七玉　△5九竜1　▲5八金
△4九竜　▲3四桂　△同　銀

【第1図は△4四銀まで】

豊島 角
羽生 角

【第2図は▲8五同歩まで】

豊島 桂歩
羽生 角銀銀桂歩二

▲4二桂成　△同　金　▲同馬寄
△7四桂　▲3三銀　△1三玉
▲3一馬　△2二桂　▲同銀不成
△同　飛　▲同　馬　△同　玉
J▲3二金　△―――2
まで、133手で羽生棋聖の勝ち
（消費時間＝▲3時間57分△3時間59分）

【解説】A▲2六歩＝2勝1敗として初タイトルにあと1勝としていた棋聖戦第4局。新潟県「高島屋」での一戦。

B▲7六歩＝相掛かりの出だしから、羽生棋聖は角換わりを志向した。

C△5二金＝一手ずらして△6二金として間合いを計った。

【第3図は△5三桂まで】

D△4四銀（第1図）＝△2二銀もあるが積極的に指す。

E▲2二歩＝▲2二歩は危険と思っていたが指されてみると大変だった。

F▲8五同歩（第2図）＝直前の△5五角と△6八銀は連続長考での着手だった。△8五歩には▲7五角△8六歩▲5四桂△4一玉▲8六角△同飛▲同金ばかり考えていたので、本譜じっと▲8五同歩と取られたことには意表を突かれた。

G△5三桂（第3図）＝悪手だった。ここは△6四桂が正しかった。以下▲8六角△7七桂成（単に△7四桂は▲6四角△同角▲6五銀で後手が悪い）▲同桂△7四桂がまさった。

【第4図は▲6四銀まで】

H▲6四銀（第4図）＝好手。この手が生じたのが△5三桂の罪。

I▲7六銀＝落ち着いて銀を逃げる。後手玉は2二まで逃げることができたが、戦力不足なので届かない形勢。

J▲3二金（投了図）＝以下△3二同玉は▲5二飛から、また△1二玉は▲2四桂△1三玉▲2五桂からいずれも詰みとなる。△5三桂から少しずつ先手に流れが傾いていった将棋だった。

【投了図は▲3二金まで】

第52局

棋聖として臨んだ第2局

対向かい飛車

第59期王位戦七番勝負第2局（三社連合）

平成30年7月24、25日　於・兵庫県有馬温泉「中の坊 瑞苑」

【持ち時間】各8時間

勝▲棋聖　豊島将之
△王位　菅井竜也

A▲2六歩　△3四歩　▲2五歩1
△3三角1　▲7六歩　△4四歩1
▲4八銀　△4二銀1　▲6八玉1
△4三銀1　▲7八玉1　B△2二飛4
▲5八金右1　△6二玉2　▲7七角
△7二玉2　▲8八玉　△8二玉2
C▲7八銀1　△7二銀5　▲3六歩
△5二金左14　▲9六歩1　△9四歩3
▲8六歩1　△5四歩14　▲8七銀5
D△4二角18　▲4六歩12　△3三桂20
▲7八金15　△2一飛2　▲4七銀3
△8四歩4　▲6八金右33　△7四歩21
E▲9八香13　△8三銀8　▲9九玉4
△7二金5　▲8八金2　△6四角9
▲7八金右8　F△4二金38　▲1八香50
△7三桂12　▲6六歩45　△4五歩28
▲4八飛　△4六歩　G▲5六銀
H△4七歩成37（封じ手）　▲同　飛1
△2八角成2　▲4三飛成2　△同　金
▲3二銀　△5一飛1　▲4三銀成5
△4九飛1　▲5二金18　△4三飛成1
▲5一金　△5五歩　I▲4四歩16
J△4二竜65　K▲5二飛9　△同　竜
▲同　金　△5六歩4　L▲4三歩成1
△5七歩成2　▲5三と6　△4七飛9
▲6二と25　△5一歩5　▲7二と8
△同　銀　▲6二金　△7一銀12
▲同　金7　△同　玉　▲3一飛2
△4二飛成3　▲1一飛成1　△6一金6
M▲4一金24　N△3二竜20　▲5一金1
△4一歩　▲6一金　△同　銀
▲4四歩4　△2九馬23　O▲4三金4
△7二竜1　▲4一竜1　△8二玉
▲5三歩2　△5一歩7　▲同　竜
△6二金3　▲5二歩成6　△同　銀
P▲7一銀3　まで、105手で豊島の勝ち

（消費時間＝▲5時間43分△6時間57分）

【第1図は△4二角まで】

【第2図は△4二金まで】

【解説】A▲2六歩＝王位戦七番勝負第2局。第1局に敗れたが、本局の少し前に棋聖のタイトルを獲得することができた。

対局場は神戸市有馬温泉の「中の坊瑞苑」。王位戦では定番となっている名宿である。

B☖2二飛＝菅井王位の向かい飛車は珍しい。

C☗7八銀＝☖3二金からの急戦向かい飛車があるので、まずは左美濃にして様子を見る。

D☖4二角（第1図）＝☖6四歩から☖6三金という指し方ではなく、本譜のように☖3三桂から☖2一飛として☖6四角を含みにしている。

E☗9八香＝長い将棋になりそうなので穴熊に組み替える。

【第3図は☗5六銀まで】

F☖4二金（第2図）＝先手の堅さに対して、後手はバランスで対抗する。

G☗5六銀（第3図）＝後手は☖6四角から飛車を攻めてきた。本譜は☗1八香から苦心の手順である。

H☖4七歩成＝ほかには☖5五歩☗6五歩☖5六歩☗6四歩☖5七歩成☗4六飛という展開も考えていた。

I☗4四歩（第4図）＝軽手。これで先手が有利になった。

J☖4二竜＝☖4四同竜なら☗6五歩の突き出しが絶品になる。

K☗5二飛＝竜を消して攻め合いにすれば玉の堅さの差が出る。

【第4図は☗4四歩まで】

L☗4三歩成＝☖5七歩成があるが、構わず攻め合いに出る。

M☗4一金＝寄せは俗手で。

N☖3二竜＝☖5二竜は☗6五歩が桂取りになって厳しい。

O☗4三金＝第2弾の俗手。4一歩のブロックを消せばわかりやすくなる。

P☗7一銀（投了図）＝決め手。以下☖7一同竜と取るくらいだが、そこで☗8三香と打てば寄り筋となる。先手番をキープしてスコアをタイに戻した。このシリーズは先手番の死守が必須項目だった。

【投了図は☗7一銀まで】

第53局

振り飛車のさばきに屈する

対中飛車

第59期王位戦七番勝負第3局（三社連合）

【持ち時間】各8時間

平成30年8月1、2日　於・北海道札幌市「ホテルエミシア札幌」

勝▲王位　菅井竜也　○●○
△棋聖　豊島将之　●○●

A▲**5六歩**　△8四歩　▲7六歩2
△6二銀　▲5五歩1　△4二玉
▲5八飛1　△8五歩　▲7七角1
△7四歩　▲6八銀1　△7三銀1
▲5七銀1　△6四銀1　▲6六銀
△5二金右1　▲4八玉2　△3二銀
▲3八玉4　△3一玉　▲2八玉7
△1四歩2　▲1六歩6　△4四歩1
▲5四歩2　△同　歩5　▲同　飛1
△4三金　▲5九飛　△3四歩
▲5五銀25　B△**同　銀**38　▲同　角1
△6四銀　▲7七角　△5四歩
▲1八香10　△3三角45　▲1九玉1
△2二玉　▲2八銀28　△8六歩3
▲同　歩5　△7五歩1　▲同　歩28
△同　銀　▲7八金8　C△**6四歩**82
▲5六飛78　△7六歩60　（封じ手）
▲6八角31　△4五歩22　▲5七角3
△7二飛34　▲5三歩20　D△**同　金**3
▲7三歩8　△同　桂　▲7五角2
△9九角成　▲7四歩29　△6五桂1
E▲**7六飛**1　△4六歩24　▲同　歩24
△4八歩6　▲同　金18　△7四飛10
F▲**7七桂**8　△7五飛8　▲同　飛
△7七桂成　▲7二飛成38　△7八成桂42
▲4二銀1　△同　金2　▲同　竜
△3一角　▲同　竜4　△同　玉
▲5一飛　△4一桂1　G▲**9一飛成**4
△5二金打5　▲6一銀3　△4三金上4
H▲**4五香**　△4四歩10　▲5二歩
△4二銀14　▲8四角5　△1五歩
▲同　歩2　△1六歩　I▲**5一歩成**
△1五香3　▲5二銀成21　△同　金
▲同　と　J△**1七香**4　▲同　桂
△同歩成　▲同　香　△1八歩7
▲同　玉2　△1七香成　▲同　銀
K△**2五桂**3　▲1六金8　△1一香
▲1五歩1　△同　香1　▲同　金
△1七桂成　▲同　玉　△4五歩14
▲2六香6　L△**3九銀**5　▲2九金7

【第1図は△6四歩まで】

【第2図は▲9一飛成まで】

△1一香12　▲1四歩2　△同　香2
▲同　金　△2八銀打　▲同　金
M△1九飛　N▲1八金2　△1六歩
▲同　玉　△1八飛成　▲1七歩
△1五歩1　▲同　金　△2八銀不成
O▲2九桂3　△3三馬　▲4一と2
△同　銀　▲2四桂3　△同　歩1
▲5二銀　△2二玉　▲4一竜
△2三桂　▲4三銀成2　△同　馬
▲6六角　△5五銀　▲2四香1
△3五歩　▲2五香　△3三玉
▲2三香成　△4四玉　▲4五歩
△同　玉　▲5六銀1

まで、157手で菅井王位の勝ち
（消費時間＝▲7時間55分△7時間59分）

【解説】 **A▲5六歩**＝第1局と同じ出だし。
B△5五同銀＝△6五銀▲7八金という展開もあった。
C△6四歩（第1図）＝△7六歩や△7二飛が有力だった。本譜はこの歩を突いてできた6三の空間がキズになった。
D△5三同金＝本譜はつらいが、△9九角成▲6三銀の展開も自信がなかった。
E▲7六飛＝冷静な手順。
F▲7七桂＝きれいなさばき。
G▲9一飛成（第2図）＝盛り返したかとも思ったが、玉形の差で勝ちづらい展開。
H▲4五香＝厳しい一手。
I▲5一歩成＝▲1六同香が安全だった。
J△1七香＝先手も嫌な形に。
K△2五桂＝△1四香などと迷った。
L△3九銀（第3図）＝△2九飛などで勝負すべきだった。
M△1九飛（第4図）＝▲1八歩なら△1六歩▲同玉△2八銀不成で後手玉が詰むかどうかの勝負にするつもりだった（実際は長手数の詰み）。
N▲1八金＝冷静な勝ち方。
O▲2九桂（第5図）＝受けの決め手。

【第3図は△3九銀まで】

【第4図は△1九飛まで】

【第5図は▲2九桂まで】

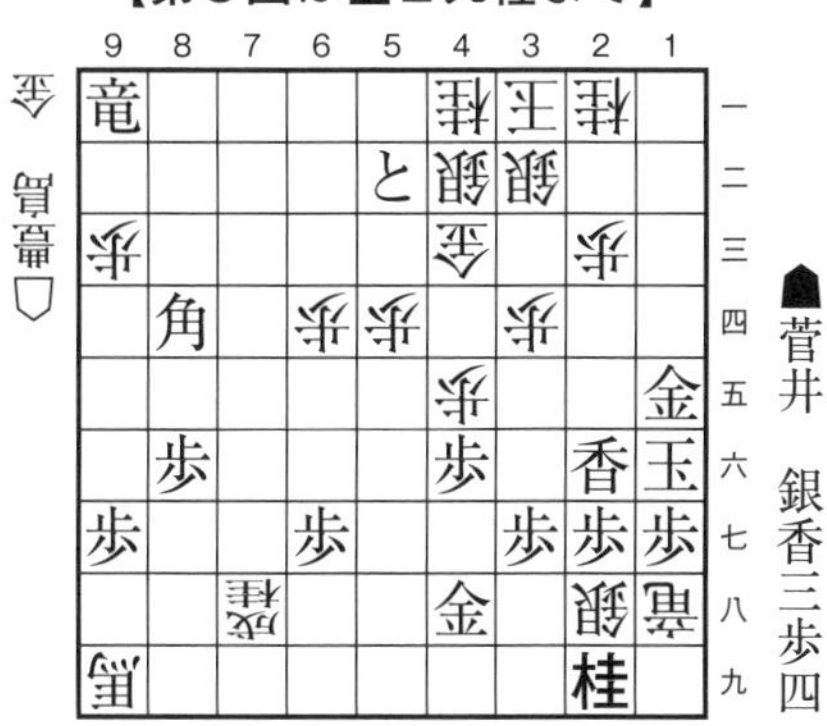

第54局

第59期王位戦七番勝負第4局（三社連合）

【持ち時間】各8時間

平成30年8月22、23日　於・福岡県博多市「ホテル日航福岡」

先手番キープでタイに

対四間飛車

●○●○
○●○●

勝▲棋聖　豊島将之
△王位　菅井竜也

A▲2六歩　△3四歩　▲2五歩
△3三角1　▲7六歩　B△3二銀1
▲4八銀　△9四歩1　▲6八玉1
△9五歩　▲5八金右5　C△4二飛2
▲7八玉1　△6二玉1　▲5六歩1
△7二玉1　▲5七銀　△8二玉3
▲6六歩1　△7二銀1　▲7七角1
△4四歩　▲8八玉1　△4三銀
▲7八金16　D△3二飛11　▲6七金右22
△4二角10　E▲1六歩7　△3五歩9
▲2六飛　△5四歩　▲6五歩37
△3四飛37　F▲4六銀6　△5三角13
▲2四歩66　△同　歩12　▲6八角2
△4五歩18　▲同　銀　△3一飛
▲2四飛　△4二角6　▲2三飛成1
△3二金3　▲2八竜9　△3三桂1
▲4六歩1　△4一飛4　▲7七角10
△5三角8　G▲2四竜10　△4五桂6
▲同　歩1　△2三歩1　H▲2八竜1
△3四銀1　▲5五歩3　△4五飛9
▲5四歩1　△4四角　▲同　角8
△同　飛　I▲5三歩成1　△4七飛成12
J▲7七角12　△5六歩50　（封じ手）
▲6四歩4　△同　歩　▲5八歩7
△4四角6　▲6二歩20　△7一金2
▲4四角　△同　竜　▲5二と
K△3三角8　▲7七桂31　L△6五歩31

【第1図は▲2四竜まで】

【第2図は▲5三歩成まで】

▲5七歩27　△6六銀17　M▲6八竜4
△4七竜51　▲6一歩成21　△同　銀
▲同　と　△同　金　▲5六金6
△7七銀成3　▲同　金　△8五桂1
▲8六銀5　△7七桂成2　▲同　銀
△4九竜6　▲4四歩38　△同　角7
▲5五銀　△5三角2　▲7五桂23
△7一金23　▲6四歩5　△6九金2
▲8三桂成22　△同　玉　▲7五桂
△9三玉1　▲2七角17　N△2九竜14
▲6三角成　△6二角4　O▲8五馬7
△8二金31　▲6三歩成　△5一角1
▲6九竜5　△同　竜　P▲8四金

まで、119手で豊島の勝ち
（消費時間＝▲7時間47分△7時間14分）

【解説】 **Ａ▲２六歩**＝ここまで1勝2敗で迎えた王位戦七番勝負の第4局。

Ｂ△３二銀＝第2局では同じ出だしから△4四歩と止めて向かい飛車にしていた。

Ｃ△４二飛＝9筋の位を取り四間飛車に。

Ｄ△３二飛＝先手が居飛車穴熊を目指したのに対し、後手は角道を止めたあと、△3二飛と振り直した。

Ｅ▲１六歩＝石田流が見えているので穴熊には組みにくい。▲2六飛と浮いたときの△1五角を消している。

Ｆ▲４六銀＝石田流に組ませないように反発していく。次に▲6八角と引いて3五の地点を狙おうとしている。

Ｇ▲２四竜（第１図）＝間合いを計った一手。△2三歩なら▲3三竜がある。△4五桂の催促にもなっている。

Ｈ▲２八竜＝後手は銀桂交換の駒得、先手は竜を作って主張する。

Ｉ▲５三歩成（第２図）＝先手が指せる。

Ｊ▲７七角＝▲6六角がまさった。

Ｋ△３三角＝先手から見ると、かなり嫌な一手。

Ｌ△６五歩＝代えて△4二金と、遊び駒を使って粘られるほうが嫌な感じだった。

Ｍ▲６八竜＝▲5七歩から▲6八竜は苦心の手順だった。

Ｎ△２九竜（第３図）＝△6八金とくる手は▲同銀引△6九竜▲6三角成△2八飛▲7七玉でしのげる。

Ｏ▲８五馬（第４図）＝6九の金が質駒なので寄り形。代えて▲6九竜は、△同竜▲8三金△9四玉▲9六歩△5八飛▲9七玉△9六歩▲8六玉△7四桂▲同馬△同歩**（参考図）**で6二の角が利いて逆転する。

Ｐ▲８四金＝以下△9二玉▲9四馬で寄り。2勝2敗のタイに追いついた。

【第３図は△２九竜まで】

【第４図は▲８五馬まで】

【参考図は△７四同歩まで】

第55局

第77期順位戦A級（毎日・朝日）【持ち時間】各6時間

平成30年11月9日 於・大阪市福島区「関西将棋会館」

2期目のA級順位戦

角換わり

▲九段 深浦康市
勝△二冠 豊島将之

A**▲2六歩** △8四歩 ▲2五歩 △8五歩 ▲7六歩 △3二金 ▲7七角 △3四歩 ▲6八銀 △7七角成 ▲同 銀 △2二銀 ▲4八銀 △3三銀 ▲7八金 △6二銀 ▲4六歩 △6四歩13 ▲4七銀 △6三銀 ▲3六歩 △7四歩 ▲6八玉 △4二玉 ▲3七桂 △7三桂 ▲2九飛 △8一飛 ▲4八金 B**△6二金** ▲9六歩 △1四歩 ▲1六歩 △4四歩 ▲5六銀15 △5四銀 ▲7九玉 △9四歩 ▲6六歩1 △4一飛3 C**▲8八玉**43 D**△3一玉** ▲3九飛28 △8一飛6 ▲6九飛2 △4一飛27 ▲2九飛8 △2二玉 ▲1八香15 E**△6五歩**28 ▲同 歩31 F**△7五歩**14 ▲6四歩72 △8一飛67 ▲6七銀38 △5五角27 ▲6三歩成14 △同 金6 G**▲6六歩**1 H**△8二飛**16

【第1図は△3一玉まで】

▲2四歩9 △同 銀1 ▲4七金 △7六歩34 ▲同銀右 △8六歩 ▲同 歩6 △6四角2 ▲5六金3 △7五歩 ▲8七銀2 △8五歩 ▲同 歩 △9五歩4 ▲同 歩1 △8五桂 ▲8六銀右3 △7六歩 ▲7五歩2 △7七歩成12 ▲同 桂3

【第2図は△7五歩まで】

△同桂成 ▲同 玉 △8五歩 ▲9七銀1 △7三角 I**▲8三歩**9 △9五角28 ▲6七玉3 △7七歩 ▲6八金6 △6二飛 J**▲8八銀**2 △8六歩7 ▲9五香 △8七歩成 ▲同 銀 △9五香 ▲2六桂 △5五桂17 ▲同 金 △同 銀 ▲3四桂 △1二玉1 ▲5一角1 K**△6五歩**28 L**▲4一角**10 △6六歩6 ▲5八玉15 △6七香8 ▲6二角成8 △6八香成 M**▲4七玉**1 △6二金 ▲3二角成3 N**△5八角**2 ▲3八玉 △4七金 ▲2八玉 △3七金

☗同　玉3　☖4六銀　☗2八玉
☖3七銀打　☗1九玉　☖2八金
☗同　飛　☖同銀成　☗同　玉
O☖4八飛
まで、130手で豊島の勝ち
（消費時間＝☗5時間59分☖5時間57分）

【解説】 **A☗2六歩**＝A級順位戦5回戦。ここまで開幕から4連勝だった。

B☖6二金＝お互いに、一段飛車の陣形に構えた。

C☗8八玉＝☗4五歩なら☖5二玉と寄っておく。先に☖4一飛として☖3一玉を保留したメリット。

D☖3一玉（第1図）＝この形を作ることが出来れば、いったんは先手の攻めを防げる。

E☖6五歩＝☗1八香を見て仕掛ける。

F☖7五歩（第2図）＝☗6九飛には☖2七角がある。これは直前の香上がりがマイナスになっている。

G☗6六歩＝深浦先生らしい粘っこい順。

H☖8二飛＝7二の地点にキズがあるので飛車の形を整える。

I☗8三歩（第3図）＝☖7三角に期待したが、この☗8三歩も悩ましい手。

J☗8八銀＝☗9六歩もあるが勝負に出た一着。

K☖6五歩＝☖6四香と迷った。

L☗4一角＝☗2五歩を気にしていた。

M☗4七玉（第4図）＝☗4八玉も☖4六銀が詰めろ逃れの詰めろで後手勝ち。

N☖5八角＝詰み筋に入った。

O☖4八飛（投了図）＝以下①☗3八桂に☖同飛成☗同玉☖4七角成☗3九玉☖2七桂☗2八玉☖3七銀成☗1七玉☖2五桂☗2六玉☖3六成銀までの詰み。②☗3八銀でも☖同飛成から詰む。連勝を5に伸ばし、最終的に8勝1敗で佐藤名人への挑戦権を獲得することができた。

【第3図は☗8三歩まで】

【第4図は☗4七玉まで】

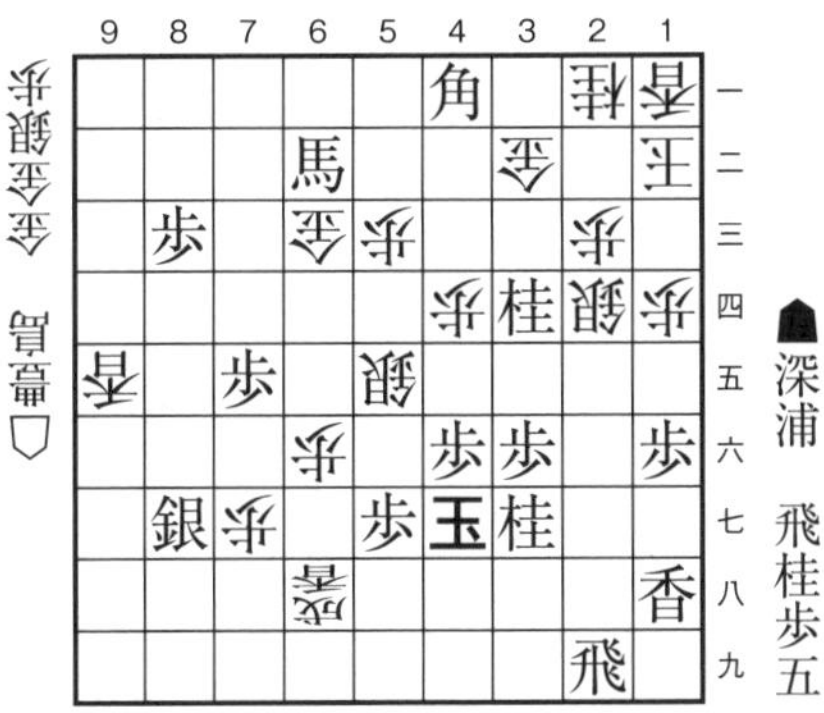

【投了図は☖4八飛まで】

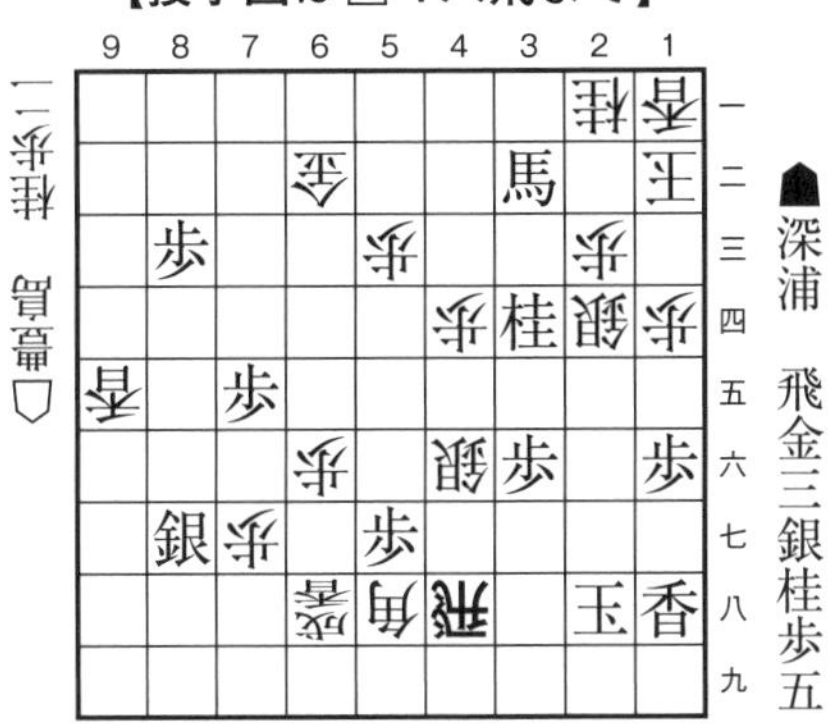

第56局

第77期名人戦七番勝負第1局千日手指し直し局（毎日・朝日）【持ち時間】各9時間

平成31年4月11日　於・東京都文京区「椿山荘」

異例の1日制を制す

横歩取り

勝▲二冠　豊島将之
△名人　佐藤天彦

▲2六歩181　△8四歩296　▲7六歩
△3四歩　▲2五歩　△8五歩
▲7八金　△3二金　▲2四歩1
△同　歩　▲同　飛　△8六歩
▲同　歩　△同　飛　▲3四飛2
△3三角　▲5八玉　△5二玉
A▲3六歩1　△7六飛　▲7七角
△7四飛　▲同　飛10　△同　歩
▲3七桂1　△7七角成1　▲同　桂
△8六歩　B▲8八歩2　△6四角12
▲3八銀1　△2八飛　▲6九玉1
C△8二銀26　▲6八銀113　△2四飛成8
▲6五桂37　D△5四竜49　▲6六歩
△7三桂5　▲同桂成29　△同　角
▲4八金2　△4二銀18　▲4六歩8
△同　角13　▲4七銀　△7三角
▲5六銀7　△2四竜1　▲2五歩4
△4四竜　E▲5九銀　△2六歩6
▲6五桂3　△6四角17　F▲3五角8
△同　竜20　▲同　歩　G△4四歩
H▲2四飛10　△2二角25　▲同飛成12
△同　金　▲3四角　△5一玉5
▲5五銀13　△同　角12　▲4三歩
△3一銀　▲5三桂成1　△5二歩4
I▲8一飛7　△───13

まで、73手で豊島の勝ち
（消費時間＝▲7時間34分△8時間51分）

【第1図は▲8八歩まで】

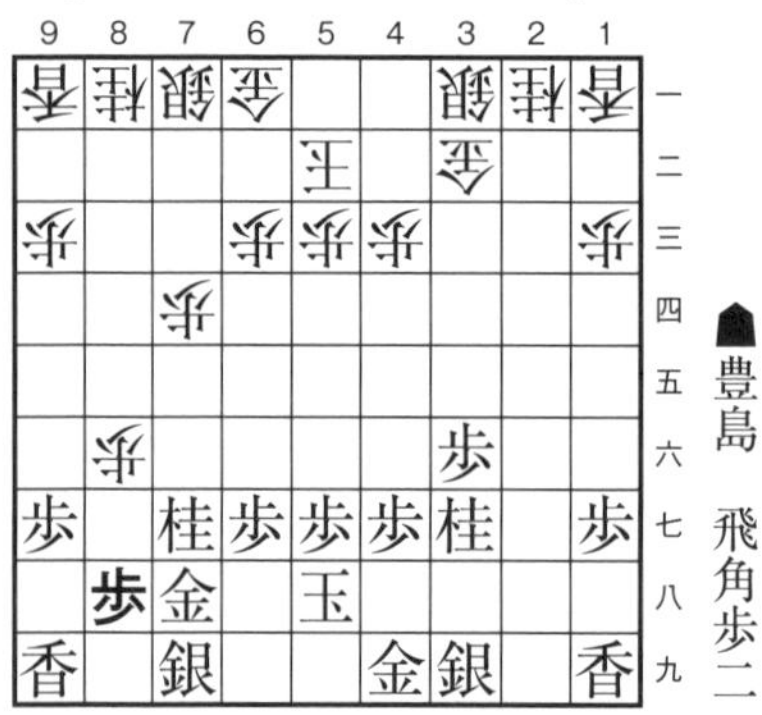

【第2図は△8二銀まで】

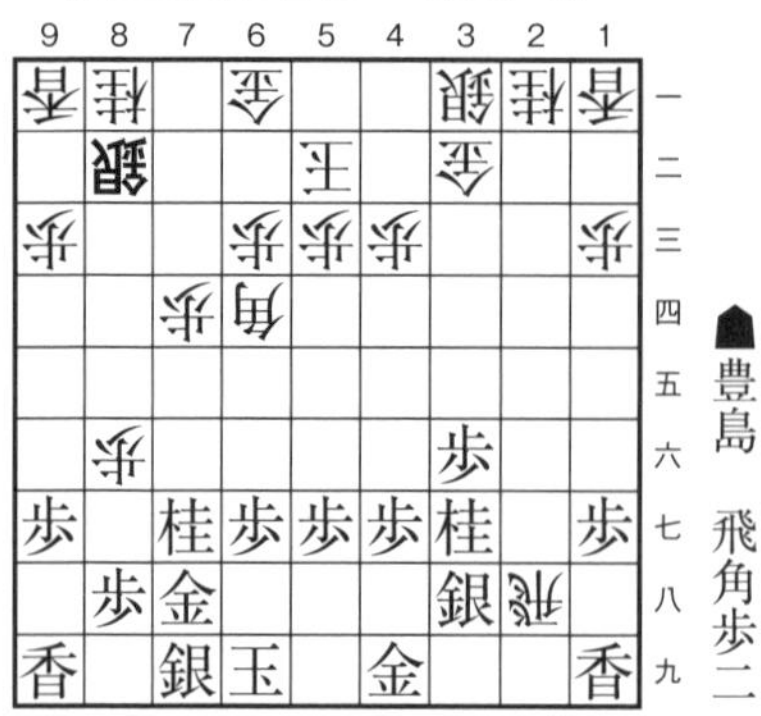

【解説】A▲3六歩＝千日指し直しの一局。後手の横歩取りに青野流で対抗した。

B▲8八歩（第1図）＝▲2二歩△同銀▲6五桂や、単に▲6五桂と跳ねた前例がある。本譜の▲8八歩は、陣形を乱さないように指せば、桂の働きの差が生きるという意図だった。

C△8二銀（第2図）＝形は△7二銀だが、▲6五桂から▲7三歩の当たりがきつくなる。この辺りまでは研究範囲だった。後手の立場で考えると指しづらい一手と思っていたが、実際は大変で、その後の構想に苦心した。

D△5四竜（第3図）＝代えて△3三桂は、以下▲5三桂成△同玉（△同角は▲4六角）▲3五角△同竜▲同歩△3六歩▲3四歩△3七歩成▲3三歩成△3八と▲同金△3三金▲5六桂と攻め合えば先手がよい。

E▲5九銀＝いきおいは▲4五銀だが、△3七角成でマズい。本譜▲5九銀に△3五歩なら▲2六角で切り返すことができる。

F▲3五角（第4図）＝本局の勝負どころだった。ここから△2七歩成▲4五桂△4一桂なら大変な勝負だった。感想戦では以下、▲4四角△同歩▲3四飛△3一歩▲2四飛△2二歩▲4四飛△1九角成▲7三歩が並んだが、そこで△8三角で先手がマズいようだ。後手からすると△4一桂とすると右辺への逃げ道が詰まってしまうので、打ちづらい一手なのかもしれない。

G△4四歩＝代えて△2七歩成▲4五桂△3七と▲5八金△3六角なら、まだよく分かっていなかった。

H▲2四飛＝感触のよかった飛車打ち。以下△3一金なら▲4四飛でよい。

I▲8一飛（投了図）＝決め手の飛車打ち。以下△7一銀に、▲同飛成△同金▲4二歩成△6一玉▲6三成桂で後手玉は受けが難しい。幸先よいスタートが切れた。

【第3図は△5四竜まで】

▲豊島　飛角歩二
△佐藤天　歩二

【第4図は▲3五角まで】

▲豊島　飛歩
△佐藤天　桂歩二

【投了図は▲8一飛まで】

▲豊島　歩
△佐藤天　飛銀桂歩

第77期名人戦七番勝負第1局
平成31年4月10日於・東京都文京区「椿山荘」
（持ち時間　各9時間）
▲名人　佐藤天彦
△二冠　豊島将之

▲2六歩1 △8四歩 ▲2五歩2 △8五歩
▲7六歩 △3二金 ▲7七角 △3四歩1
▲6八銀 △7七角成1 ▲同　銀 △2二銀1
▲4八銀1 △3三銀 ▲7八金 △6二銀1
▲4六歩1 △4二玉3 ▲4七銀1 △7四歩
▲3六歩 △1四歩1 ▲1六歩 △7三桂1
▲6八玉 △6四歩1 ▲3七桂1 △6三銀2
▲2九飛1 △8一飛2 ▲4八金1 △6二金1
▲9六歩1 △5四銀2 ▲5六銀5 △3一玉1
▲7九玉3 △9四歩4 ▲4五桂48 △2二銀52
▲5三桂成82 △同　金 ▲7二角 △8二飛3
▲6一角成 △3三銀 ▲7一馬33 △5二飛
▲6一馬 △8二飛 ▲7一馬 △5二飛
▲6一馬 △8二飛 ▲7一馬1 △5二飛
▲6一馬9 △8二飛
まで、58手で千日手
（消費時間＝▲3時間11分△1時間17分）

第57局

命運を懸けた自陣角

角換わり

第77期名人戦七番勝負第2局（毎日・朝日）【持ち時間】各9時間
平成31年4月22、23日　於・山口県萩市「松蔭神社」

勝 ☗二冠　豊島将之 ○○
☖名人　佐藤天彦 ●●

☗2六歩　☖8四歩　☗2五歩
☖8五歩1　☗7六歩　☖3二金3
☗7七角　☖3四歩　☗6八銀1
☖7七角成1　☗同　銀　☖2二銀
☗7八金1　☖3三銀　☗4八銀
☖6二銀　☗4六歩3　☖7四歩2
☗4七銀　☖4二玉1　☗3六歩
☖1四歩3　☗1六歩1　☖7三桂3
☗6八玉　☖6四歩　☗9六歩
A☖**6三銀**3　B☗**9五歩**2　☖8一飛16
C☗**5八金**1　☖6二金22　☗7九玉3
☖6五歩10　☗3七桂1　☖6四角43
☗2九飛4　☖5四歩15　D☗**1七角**53
☖5二玉44　☗3五歩3　☖同　歩21
☗同　角　☖4四銀4　☗2六角15
☖7五歩27　☗同　歩80　☖同　角16
☗4五桂1　☖6四角6　☗3九飛11
☖3三歩6　E☗**5六歩**53　（封じ手）
F☖**7五歩**8　G☗**5七金**95　H☖**9四歩**23
☗同　歩13　☖7六歩4　☗8八銀
☖8六歩73　☗同　歩　☖同　飛
☗6八玉　I☖**4五銀**20　☗同　歩6
☖2八角成　J☗**7九飛**14　K☖**6六歩**53
☗同　歩6　☖8一飛47　☗9三歩成22
☖9八歩10　☗同　香6　☖8六桂2
L☗**8三歩**　☖2七馬2　☗6二角成20
☖同　玉　☗8二歩成　☖3一飛18
☗8三と引23　☖8五桂2　☗8七金
☖9八桂成7　M☗**7六飛**　☖7四香6
☗7三金18　☖5三玉2　☗7四金
☖同　銀3　☗同　飛　☖6一飛
☗6五香8　☖4九馬7　☗7三飛成7
☖4二玉　☗7二竜　☖3一玉
☗6一竜　☖2二玉　☗5八銀5
☖5九角3　☗6七玉2　☖8八成桂
☗4九銀1　☖8七成桂　N☗**3一銀**
☖――2

まで、107手で豊島の勝ち
（消費時間＝☗7時間59分☖8時間57分）

【第1図は☗9五歩まで】

佐藤天☖　角

☗豊島　角

【第2図は☗1七角まで】

佐藤天☖　なし

☗豊島　なし

【解説】 A☖**6三銀**＝☗9六歩をすぐに受

けない姿勢。第1局の千日手局では私がこう指している。

B▲9五歩（第1図）＝これで第1局とは違う将棋になった。

C▲5八金＝旧式の▲5八金型。第4局で▲4八金、▲2九飛型に構えた。

D▲1七角（第2図）＝打開を目指す。1七から打つことで△4四銀を牽制。

E▲5六歩（第3図）＝本シリーズ初の封じ手。しかし、代えて▲7六歩とキズを消したほうがよかった。以下△8六歩▲同銀△4五銀▲同歩△2八角成には、▲6九飛△2七馬▲6二角成△同玉▲6六歩とすれば、先手玉の堅さが生きている。

F△7五歩＝この歩を打たれてしまい、相当損をしたような気がした。後手は7筋に主張ができ、方針がわかりやすくなった。

G▲5七金＝▲6八金右は△7四銀▲4八角△6三玉で後手陣が手厚すぎる。

H△9四歩＝金が5七に上ずったタイミングで後手は仕掛けたが、△4二金と待つ手もあった。以下▲6六歩△7四銀▲5五歩△同銀で難しい将棋になる。

I△4五銀（第4図）＝無理筋だったか。感想戦では代えて△8四飛▲8七銀△9四香▲9五歩△9八歩▲同香△9七歩▲同香△7七歩成▲同金△8五桂▲8六歩△7七桂成▲同桂が並び、この変化は難解だった。

J▲7九飛＝この局面で有力な手段がなかったのが佐藤さんの誤算だった。

K△6六歩＝まだしも単に△8一飛だったと、局後の佐藤さん。

L▲8三歩＝後手の攻めを逆用。2六角のにらみが強烈だ。

M▲7六飛（第5図）＝眠っていた飛車が世に出て、先手勝勢がハッキリした。

N▲3一銀＝以下△3一同金に▲同竜△同玉▲5三角△4二銀▲同角成△同玉▲5一銀からの詰みとなる。

【第3図は▲5六歩まで】

▲豊島　歩二
△佐藤天　歩

【第4図は△4五銀まで】

▲豊島　歩四
△佐藤天　桂歩

【第5図は▲7六飛まで】

▲豊島　金銀歩六
△佐藤天　角香歩

第58局

難戦を制し、名人に王手

角換わり

第77期名人戦七番勝負第3局（毎日・朝日）【持ち時間】各9時間

令和元年5月7、8日 於・岡山県倉敷市「倉敷芸文館・藤花荘」

●●● ▲名人 佐藤天彦

○○○ 勝△二冠 豊島将之

▲2六歩1
△8四歩
▲7六歩2
△3二金
▲7八金
△8五歩
▲7七角
△3四歩
▲6八銀
△7七角成
▲同 銀
△2二銀
▲3八銀
△6二銀1
▲4六歩1
△4二玉
▲4七銀
△1四歩
▲1六歩
△7四歩
▲3六歩1
△3三銀1
▲4八金1
△7三桂2
▲6八玉5
△6四歩7
▲3七桂1
△6三銀3
▲2九飛5
△8一飛
▲9六歩
A△**9四歩**
▲6六歩6
△6二金
▲5六銀
△5四銀
▲7九玉8
△4四歩2
▲2五歩25
B△**4一飛**5
▲4五歩5
△5二玉3
▲4四歩1
△同 飛1
▲4七歩1
△4一飛10
▲8八玉1
△7二金4
▲3八金6
△6二玉13
▲4六歩10
△6三金5
C▲**9八香**7
△8一飛67
▲4八金11
△4四銀6
▲2四歩64
△同 歩1
▲同 飛
△2三歩6
▲2九飛
△8六歩7
▲同 銀48
D△**2二角**2
E▲**4五歩**54
△5五銀左63
（封じ手）
▲同 銀1
△同 角
▲4四角
△6五歩
▲5六銀39
△6六角18
▲7七銀
△4四角1
▲同 歩
△4二歩
▲4六角3
△6四銀34
▲7九玉2
△5五角25
▲同 角27
△同銀右
▲同 銀
△同 銀
▲4五角
△5四歩11
▲7五歩36
F△**8八歩**82
G▲**同 銀**85
△4七銀11
▲同 金10
△3八角
▲4八金1
△2九角成
▲7四歩
△6六歩74
▲7三歩成30
△同 玉
▲3四角11
△2八飛11
▲5九銀6
△6二玉33
▲5二銀13
△5三金4
▲6三歩
△7三玉
▲7七桂
△4四金4
▲6二歩成
△3四金
▲6三銀成
△8四玉3
▲7二と
△6七歩成8
▲同 金3
△6六歩
▲6八金
△3一飛
▲7六歩5

【第１図は▲９八香まで】

【第２図は△２二角まで】

△7五歩8　▲8六歩　△7四馬
▲7三と1　△同　馬　▲同成銀
△同　玉　▲6五桂打1　△8三玉2
▲5二角　**H△6七銀**1　**I▲8五桂**
△4八飛成　▲7三桂右成△9二玉
▲7四角成　△8一玉　▲――1
まで、136手で豊島の勝ち
（消費時間＝▲8時間59分△8時間59分）

【解説】A△9四歩＝3度目の角換わり。本局ではすぐに端歩を受けた。

B△4一飛＝珍しい一着だが、▲8八玉なら△3一玉で仕掛けを封じることができる。実戦の▲4五歩には△5二玉と右玉風に構えることができる。

C▲9八香（第1図）＝穴熊への組み替えを見せて、△8一飛を誘っている。

D△2二角（第2図）＝先手玉をにらんだ自陣角。△5五銀左とぶつける手が狙いなだけに、次の手は強手だった。

E▲4五歩＝▲7九玉の早逃げなら△5五銀左▲同銀△同角として、△6六角と△4七歩を狙いにするつもりだった。

F△8八歩（第3図）＝代えて△8五桂は▲7四歩△7七桂成▲同桂が気になる。

G▲8八同銀＝▲8八同玉なら△8五桂として①▲7四歩は△7七桂成▲同桂△7六銀で今度は8八の玉が近いので後手十分。対局中は②▲7六銀を恐れており、△3三桂▲3四角△7五歩で難しいと思っていた。

H△6七銀（第4図）＝ここで▲3四角成なら先手の勝ち筋だった。対して①△6四銀▲6七金△同歩成▲同馬は先手玉が堅すぎる。②△6八銀成には金を見捨てて▲同銀と応じるのが好手で、△4八飛成▲7三金△9三玉▲6九歩（参考図）は先手勝勢。以下△8七歩▲同銀△5八角と詰めろをかければ、▲8五桂から後手玉が詰む。

I▲8五桂＝これが詰めろになっておらず△4八飛成で後手の勝ち筋に入った。

【第3図は△8八歩まで】

【第4図は△6七銀まで】

【参考図は▲6九歩まで】

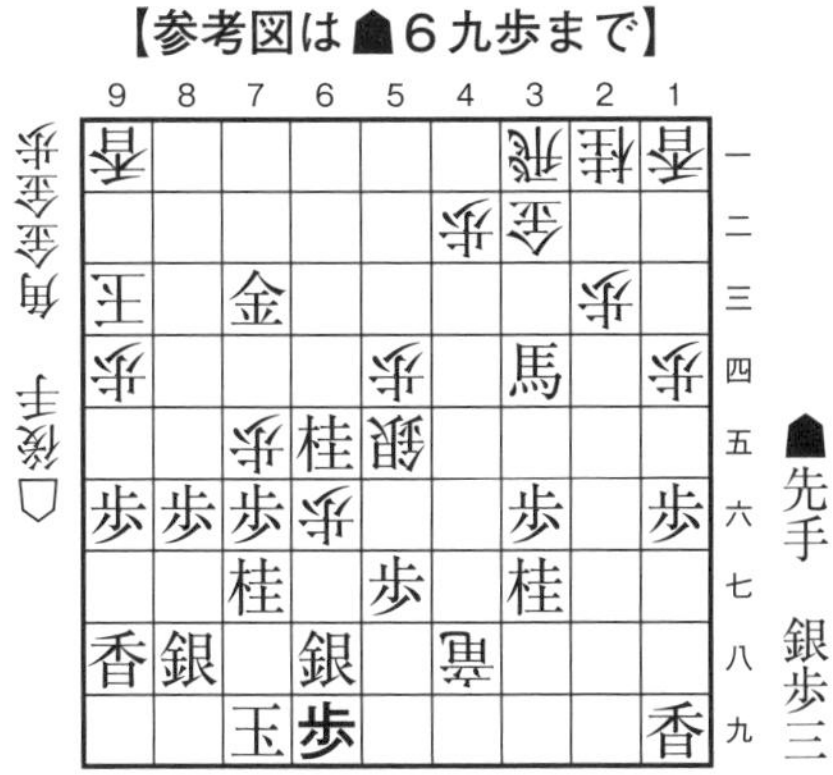

〈戦型別索引〉

※下段の数字はページ数。対戦相手の段位・肩書は省略させていただきました

角換わり……第1局（対佐藤天）11
第2局（対羽生）27
第4局（対羽生）55
第5局（対羽生）67
第9局（対羽生）133
第10局（対佐藤天）145
第13局（対佐藤天）179
第28局（対森内）224
第31局（対郷田）230
第34局（対広瀬）236
第35局（対広瀬）238
第36局（対木村）240
第37局（対藤井聡）242
第47局（対広瀬）262
第50局（対三浦）268
第51局（対羽生）270
第55局（対深浦）278
第57局（対佐藤天）282
第58局（対佐藤天）284

横歩取り……第20局（対桐山）208
第21局（対杉本昌）210
第23局（対羽生）214
第27局（対羽生）222
第32局（対行方）232
第33局（対糸谷）234
第49局（対羽生）266
第56局（対佐藤天）280

雁木……第39局（対稲葉）246
第40局（対深浦）248
第41局（対渡辺明）250
第42局（対深浦）252
第43局（対深浦）254

矢倉……第14局（対松本）196
第29局（対羽生）226
第38局（対佐藤康）244

相掛かり……第12局（対佐藤康）169
第30局（対羽生）228

相居飛車その他……第3局（対羽生）39
第8局（対糸谷）123

第11局（対佐藤天）157

対四間飛車……第6局（対菅井）83
第7局（対菅井）103
第15局（対藤井猛）198
第16局（対室岡）200
第44局（対久保）256
第45局（対久保）258
第54局（対菅井）276

対中飛車……第19局（対永瀬）206
第22局（対久保）212
第25局（対羽生）218
第48局（対久保）264
第53局（対菅井）274

対三間飛車……第18局（対久保）204
第24局（対久保）216

対向かい飛車……第46局（対佐藤康）260
第52局（対菅井）272

相振り飛車……第17局（対久保）202
第26局（対藤井猛）220

新刊情報は「将棋情報局」で随時公開しています。

https://book.mynavi.jp/shogi/

名人(めいじん)への軌跡(きせき)

2019年8月31日　初版第1刷発行

著　　集　豊島将之
発行者　佐藤康光
発行所　公益社団法人　日本将棋連盟
〒151-8516　東京都渋谷区千駄ヶ谷2-39-9

販売元　株式会社マイナビ出版
〒101-0003　東京都千代田区一ツ橋2-6-3　一ツ橋ビル2F
電話　0480-38-6872（注文専用ダイヤル）
03-3556-2731（販売部）
03-3556-2738（編集部）
E-mail：amuse@mynavi.jp
URL　http://book.mynavi.jp

ＤＴＰ制作　株式会社毎栄
印刷・製本　中央精版印刷株式会社

定価はカバーに表示してあります。
乱丁・落丁についてのお問い合わせは、
TEL：0480-38-6872　電子メール：sas@mynavi.jpまでお願い致します。

ISBN978-4-8399-7015-4